シニア人財を戦力化する

人事　賃金　報酬

制度の作り方

ジョブ型人事制度を見据えた
70歳雇用延長への対応

株式会社プライムコンサルタント 代表
菊谷寛之 著

第一法規

は　じ　め　に

　コロナ禍による経済格差が拡がり、情報・技術革新の急進展が続く中で、日本の人口減少と少子高齢化による経済・社会の地殻変動がいよいよ顕在化してきた。

　人口減少によるデフレ・スパイラルは国内市場の停滞・縮小を招き、他方では恒久的な人手不足が経済の構造的な制約となりつつある。生き残りをかけた企業間競争が激しさを増し、高年齢者の人材活用は、多くの企業にとって避けて通れない経営課題となってきた。

　2021年（令和3年）4月施行の高年齢者雇用安定法の改正により、国の高年齢者に対する雇用促進策は、人生百年時代を視野に入れた70歳までの「就業確保措置」と呼ばれる仕組みへと大きく舵が切られた。

　すでに2013年（平成25年）4月施行の高年齢者雇用安定法では、年金（報酬比例部分）の支給開始年齢が65歳となる2025年（令和7年）4月までに、すべての企業は①定年年齢の引上げ、②希望者全員の再雇用・勤務延長による継続雇用制度の導入、③定年制の廃止のいずれかの方法で、65歳までの高年齢者雇用確保措置が強行規定として義務づけられている。

　厚生労働省の調査によると、2020年（令和2年）6月現在、ほとんどの企業は何らかの形で65歳までの雇用確保措置を実施済みであり、定年制の廃止および65歳以上定年制を合わせた企業の割合は23.6％にまで増えてきた（31人以上企業）。ただし、残る76.4％の企業はなお定年後の再雇用・勤務延長による65歳までの継続雇用制度を選択している。

　その理由は、従来型の正社員対象の年功・能力主義賃金制度の延長線上に、雇用期間を単純に65歳まで伸ばすやり方では、割高な人件費が膨張してしまう企業が多いからである。特に賃金カーブが立っている大企業ほどその傾向が強い。

多くの企業は、定年前の賃金処遇を5割〜8割程度に切り下げ、60歳以降は在職老齢年金や高年齢雇用継続給付などの公的給付を最大限活用する継続雇用制度を導入してきた。賃金が減額になる労働者にとって、これらの公的給付は大きな収入源になっていた。

　しかし、60〜65歳の生活を支えてきたその公的給付は、雇用確保措置が義務化された当初に比べて給付水準が大きく下がっている。

　「団塊の世代」全員が75歳以上の後期高齢者となる2025年（令和7年）4月には、これらの公的給付の停止・縮小が顕在化し、その穴埋めが企業の負担となる。

　以前は60歳から全額給付されていた厚生年金の支給開始年齢は、すでに定額部分は2013年（平成25年）に65歳に引き上げが完了、報酬比例部分も男性は2025年（令和7年）4月、女性は2030年（令和12年）4月に65歳となり、いずれ60〜64歳は完全無年金となる。

　また高年齢雇用継続給付も、2025年（令和7年）4月1日に60歳に到達する労働者から従来の原則15％の支給率が原則10％に切り下げられ、給付額がピークとなる賃金水準も定年到達時賃金の61％から64％に引き上げられる。

　今後、高年齢者の一層の活躍を期待する企業としても、公的給付の低下による高年齢者の収入減を目の当たりにして、60歳以降の賃金処遇の見直しを迫られている。加えて2020年（令和2年）4月施行の同一労働同一賃金法制に基づく待遇改善も必要になっており、それを含めた財源が必要になる。

　2021年（令和3年）4月施行の改正高年齢者雇用安定法は、上記の65歳までの雇用確保措置の義務に加えて、新たに70歳までの高年齢者就業確保措置を講じる努力義務を企業に求めている。就業確保措置の内容は、70歳までの①定年年齢の引上げ、同②継続雇用制度、③定年制の廃止のほか、過半数労働組合（それがない場合は過半数代表者）の同意を

得て、70歳までの④創業する高年齢者への業務委託契約による就業確保、同⑤社会貢献事業での業務委託による就業確保のいずれかを講じることとされる。

定年および事業主の都合により70歳未満で離職する高年齢者に対し、求職活動に対する経済的支援や再就職のあっせんなど、再就職援助措置を講じることも企業の努力義務となった。近い将来は段階的に強行規定が導入され、70歳までの就業確保が完全義務化される可能性が大きい。

他の公的支援制度も70歳雇用に合わせた整備が進められている。

2020年（令和2年）の年金制度改革法では、年金の受給開始時期を60歳から75歳まで柔軟に選択できるようにした。さらに、高年齢者の収入の選択肢を増やす新たな政策として、複数の会社で働く副業・兼業を推進するように雇用保険の加入基準が緩和された（いずれも2022年（令和4年）4月1日施行）。

法改正の背景には、将来に向けた労働力の供給確保もさることながら、団塊の世代のリタイアや急速な少子高齢化による社会保険財政や医療費のひっ迫を食い止め、制度維持のために、より長く高年齢者に働いてもらいたいという社会的要請がある。

働く側も、生きがいや健康志向から働き続けたいというだけでなく、長年のデフレや労働時間の減少で年収が減り、社会保険料の負担増もあって貯えに余裕がなくなっている。よほど恵まれた人でない限り、定年後も働いて補うしかないというのが実情である。

ただ、これまでの65歳を上限とする継続雇用制度は、正規のリタイア・年金生活までのつなぎ程度の位置づけでしかなく、働く人の仕事や能力・意欲への配慮は十分ではなかった。これが70歳までの就労となると、これまでの中途半端な賃金待遇のまま10年間も高年齢者の労働意欲を保てるとは考えにくい。

改めて、高年齢者の経験・能力を踏まえた、正しい意味での人材活用を進める雇用・人事の仕組みが求められている。

一部の先進的な大手企業は、70歳以上の雇用延長にいち早く取り組んでいる。

　関東を地盤とする家電量販大手のノジマ（従業員数連結1万937人）は2020年（令和2年）7月から、本人が希望すれば80歳の誕生日まで臨時従業員として雇用するルールに転換した。現状は他社を定年退職して同社に移ったシニア社員が多いが、2021年（令和3年）10月には80歳になった社員も雇用を延長し話題になった（『週刊東洋経済』2021.12.11号/2021.12.6）。

　エアコンで世界首位級のダイキン工業（同単独8,985人、連結8万4,870人）は、コロナ禍で定年延長をはじめとする制度改正をいったん中止するかわり、会社に貢献してきたベテラン社員に報い、経験を有効活用するため、再雇用期間を65歳から70歳まで延長した（『労政時報』第4019号/2021.8.13/27）。

　すでに2013年（平成25年）から役割を軸とした成果・実力主義の人事制度の下で、段階的に65歳へ定年延長を行ってきたYKKグループ（4万4,510人）は、2021年（令和3年）4月から正社員の定年制を廃止した。管理職はシングルレートの役割給、一般社員は実力等級ごとに上限・下限を設定する実力給により、すでに年齢差別のない処遇を実施しているが、65歳以降も仕事に見合った実力主義の処遇を「地続き」で継続する（同上）。

　ただし、このような先進的な施策を講じるノウハウや人的余裕、資金力がない大多数の企業にとって、65歳までの雇用確保措置はともかく、70歳までの就業確保措置は「いったい何から、どう検討すればよいのかわからない」というのが実情ではないだろうか。

　本書は、そうした悩みを抱える読者に、実務的な解決のための法律知識や、賃金制度設計の勘どころを押さえたガイダンスを、コンパクトにご提供したいと考えて執筆したものである。

　第1章では、従来に増して複雑さを増した改正高年齢者雇用安定法の

法律・省令・指針・Ｑ＆Ａ等の政策資料を体系的に読みやすく整理し、最新時点における高年齢者雇用確保措置と就業確保措置の全体像を把握できるよう工夫した。

　第2章では、賃金制度の基礎知識と日本の賃金制度の沿革を紹介したうえで、日本企業の典型的な賃金・人事制度の基本パターンを解説し、やや複雑な高年齢者の継続雇用と賃金実態を厚生労働省等のデータから、身近なイメージを浮かび上がらせるよう工夫した。

　賃金カーブがそれほど立っていない中小企業の場合は、定年を延長し、さらには定年制を廃止して、年齢で雇用や賃金待遇を区切らないシンプルな仕組みも現実的な選択肢であることが、賃金実態の分析から浮かび上がる。

　第3章は、余裕や資金力のない平均的な中堅・中小企業を念頭に、前半では65歳までの高年齢者雇用確保措置について、同一労働同一賃金ガイドラインへの対応も踏まえた現実的な対応策を解説した。後半では70歳までの就業確保措置への対応を含めた65歳定年延長を実施する現実的なシナリオを示し、将来的な70歳定年さらには定年制廃止の可能性を展望する。

　第4章は、65歳までの雇用確保措置や70歳までの就業確保措置への対応を進めた中小企業の具体的な事例を紹介し、読者に実務的なヒントを提供する。

　これまで日本の多くの企業がなじんできたメンバーシップ型雇用制度は、属人的な年功・能力基準の人事制度が長年主流となってきた。本書では、このようなヒト基準の人事制度から脱皮し、正社員・非正社員を共通にカバーする役割・職務基準の人事制度を基本フレームにおいて、ジョブ型にも通じる高年齢者の仕事や働き方の管理と賃金待遇のあり方を解説する。他社に先駆けて、時代にあったシンプルな雇用・人事・賃金の仕組みを作っていきたいとお考えの読者のご参考になれば、筆者としてこの上ない喜びである。

本書は2019年（令和元年）5月に出版した『2020年スタート！同一労働同一賃金ガイドラインに沿った待遇と賃金制度の作り方』の姉妹書でもある。また、筆者が編集アドバイザーを長年務めた独立行政法人高齢・障害・求職者雇用支援機構『エルダー』誌に掲載した記事も活用した。

　前著に引き続き、本書の執筆を強く勧めて頂いた第一法規株式会社の佐藤浩徳氏には、厚く御礼申し上げる。

2022年（令和4年）2月

株式会社プライムコンサルタント代表　菊谷寛之

目　　次

第3章　70歳雇用延長に向けた実務対応

第4章　65歳定年、70歳雇用延長の事例

第1章

70歳就業確保に向けた国の新たな政策と関係法律の内容

第1節　超高齢化社会と労働力人口の現状

1　世界一の長寿大国ニッポン

　経済成長と医学の発達のおかげで、全世界で長寿化が進んでいる。

　中でも日本はトップレベルの長寿国であり、「令和2年簡易生命表」（2020年）によると日本人の平均寿命は男性81.64歳、女性87.74歳となり、それぞれ前年を0.22歳、0.30歳上回っている。

　図表1-1は、厚生労働省が国連統計などから作成した主な国の平均寿命の年次推移のグラフである。日本は1980年代の安定成長期以降、男女ともトップレベルをキープし、特に女性は他を大きく引き離している。日本のような1億人以上の人口大国でこのような長寿を実現した国はほかにない。

　「寿命」という言葉は、文字通り寿命が来て息を引き取るまでの期間を指す。寿命が長くても、自力で生活できず他人の介護を必要としたり、寝たきりになったり、認知症になったりすれば、社会生活はおろか家族をはじめ周囲に大きな負担となる。

　このことから、何歳まで生きられるかよりも、何歳まで元気で健康に過ごせるかが幸福度の面からも重要であるという認識が広がってきた。

　世界保健機関（WHO）も2000年（平成12年）に「健康寿命」というコンセプトを提唱し、人生において「健康上のトラブルによって、日常生活が制限されずに」「心身ともに自立し、健康的に生活できる期間」をどれだけ延ばせるかが大事であるというようになった。

　図表1-2はそのWHOによる男女の平均寿命と健康寿命の国別ランキングである。

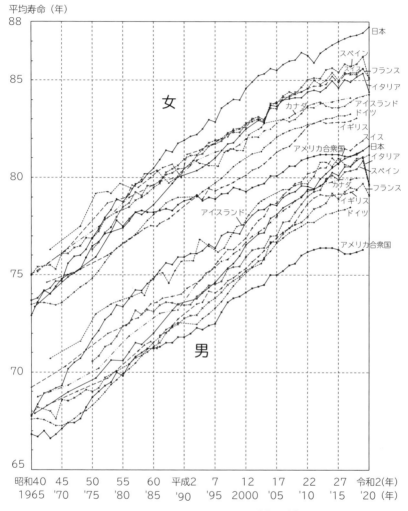

図表1-1　主な国の平均寿命の年次推移
―1965（昭和40年）～2020年（令和2年）―

平均寿命（年）

出典：国連「Demographic Yearbook」等

注1　1971年（昭和46年）以前の日本は、沖縄県を除く数値である。
注2　1990年（昭和55年）以前のドイツは、旧西ドイツの数値である。

健康寿命が一番長いのはシンガポール（76.2歳）で、日本（74.8歳）は2番目であるが、やはりトップクラスである。

　このデータは、5年前・2016年（平成28年）当時のものであり、その間に平均寿命が1歳前後伸びていることを考えると、2022年（令和4年）現在の日本の健康寿命は76歳前後、男73歳、女79歳程度ではないだろうか。

2　人口減少と高齢化率の上昇

　図表1-3は総務省の国勢調査等に基づく、おなじみの日本の人口推移

図表1-2　世界の平均寿命と健康寿命との差（2016年（平成28年））

平均寿命の順位	国名	男女の平均寿命（歳）	男女の平均健康寿命（歳）	平均寿命−健康寿命
1	日本	84.2	74.8	9.4
2	スイス	83.3	73.5	9.8
3	スペイン	83.1	73.8	9.3
4	オーストラリア	82.9	73.0	9.9
4	シンガポール	82.9	76.2	6.7
4	フランス	82.9	73.4	9.5
7	イタリア	82.8	73.2	9.6
7	カナダ	82.8	73.2	9.6
9	韓国	82.7	73.0	9.7
10	ノルウェー	82.5	73.0	9.5
11	アイスランド	82.4	73.0	9.4
16	オーストリア	81.9	72.4	9.5
21	イギリス	81.4	71.9	9.5
26	ドイツ	81.0	71.6	9.4
34	アメリカ	78.5	68.5	10.0
46	アルゼンチン	76.9	68.4	8.5
48	メキシコ	76.6	67.7	8.9
50	トルコ	76.4	66.0	10.4
50	中国	76.4	68.7	7.7

出典：世界保健機関（World Health Organization）「THE GLOBAL HEALTH OBSERVATORY」（2016年版）

○日本の人口は近年減少局面を迎えている。2065年には総人口が9,000万人を割り込み、高齢化率は38%台の水準になると推計されている。

図表1-3　日本の人口の推移と将来推計

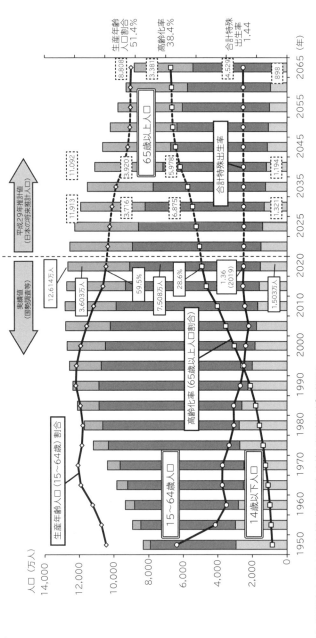

出典：2020年までの人口、生産年齢人口割合、高齢化率は総務省「国勢調査」
　　　2019年までの合計特殊出生率は厚生労働省「人口動態統計」
　　　2019年以降は国立社会保障・人口問題研究所「日本の将来推計人口（平成29年推計）：出生中位・死亡中位推計」
※　厚生労働省職業安定局高齢者雇用対策課の資料をもとに筆者が加工

と将来推計である。

　我が国は長期の人口減少過程に入っており、2020年（令和2年）国勢調査（確定値）によると、日本の総人口は約1億2,614万6,000人となり、5年前から95万人近く減った。このまま推移すると、2053年（令和35年）には総人口は1億人を割り込むと予想されている。

　特に経済活動の主な担い手となる15～64歳の生産年齢人口（注）の減少のスピードが加速している。2020年（令和2年）の生産年齢人口はピークだった1995年から約1,200万人、14％近くも減少した。

　2017年（平成29年）推計の日本の将来推計人口によると、2020年（令和2年）の生産年齢人口7,405万は、2030年（令和12年）には6,875万人となり、神奈川県の生産年齢人口に匹敵する約530万人、約8％が10年で減少する。一国の経済成長率は、労働力人口の増加率に労働生産性の増加率を加えた結果である。10年間で8％を超える労働生産性の向上を実現しないと、日本経済はこれまで経験したことのない衰退局面を迎えることになる。

　15歳未満人口の割合が世界で最も低く、65歳以上人口の割合が世界で最も高い日本では、高齢化も世界一のスピードで進んでいる。

　2021年（令和3年）版「高齢社会白書」によると、日本の総人口に占める65歳以上の割合（高齢化率）は、2020年（令和2年）10月時点で28.8％に達した。

　1950年（昭和25年）には5％に満たなかったが、団塊の世代（1947年（昭和22年）～49年（昭和24年）生まれ）の高齢化とともに急上昇し、2025年（令和7年）には30％、団塊ジュニア層（1971年（昭和46年）～74年（昭和49年）生まれ）が65歳になる2040年（令和22年）頃には35％を超えると予想されている。

　現在は7,508万人の生産年齢人口が、3,603万人の65歳以上の高齢

者を、つまり約2人強の働き手が1人の高齢者を支えている。これが40年頃には高齢者1人を支える生産年齢人口の数は、現在の約2人から約1.5人に減り、3人の働き手が2人の高齢者を支えなければならなくなる勘定だ。

老人が老人の世話をする「老々介護」が当たり前になり、老人医療にかかる保険財政は今後ますます困難を極める。すでに2020年（令和2年）の年金・医療・介護費用を支える社会保障給付は126兆8,000億円（予算ベース）に達し、2020年度（令和2年度）の国の税収60兆8,216億円の2倍以上の規模にまで膨らんだ。より少ない働き手がより多くの高齢者を支え続けなければならない「超高齢化社会」の膨大な負担が後世代にのしかかっていく。

ただし、日本の高齢者、特に65歳～74歳の前期高齢者（1,747万人）の就業意欲は高い。2020年（令和2年）現在、65歳～74歳の51％が現役の労働力であり、70歳を超えても働けるだけ働きたいと考える人の比率が多い（内閣府「令和元年度高齢者の経済生活に関する調査」）。

足元では、団塊の世代の多くが70歳を超えてもなお働き続けているため、65歳以上の高齢者の労働力人口は2010年代以降急増した。生産年齢人口の減少を高齢者の労働力が補っており、全年齢を合計した労働力人口はほぼ横ばいで推移し、近年はむしろ増加に転じている。もっとも団塊の世代が全員75歳以上の後期高齢者となる2025年（令和7年）以降になると、全体の労働力人口は急速な減少局面に入る。

人口減少・高齢化は海外でも本格化する。2020年（令和2年）時点で世界の総人口は77億9,480万人となった。2060年（令和42年）には101億5,000万人余りとなると見込まれているが、世界全体でみても総人口に占める65歳以上の割合（高齢化率）は高まり続け、先進国だけでなく、開発途上地域も高齢化が急速に進展すると見込まれる。海外から日本への労働力の受け入れが徐々に進んでいるが、長い目で見ると、海外の労働力にも多くは期待できない時代がいずれやってくる。

高齢者自らが健康寿命を保ち、主体的に経済・社会を支える存在として活躍し続けられるかが、後世代に託す日本のゆくえを大きく左右することは間違いない。

注　高年齢者に関する呼称区分は、次のように制度ごとに異なる。本書では原則として高年齢者雇用安定法の「高年齢者」を用いる。

	60歳	65歳	70歳	75歳	90歳〜
人口統計		高齢者			
高年齢者雇用安定法	高年齢者				
雇用保険		高年齢被保険者			
年金制度		老齢			
医療保険		前期高齢者		後期高齢者	
高齢者に関する新たな定義(注)		准高齢者 准高齢期		高齢者 高齢期	超高齢者 超高齢期

注　日本老年学会・日本老年医学会「高齢者に関する定義検討ワーキンググループ報告書」（2017年（平成29年）3月）

第2節　70歳までの就業確保措置を定めた改正高年齢者雇用安定法までの経緯

1　日本企業の旧55歳定年制の経緯

　定年制とは、就業規則または労働協約の規定により、労働者が一定の年齢に到達することにより労働契約を終了させる制度をいう。すなわち定年前であっても、労働者はいつでも退職でき、使用者もいわゆる解雇権濫用法理（労働契約法第16条）に抵触しない限りいつでも解雇できる。

　定年制は、最終期限がつけられた労働契約と解されるが、通常の期間の定めのある契約（有期契約）とは異なり、契約終了（期間満了）まで両当事者を拘束する契約期間を定めたものではなく、労使双方はいつでも労働契約を解除できる（水町勇一郎『詳解労働法第2版』東京大学出版会、2021.9）。

　定年制は期間の定めのない雇用契約であって、労働基準法第14条の「一定の事業の完了に必要な期間を定めるもののほかは、3年を超える期間について締結してはならない。」という規定は適用されない。

　一般的な定年年齢に達したときに自動的に労働契約が終了する合意解約に基づく定年退職は、同第20条の解雇予告期間・予告手当等の解雇制限の規定は適用されない。

　定年制の決め方には以下のものがある（中條毅・菊野一雄『日本労務管理史〈1〉雇用制』中央経済社、1988.12）。

（1）　一律定年制…常用労働者全員に同一の定年を適用するもの

（2）　男女別定年制…男女別にそれぞれ定年を定めるもの※注

（3）　職種別定年制…職種別に定年を定めるもの

（4）　その他…資格・役職その他の区分で定年を定めるもの

注　昔は男女別定年制が合法とされたが、現在は平成18年改正男女雇用機会均等法第6条4号が、退職勧奨、定年、解雇、労働契約の更新について、労働者の性別を理由として差別的取扱いをしてはならないと明文で禁じている。

定年の時期は、定年年齢となる誕生日、その直後の月末または年度末など、定年の定めによりさまざまである。

　近代日本の大組織で初めて定年(当時は停年といった)が登場したのは、1875年(明治8年)8月の『海軍退隠令』であるとされ、翌年には陸軍も続いた。

　軍隊に特徴的な点だが、陸海軍とも階級別に「年齢定限」を定めており、監督・軍医官が60歳、以下、参謀大中佐57歳、大中佐・参謀少佐54歳、少左・参謀大尉51歳、大尉・参謀中尉48歳、中少尉45歳、下士・兵卒35歳などとなっていた(加藤尚文編『コメンタール日本経営史料大系4　経営労務』三一書房、1987.6)。

　特に一般兵卒の定年35歳は、心身が精強な軍隊を維持するための上限年齢とされ、**図表1-4**のように、現在の自衛官にも同一趣旨で引き継がれている。

　ひと頃、「プログラマー 35歳定年説」などがいわれたことがあり、今

図表1-4　自衛官の退職年齢

自衛官の退職年齢は、国防という任務の特性上、
若年定年制、任期制の制度がとられている。

雇用区分	階級		退職定年年齢	退職時期
若年定年制	幹部	1左	57歳	退職年齢の誕生日
		2左	56歳	
		3左		
		1尉	55歳	
		2尉		
		3尉		
	准尉	准尉		
	曹	曹長		
		1曹		
		2曹	54歳	
		3曹		
任期制	士	士長	21〜35歳前後	

またサントリーホールディングスの新浪剛史社長が経済同友会のセミナーで唱えた「45歳定年制」が話題になっているが、古くて新しい問題といえよう。

　一般労働者を対象とした労務管理上の定年制は、日本が産業革命にまい進した時期、1887年（明治20年）3月に海軍火薬製造所が定めた55歳定年制が先駆けとされる。そして、この規定には、つぎのような但し書きがあった。

　「ただし、満期に至っても技術の熟練かつ身体強壮でその職に堪能な者は、年限を定め雇用を命ずることがある。」（筆者現代語訳）

　こうして、55歳定年制を基本とし、必要があれば定年を過ぎても継続雇用を行うという日本の定年制の原型がスタートし、その後大正・昭和の初期にかけて民間の大手企業に広まっていった（荻原勝『定年制の歴史』日本労働協会、1984.3）。

　定年制は、戦中・戦後の非常事態下には一時中断されたが、戦後まもなく復活・普及した。1951年（昭和26年）の労働省労働基準局の調べでは、調査対象企業159社のうち、128社（80.5％）が定年制を導入し、その多くは、男は55歳、女は30歳〜60歳までばらつきがあった。

2　戦後の60歳定年延長の動き

　詳しい資料は省くが、終戦間もない時期（1947年（昭和22年））の平均寿命は男性50歳、女性54歳で、「人生50年」という言葉が実感を持って語られた時代であった。55歳定年制は社会的にも自然に受け入れられ、当時の還暦60歳は皆で祝うべき慶事だったわけである。

　ところが、第1節でみたように、平均年齢は、男の場合、1950年（昭和25年）〜52年（昭和27年）59.57歳、1960年（昭和35年）65.32歳、1970年（昭和45年）69.31歳、1980年（昭和55年）73.35歳とみるみる急伸する。経済の高度成長期・安定成長期の中で日本はGDPを大きく伸ばし、世界第2位の経済大国に上り詰めるとともに、世界有数の長

寿国になった。

　当然、60歳以上人口の割合も上昇し、1970年（昭和45年）には10%を超えるとともに、いわゆる「核家族化」が進行し、定年退職した高齢者は、次第に老後を子供に頼れなくなっていく。このような事情が社会問題として無視できなくなって、労働省は1967年（昭和42年）に「定年の延長についての労働省の見解」を発表し定年延長を提唱する（中條・菊野同上）。

　国の高年齢者雇用政策が具体的に動き始めたのは、1971年（昭和46年）に中高年齢者雇用促進特別法が制定されてからである。当初は45歳以上の「中高年齢者」の就職促進を図る法律としてスタートした（**図表1-5**）。

　さらに1975年（昭和50年）に雇用保険法が施行され、同法第62条に基づき次の3施策がスタートした。

（1）　定年延長奨励金…定年年齢を56歳以上に引き上げた事業主に、高年齢労働者の人数に応じて所定の奨励金を支給
（2）　高年齢者雇用奨励金…公共職業安定所の紹介で、満55歳以上65歳未満の高年齢者を常用労働者として雇い入れる事業主に、雇用奨励金を1年間にわたって支給
（3）　継続雇用奨励金…60歳以上の定年退職者を継続雇用ないし再雇用する事業主に奨励金を支給

　これに対応して1976年（昭和51年）に中高年齢者雇用促進特別法が改正され、55歳以上の高年齢労働者を6%以上雇用することが努力義務とされた。

　当初、この法律には強制力がなく、1976年（昭和51年）当時の一律定年制は55歳47.3%に対して60歳32.3%にとどまっていた（労働省「雇用管理調査」）。

　特に大手企業は、「定年延長が難しい理由」として「賃金体系の見直しが

図表1-5　高年齢者雇用安定法と関連法制の改定経緯

法律	ポイント	制定	施行
中高年齢者雇用促進特別法	職種別に45歳以上の中高年齢者の雇用率を義務化 正式名称は「中高年齢者等の雇用の促進に関する特別措置法」	1971年(昭和46年)5月25日	1971年(昭和46年)10月1日
雇用保険法	定年延長奨励金、高年齢者雇用奨励金開始	1974年(昭和49年)2月28日	1975年(昭和50年)4月1日
中高年齢者雇用促進特別法改正	55歳以上の高年齢労働者を6%以上雇用することを努力義務	1976年(昭和51年)5月28日	1976年(昭和51年)10月1日
厚生年金保険法改正	厚生年金を男子は60歳→65歳に引上げ、ただし60歳～65歳まで特別支給の老齢厚生年金を支給。女子は1987年(昭和62年)から3年に1歳ずつ60歳に12年かけて引上げ	1985年(昭和60年)5月1日	1986年(昭和61年)4月1日
中高年齢者雇用促進特別法改正(高年齢者雇用安定法に改称)	**60歳定年制を努力義務** 正式名称は高年齢者等の雇用の安定等に関する法律」	1986年(昭和61年)4月30日	1986年(昭和61年)10月1日
高年齢者雇用安定法改正	定年到達後65歳までの再雇用等による継続雇用を努力義務	1990年(平成2年)6月29日	1990年(平成2年)10月1日
同改正	**60歳定年制を強行的義務**	1994年(平成6年)6月17日	1995年(平成7年)4月1日
厚生年金保険法改正	老齢厚生年金の**定額部分**を男性は2001年(平成13年)から、女性は2006年(平成18年)から、それぞれ3年に1歳ずつ12年かけて60歳→65歳に引上げ	1994年(平成6年)11月9日	1995年(平成7年)4月1日
雇用保険法改正	高年齢雇用継続給付金制度創設:支給率は原則25%	1994年(平成6年)6月29日	1995年(平成7年)4月1日
厚生年金保険法改正	老齢厚生年金の**報酬比例部分**を男性は2013年(平成25年)から、女性は2018年(平成30年)から、それぞれ3年に1歳ずつ12年かけて60歳→65歳に引上げ	2000年(平成12年)3月31日	2002年(平成14年)10月1日

法律	ポイント	制定	施行
高年齢者雇用安定法改正	65歳までの継続雇用の努力義務に定年齢の引上げを追加	2000年（平成12年）5月12日	2000年（平成12年）10月1日
雇用保険法改正	高年齢者雇用継続給付金の支給率を原則15%に変更	2003年（平成15年）4月30日	2003年（平成15年）5月1日
高年齢者雇用安定法改正	**65歳までの雇用確保措置**（定年延長・継続雇用制度・定年制廃止のいずれか）を強行的義務 継続雇用制度は労使協定による選別基準を許容	2004年（平成16年）6月11日	2006年（平成18年）4月1日
同改正	65歳までの**希望者全員**に継続雇用義務 労使協定による選別基準を段階的に廃止	2012年（平成24年）9月5日	2013年（平成25年）4月1日
雇用保険法改正	65歳以降に新たに雇用される者を雇用保険の適用対象に	2016年（平成28年）3月31日	2017年（平成29年）1月1日
年金制度改革法	年金の受給開始時期の選択肢を60～70歳から60～75歳まで拡大	2020年（令和2年）6月5日	2022年（令和4年）4月1日
高年齢者雇用安定法改正	65歳から**70歳までの就業確保措置**（定年延長・継続雇用制度・定年制廃止・業務委託契約のいずれか）を努力義務	2020年（令和2年）3月31日	2021年（令和3年）4月1日
雇用保険法改正	高年齢者雇用継続給付金の支給率を原則10%に変更	2020年（令和2年）3月31日	2025年（令和7年）4月1日

できていない」「退職金制度の見直しができていない」「人事が停滞する」「勤務延長・再雇用制度がある」等の理由を挙げ、定年延長には消極的だった。単純に定年を延長すると会社の雇用者数・賃金総額が目の前で増大するし、高年齢者の適職開発や役職ポスト不足にも困るというので、二の足を踏んだのである。

ところが55歳以降は役職定年制を適用し、延長期間の賃金を下げて定年延長を行う現実的な手法が注目されたことや、経済規模の拡大による雇用増が進んだこともあって、徐々に60歳定年延長に踏み切る会社が増え始めた。

1980年（昭和55年）には大手企業の定年延長ブームが訪れ、翌81年（昭和56年）には55歳定年38.0％よりも60歳定年が39.5％と逆転、1984年（昭和59年）には60歳以上の定年制を定める企業の割合が50％を超え、60歳定年がほぼ社会的なコンセンサスとなった（労働省、同上）。

3　60歳定年制・65歳までの雇用確保措置の義務化（2006年（平成18年）4月施行の高年齢者雇用安定法までの経緯）

1986年（昭和61年）には、中高齢者雇用促進特別法を抜本的に改正する形で高年齢者雇用安定法（「高年齢者等の雇用の安定等に関する法律」）が制定され、旧法の雇用率を廃止するとともに60歳定年制を企業の努力義務（定年の定めをする場合「60歳を下回らないように努めるものとする」）とした。

改正法の背景として、すでに1970年代から、将来的な人口の高齢化の見通しの中で、公的年金の支給開始年齢を長期的に65歳まで引き上げる方針が政府内に固まっていったことがあげられる。定年の引上げ等によって65歳まで雇用を確保し、これに公的年金を接続させて、高年齢者の所得保障を図ることが重要な政策課題となっていた（水町勇一郎、前掲書）。

60歳定年制が64％程度普及した1990年（平成2年）には、高年齢者

雇用安定法を改正し、60歳定年後65歳までの再雇用・勤務延長等の継続雇用措置をとることを事業主の努力義務とした。

60歳定年制が84％まで普及した1994年（平成6年）には、厚生年金の支給開始年齢を60歳から65歳まで段階的に引き上げる厚生年金保険法改正が行われることになったため、60歳定年制を強行規定（定年の定めをする場合「60歳を下回ることができない」）とする高年齢者雇用安定法の改正が行われた（1995年（平成7年）4月1日施行）。

こうして1995年（平成7年）4月実施の改正法以降、60歳未満の定年制は禁止となり、60歳定年制が法的義務となった。同時に、60歳から65歳までの厚生年金における部分年金の支給（報酬比例部分）、雇用保険制度上の高年齢雇用継続給付金が創設され、60歳以降の所得の減少を補てんする措置がスタートした。この政策はのちに60歳以降の継続雇用における賃金設定に大きな影響を及ぼすこととなる。

4 年金制度改革と年金支給開始年齢の段階的引上げ

国の年金制度改革について少し説明すると、サラリーマンの公的年金は、定額単価×加入月数で決まる基礎年金（国民年金と共通のいわゆる1階部分）と、被保険者期間中の標準報酬月額に比例した報酬比例年金（2階部分）からなっている。

年金の支給開始年齢は、1944年（昭和19年）の制度発足当初は男女とも55歳であったが、1954年（昭和29年）に厚生年金保険法の全面改正により、1957年（昭和32年）以降、男性だけ段階的に60歳に引き上げた経緯がある。

1985年（昭和60年）の厚生年金保険法の改正により、男性は60歳から特別支給の老齢厚生年金の定額部分・報酬比例部分として支給されることとなり、同時に、女性の支給開始年齢は男女別定年制の減少など、労働条件における男女差の解消を踏まえ55歳から3年に1歳ずつ12年かけて60歳まで引き上げられた。

さらに1994年（平成6年）の改正では、「60歳引退社会」に代わる「65歳現役社会」の実現を目的として、高齢者雇用の一層の促進を図るため、60歳代前半の年金の支給開始年齢を段階的に65歳まで引き上げた。

まず定額分の支給開始年齢が男性は2001年（平成13年）4月から2013年（平成25年）3月まで、女性は2006年（平成18年）4月から2018年（平成30年）3月まで、3年ごとに1歳ずつ段階的に引き上げられ、それぞれ65歳までの引上げが完了した。65歳以降は基礎年金と呼ぶ（**図表1-6**の左側）。

報酬比例部分についても男性は2013年（平成25年）4月から2025年（令和7年）3月まで、女性は、2018年（平成30年）4月から2030年（令和12年）3月まで、3年ごとに1歳ずつ段階的に引き上げられる（**図表1-6**の右側）。

男性は2022年（令和4年）4月以降、63歳までの高齢社員が無年金と

図表1-6　公的年金の支給開始年齢の推移（男性）

60歳～65歳	定額部分	報酬比例年金
65歳以降	老齢基礎年金	老齢厚生年金
年度	（月額約6.6万円）	（月額約10万円）
2001年4月	61歳	60歳
2004年4月	62歳	・・・
2007年4月	63歳	・・・
2010年4月	64歳	60歳
2013年4月	65歳	61歳
2016年4月	〃	62歳
2019年4月	〃	63歳
2022年4月	〃	**64歳**
2025年4月	〃	**65歳**
20xx年4月	65歳＋α	65歳＋α

資料：社会保障審議会年金部会の資料を参考に作成

注 平均的な勤労者の場合、夫婦ともに65歳以上である世帯の公的年金は年間約280万円（月額約23.3万円）
（夫の基礎年金約80万円＋老齢厚生年金約120万円＋配偶者の基礎年金約80万円）

なり、2025年（令和7年）には64歳まで無年金の時代がやってくる。

　それだけでは済まず、急速な少子高齢化と年金財政のひっ迫に対処するために、将来的には、年金支給開始年齢をアメリカやドイツ（67歳）、イギリス（68歳）のように引き上げる議論が再燃する可能性もある。平均寿命が長い日本の場合、いずれは70歳まで伸ばすことも現実味を帯びてくるかもしれない。

　平均的なサラリーマンの場合、夫の基礎年金が約80万円、報酬比例年金は約120万円とされているが、これに配偶者の基礎年金約80万円を加えると、年間約280万円、月あたり約23万円が夫婦ともに65歳以上の世帯に支給される年金額である。

　蓄えや副収入が十分ある恵まれた世帯ならともかく、年280万円の年金があるかないかは、大多数のサラリーマンの老後にとって大問題であろう。

5　団塊の世代の継続雇用が社会政策の焦点に

　国が60歳定年制の完全義務化と65歳までの継続雇用措置の努力義務化を推進したもう一つの背景に、1998年（平成10年）当時50代に差し掛かる「団塊世代」（1947年（昭和22年）〜49年（昭和24年）生まれ）への配慮もあった。

　すでにみたように日本は世界一の長寿国であり、少子高齢化のスピードも世界の先端を走る。今後減少に向かう労働力人口でこの国の高度な経済と生活を支えていくには、従来の雇用の場で十分配慮されているとはいいがたい若年層、女性、そして高年齢者の雇用機会を大幅に改善し、その潜在力を大規模に引き出す必要があるとされた。

　特に団塊の世代を中心とする戦後生まれの膨大な労働人口は、日本の高度成長の担い手として豊富な社会経験と高度の熟練を積み、60歳以降の就労意欲も非常に高い。

　団塊の世代は2007年（平成19年）から2009年（平成21年）にかけて

60歳に達し、この貴重な人材資源を60歳定年という人為的な制度でみすみすリタイアさせたのでは、熟練労働力の充足という意味でも、技能・知識の世代間継承という意味でも、個人の自立した生活力維持という意味でも、大きな社会的損失につながるという議論がなされた。

2000年（平成12年）の改正では、65歳までの継続雇用の努力義務に対応する方法として定年年齢の引上げという選択肢が加わり、さらに2004年（平成16年）の大改正により、65歳までの継続雇用が義務化された。

すなわち、65歳未満の定年を定めている事業主は、①定年年齢の引上げ、②再雇用・勤務延長による継続雇用制度の導入、③定年制の廃止のいずれかの措置（雇用確保措置）を講じることが義務規定化された（2006年（平成18年）4月1日施行）。

このうち、①と③は全員が対象となるが、②は継続雇用を希望する者だけが対象となる。雇用を確保すべき年齢は、厚生年金の基礎年金（定額部分）の支給開始年齢が**図表1-6**の左側のように2013年度（平成25年度）65歳まで段階的に引き上げられることに歩調を合わせ、62歳（2006年（平成18年））から65歳（2013年（平成25年））まで段階的に継続雇用年齢を引き上げた。

2006年（平成18年）4月に65歳継続雇用が義務化される前にも、60歳以降の再雇用制度または勤務延長制度などを自発的に実施してきた企業は少なくない。法的に義務づけられてはいなかったから、誰でも希望すれば再雇用・勤務延長の対象になれた訳ではないが、継続雇用制度を導入する下地は作られていた。その意味では、2006年4月施行の高年齢者雇用安定法は多くの企業が導入しやすい選択肢を提供する現実的なアプローチをとったといえる。

なお、上記改正では、②の継続雇用制度を選択した場合、過半数労働組合（それがない場合は過半数代表者）との労使協定または就業規則に一定の能力、資格、経験等の「客観的基準」を設けていれば継続雇用の対象

者を選別することが許容されていた。

　これに対し、2012年（平成24年）の改正により、2013年（平成25年）4月以降は、厚生年金の報酬比例部分の支給開始年齢が**図表1-6**の右側のように60歳から65歳に段階的に引き上げられることに対応し、原則として希望者全員を65歳まで選別することなく雇用しなければならなくなった（ただし上記の客観的基準を定めている中小企業には一定の経過措置が認められた）。

　また、2016年（平成28年）の雇用保険法改正では、高齢の雇用者・求職者が増加する傾向にあることを考慮し、従来は適用除外とされていた65歳以降に新たに雇用される者を雇用保険の適用対象とすることとなった。

　統合的な65歳雇用政策が推進された結果、2020年（令和2年）における65歳までの雇用確保措置のある企業は99.9％に達した。のみならず、①66歳以上働ける制度のある企業は33.4％（対前年2.6ポイント増）、②70歳以上働ける制度のある企業は31.5％（対前年2.6ポイント増）、③定年制廃止企業は2.7％（変動なし）と、足元では65歳を超える雇用延長の動きも加速しつつある（厚生労働省「令和2年『高年齢者の雇用状況』」、2021年（令和3年）1月）。

6　70歳までの就業確保措置の努力義務（2021年（令和3年）4月1日施行の改正高年齢者雇用安定法）

　政府は、2019年（令和元年）6月の安倍内閣「骨太の方針」の中で、「全世代型社会保障への改革」の一環として「70歳までの就業機会確保」を掲げ、「人生百年時代を迎え、働く意欲がある高齢者がその能力を十分に発揮できるよう、高齢者の活躍の場を整備することが必要である」とし、「65歳から70歳までの就業機会確保については、多様な選択肢を法制度上整え、当該企業としては、そのうちどのような選択肢を用意するか、労使で話し合う仕組み、また、当該個人にどの選択肢を適用するか、企

業が当該個人と相談し、選択ができるような仕組みを検討する」とした。

　ただし、「70歳までの就業機会の確保に伴い、現在65歳からとなっている年金支給開始年齢の引き上げは行わない」と明言する一方、「現在60歳から70歳まで自分で選択可能となっている年金支給開始の時期については、70歳以降も選択できるよう、その範囲を拡大する」とした。

　さらに、「働く意欲がある労働者がその能力を十分に発揮できるよう、雇用制度改革を進めることが必要である。特に大企業に伝統的に残る新卒一括採用中心の採用制度の必要な見直しを図ると同時に、通年採用による中途採用・経験者採用の拡大を図る必要がある」とし、企業の採用制度および評価・報酬制度の見直しの必要性に言及するとともに、中途採用・経験者採用比率の情報公開を求めることも示唆した。

　同年9月、政府は少子高齢化と同時にライフスタイルが多様となる中で、誰もが安心できる社会保障制度に関わる検討を行うため、安倍首相を議長とする全世代型社会保障検討会議を発足、12回に及ぶ検討ののち、2020年（令和2年）12月に菅内閣のもとで「全世代型社会保障改革の方針」を取りまとめた。

　検討会議では「人生100年時代の到来を見据えながら、お年寄りだけではなく、子供たち、子育て世代、さらには現役世代まで広く安心を支えていくため、年金、労働、医療、介護、少子化対策など、社会保障全般にわたる持続可能な改革を検討」しているが、特に「令和4年（2022年）には、団塊の世代が75歳以上の高齢者となり始める中で、現役世代の負担上昇を抑えることは待ったなしの課題である。そのためにも、少しでも多くの方に「支える側」として活躍いただき、能力に応じた負担をいただくことが必要である」とし、高齢者医療の見直しの方針を示した。

　このような経緯の中で、2020年（令和2年）、事業主に65歳から70歳までの「就業確保措置」を講じることを努力義務とする改正高年齢者雇用安定法が成立、2021年（令和3年）4月からスタートした（**図表1-7**）。

　就業確保措置の内容は、これまでの65歳までの雇用確保措置の義務

図表1-7 2021年(令和3年) 4月1日施行の高年齢者雇用安定法

2006年(平成18年) 4月1日施行	2021年(令和3年) 4月1日施行
60歳を下回る定年の禁止	60歳を下回る定年の禁止
高年齢者雇用確保措置の**義務化**	高年齢者就業確保措置が**努力義務**
① 65歳までの定年の引上げ	① 70歳までの定年の引上げ
② 65歳までの継続雇用制度(定年後再雇用または勤務延長制度)の導入 (特殊関係事業主を含む)	② 70歳までの継続雇用制度(定年後再雇用または勤務延長制度)の導入 (特殊関係事業主に加えて、他の事業主によるものを含む)
③ 定年の廃止	③ 定年の廃止
なし	労使で同意した上での雇用以外の創業支援等措置 ④ 70歳まで継続的に業務委託契約を締結する制度の導入 ⑤ 70歳まで社会貢献事業に継続的に従事できる次の制度の導入 　a 事業主が自ら実施する社会貢献事業 　b 事業主が委託、出資(資金提供)等する団体が行う社会貢献事業

注 ①③は全員が対象となるが、右側の②④⑤は対象者のうちの希望者が対象であり、努力義務であるため対象者を限定することが可能

②65歳までの継続雇用は2006年(平成18年)当初は労使協定または就業規則に一定の能力、資格、経験等の客観的基準を設けていれば対象者を選別できたが、2013年(平成25年)4月以降は、原則として希望者全員を65歳まで雇用しなければならなくなった。ただし同基準を定めていた企業には一定の経過措置が認められる。

④⑤の雇用によらない創業支援等措置を導入するためには過半数労働組合等の同意を得る必要がある。

に加えて、①70歳までの定年年齢の引上げ、②70歳までの継続雇用制度、③定年制の廃止のほか、過半数労働組合(それがない場合は過半数代表者)の同意を得て、④創業する高年齢者への業務委託契約による70歳までの就業確保、⑤社会貢献事業での業務委託による70歳までの就業確保のいずれかを講じることが、新たな努力義務として付け加えられた。

　同時に行われた雇用保険法改正および年金制度改革法では、65歳までの高年齢者雇用確保措置の十分な定着状況を踏まえて、高年齢雇用継続給付の給付率をこれまでの原則15%から原則10%に縮小する(雇用

保険法第61条、2025年（令和7年）4月1日施行）とともに、在職老齢年金の支給基準額の上限を月28万円から47万円に引き上げ、年金の受給開始時期も柔軟に選択できることとした（2022年（令和4年）4月1日施行）。

第3節　2021年（令和3年）4月1日施行改正高年齢者雇用安定法の内容

　以下、改正高年齢者雇用安定法（以下「改正高年法」という。）の内容について解説していこう。

　以下の解説では、次の略称を用いる。

旧高年法……………… 2004年（平成16年）改正の高年齢者雇用安定法（2006年（平成18年）4月1日施行）

雇用確保指針……… 高年齢者雇用確保措置の実施及び運用に関する指針（平成24年厚生労働省告示第560号）

雇用確保措置Q＆A‥ 高年齢者雇用安定法Q＆A（高年齢者雇用確保措置関係）

改正高年法 ………… 2020年（令和2年）改正の高年齢者雇用安定法（2021年（令和3年）4月1日施行）

施行規則…………… 高年齢者雇用安定法施行規則（昭和46年労働省令第24号）

就業確保指針……… 高年齢者就業確保措置の実施及び運用に関する指針（令和2年厚生労働省告示第351号）

就業確保措置Q＆A‥ 高年齢者雇用安定法Q＆A（高年齢者就業確保措置関係、令和3.2.26時点）

　改正高年齢者雇用安定法は、少子高齢化が急速に進行し人口が減少する中で、経済社会の活力を維持するため、人生100年時代を迎える中、働く意欲がある誰もが年齢にかかわりなくその能力を十分に発揮できる

よう、高年齢者が活躍できる環境整備を図る法律である。

改正法は、高年齢者等の安定した雇用確保の推進、高年齢者等の再就職の促進、高年齢退職者への就業機会の確保等の措置を総合的に講じ、高年齢者等の職業の安定その他の福祉の増進を図ることを目的としている(第1条)。

事業主は、高年齢者等の意欲・能力に応じて雇用機会の確保等が図られること、および、高齢期における職業生活の設計について必要な援助を行うよう努める責務があるとされ(第4条)、国および地方公共団体は、事業主、労働者等の関係者に対しその実情に応じて必要な援助等を行うとともに、高年齢者等の多様な就業機会の確保等を図るために必要な施策を総合的・効果的に促進するよう努める責務があるとされている(第5条)。

この法律は船員には適用されず、これから解説する部分については国家公務員および地方公務員は対象外である(第7条)。

1　60歳を下回る定年の禁止

（定年を定める場合の年齢）

第8条　事業主がその雇用する労働者の定年(以下単に「定年」という。)の定めをする場合には、当該定年は、60歳を下回ることができない。ただし、当該事業主が雇用する労働者のうち、高年齢者が従事することが困難であると認められる業務として厚生労働省令で定める業務に従事している労働者については、この限りでない。

「定年」とは、労働者が所定の年齢に達したことを理由として自動的にまたは解雇の意思表示によってその地位を失わせる制度であって、就業規則、労働協約または労働契約に定められたものにおける当該年齢をいう(令和3.3.26職発0326第10号Ⅱ第1の1(1)参照)。

ただし、定年制に関する規定は、労働基準法第89条第1項第3号にいう「退職に関する事項」として、就業規則に必ず定めをしなければならない「絶対的必要記載事項」に該当するので、労働契約だけで定年を定めることができるのは、常時使用する労働者が10人未満の事業所のみである。

　単なる慣行として一定年齢における退職が定着している場合等は定年に含まれず、いわゆる選択定年制のように早期の退職を優遇する制度における当該早期の退職年齢はここでいう定年ではない。

　本条は、事業主が定年の定めをする場合には、定年は60歳を下回ることができないこととするものであり、定年の定めをしていない事業主はここでは何ら問題とならない。

　このように、日本の現行法は定年制の存在を許容しつつ、その定めをする場合には原則として60歳以上とすることを義務づけることで、60歳までの雇用保障政策を実施しており、アメリカのように雇用における年齢差別禁止法（1967年（昭和42年）AEDA）や、EUのように年齢差別禁止を含む均等待遇を推進しようとする国々とは政策意図が大きく異なる。

　ただし書は、鉱業法（昭和25年法律第289号）第4条に規定する事業における坑内作業の業務に常時従事する労働者については第8条の対象外とし、60歳を下回る定年を定めることができるという意味である（施行規則第4条の2）。

　法第8条に反して定められた60歳を下回る定年は民事上無効となり、事業主は、当該年齢を根拠に労働者を退職させることはできないと解される（令和3.3.26職発0326第10号Ⅱ第1の1（2））。

　この場合、当該定年は60歳と定めたものとみなされるのではなく、定年の定めがないものとみなされると解され（同）、裁判例も定年の定めがない状態になると解している（牛根漁業協同組合事件・福岡高裁宮崎支判・平成17.11.30）。

2　65歳までの雇用確保措置の義務

（高年齢者雇用確保措置）

第9条　定年（65歳未満のものに限る。以下この条において同じ。）の定めをしている事業主は、その雇用する高年齢者の65歳までの安定した雇用を確保するため、次の各号に掲げる措置（以下「高年齢者雇用確保措置」という。）のいずれかを講じなければならない。

一　当該定年の引上げ

二　継続雇用制度（現に雇用している高年齢者が希望するときは、当該高年齢者をその定年後も引き続いて雇用する制度をいう。以下同じ。）の導入

三　当該定年の定めの廃止

2　継続雇用制度には、事業主が、特殊関係事業主（当該事業主の経営を実質的に支配することが可能となる関係にある事業主その他の当該事業主と特殊の関係のある事業主として厚生労働省令で定める事業主をいう。以下この項及び第10条の2第1項において同じ。）との間で、当該事業主の雇用する高年齢者であってその定年後に雇用されることを希望するものをその定年後に当該特殊関係事業主が引き続いて雇用することを約する契約を締結し、当該契約に基づき当該高年齢者の雇用を確保する制度が含まれるものとする。

3　厚生労働大臣は、第1項の事業主が講ずべき高年齢者雇用確保措置の実施及び運用（心身の故障のため業務の遂行に堪えない者等の継続雇用制度における取扱いを含む。）に関する指針（次項において「指針」という。）を定めるものとする。

4　第6条第3項及び第4項の規定は、指針の策定及び変更について準用する。

　本条は旧高年法から従前どおり継続される。すなわち、定年を65歳未満に定めている事業主は、高年齢者がその意欲と能力に応じて65歳

まで働くことができる環境の整備を図るため、以下のいずれかの措置（高年齢者雇用確保措置）を講じなければならない（**図表1-7**の左側参照）。

① 65歳までの定年引上げ

② 65歳までの継続雇用制度（再雇用制度・勤務延長制度等）の導入（特殊関係事業主による継続雇用を含む。）

③ 定年制の廃止

（1） 継続雇用制度とは

ここで、②の継続雇用制度の適用者は、原則として下線部のとおり「希望者全員」であり、2013年（平成25年）4月1日までに労使協定により制度適用対象者の基準を定めていた場合は、その基準を適用できる年齢を2025年（令和7年）3月31日までに段階的に引き上げなければならない（後述の2012年（平成24年）改正法の経過措置、28ページ参照）。

なお、心身の故障のため業務に堪えられないと認められること、勤務状況が著しく不良で引き続き従業員としての職責を果たし得ないこと等就業規則に定める解雇事由または退職事由（年齢に係るものを除く。）に該当する場合には、継続雇用しないことができる（本条第3項、後述）。

継続雇用とは、「現に雇用している高年齢者が希望するときは、当該高年齢者をその定年後も引き続いて雇用する制度」をいい、定年延長や定年廃止に踏み切らなくとも、再雇用制度または勤務延長制度などの方法で希望者を継続雇用すれば、法の要求は満たされる。

再雇用制度とは、いったん定年に達した社員を退職させたあと、1年ないし数年間の有期契約により再び雇用する（雇用し直す）方法である。雇用形態は正社員だけでなく、契約社員、臨時、嘱託、パートタイマー、派遣社員など非正規の雇用形態でもよく、短時間勤務、在宅勤務、直行直帰、フレックス勤務など幅広い勤務形態が可能である。

ただし、1年ごとに雇用契約を更新する形態については、65歳を下回る上限年齢が設定されていないこと、65歳までは、原則として契約

が更新されること（ただし、能力など年齢以外を理由として契約を更新しないことは認められる。）が必要であると考えられるが、個別の事例に応じて具体的に判断されることとなる（雇用確保措置Ｑ＆Ａ　１－４）。

　勤務延長制度とは、定年制を維持したまま、定年に達した者を退職させることなく、もとの雇用契約を延長し、ある年限まで雇用する方法である。この場合も、再雇用と同様の多様な勤務形態を実施できるほか、役職を外したり、等級を変更したり、賃金を下げたりする人事制度にすることも可能である。

　どちらも、在籍出向や特殊関係事業主（会社と緊密な関係にある子会社・グループ会社）への出向も認められる（本条第２項、31ページ参照）。

　なお継続雇用制度を導入する場合、次の①②のいずれかを労働者本人の自由意思により選択する「進路選択制度」を導入した場合も、高年齢者が希望すれば、65歳まで安定した雇用が確保される仕組みであれば、継続雇用制度を導入したと解釈される。

（雇用確保措置Ｑ＆Ａ　１－５、１－６より抜粋）

例1　55歳の時点で、次の①②を決めさせる。

①　従前と同等の労働条件で60歳定年で退職

②　55歳以降の労働条件を変更した上で、65歳まで継続して働き続ける。

例2　55歳の時点で、次の①②を決めさせる。

①　従前と同等の労働条件で60歳定年で退職

②　55歳以降の雇用形態を、65歳を上限とする１年更新の有期労働契約に変更し、55歳以降の労働条件を変更した上で、最大65歳まで継続して働き続ける。

　本条が対象とする「現に雇用している高年齢者」は、主として正社員をはじめとする期間の定めのない労働者であり、年齢とは関係なく、一定

の期間の経過により契約終了となるパートタイマーや契約社員、嘱託等の有期契約労働者は、形式的には対象外であると考えられる。

　ただし、有期契約労働者に関して、就業規則等に一定の年齢に達した日以後は契約の更新をしない旨の定めをしている場合は、有期労働契約であっても反復継続して契約を更新することが前提となっていることが多いと考えられ、反復継続して契約の更新がなされているときには、期間の定めのない雇用とみなされる可能性がある。これにより、定年の定めをしているものと解されることがあり、その場合には、有期契約労働者に対して65歳を下回る年齢に達した日以後は契約しない旨の定めは、本条違反となる。したがって、有期契約労働者に対する雇止めの年齢についても、本条の趣旨を踏まえ、段階的に引き上げていくことなど、高年齢者雇用確保措置を講じていくことが望ましいと考えられる（雇用確保措置Ｑ＆Ａ　１−11）。

（2）　対象者基準の廃止に関する経過措置（2013年（平成25年）4月以降）

　第9条第1項の重要なポイントは、どの従業員に対しても本人が希望するならば60歳以降65歳まで働き続けることが可能となる制度を企業に求め、65歳までの「雇用確保措置」を企業の義務としていることである。

　繰り返すと、

① 　65歳までの定年引上げ

② 　65歳までの継続雇用制度（再雇用制度・勤務延長制度等）の導入

③ 　定年制の廃止

のうち、①定年延長と③定年廃止は対象者全員に適用されるが、②継続雇用制度は、実際には企業による選別・選抜が2012年（平成24年）の法改正まで長らく行われていた。

　もともと65歳までの雇用確保措置を初めて義務化した2004年（平成16年）の法改正以前から、60歳以降の再雇用制度または勤務延長制度

などを自発的に実施してきた企業が少なくなかった。法的に義務づけられてはいなかったから、誰でも希望すれば再雇用・勤務延長の対象になれた訳ではないが、継続雇用制度を導入する下地は作られてきた。

　2004年(平成16年)の法改正では、継続雇用制度を導入する場合、事業主は従業員の過半数代表者と労使協定を結び、具体性、客観性のある基準を用意すれば、一定の能力、資格、経験等に基づいて継続雇用の対象者を選別できるとしていた。

雇用確保措置Ｑ＆Ａ　4-1（抜粋）
　なお、継続雇用制度の対象となる高年齢者に係る基準については、以下の点に留意して策定されたものが望ましいと考えられます。
① 　意欲、能力等をできる限り具体的に測るものであること(具体性)
　　労働者自ら基準に適合するか否かを一定程度予見することができ、到達していない労働者に対して能力開発等を促すことができるような具体性を有するものであること。
② 　必要とされる能力等が客観的に示されており、該当可能性を予見することができるものであること(客観性)
　　企業や上司等の主観的な選択ではなく、基準に該当するか否かを労働者が客観的に予見可能で、該当の有無について紛争を招くことのないよう配慮されたものであること。

　具体的には、「過去3年間の勤務評定がC以上（平均以上）の者」とか「60歳定年時点で勤続20年以上かつ主任以上の地位にあった者」といった対象高年齢者の基準を設けることである。ただし、「会社が必要と認めた場合に限る」「上司の推薦がある者に限る」「男性（女性）に限る」「組合活動に従事していない者」などのように、事業主が恣意的に継続雇用を排除しようとするなど改正法の趣旨や、労働基準法や男女雇用機会均等法、労働組合法、民法の公序良俗などの規定に反するものは認められない（同

上）。

労使協定を結ぶことができない場合でも、当面の期間（大企業は2009年（平成21年）3月末まで、中小企業は2011年（平成23年）3月末まで）は企業側が就業規則などで対象者基準を定めればよいという現実的な移行措置も用意された。

このように、継続雇用制度がスタートした時点では、これまでの再雇用制度または勤務延長制度を多少工夫し、法律が求める客観的な基準に基づいて対象者を選抜する仕組みとすれば、希望者は誰でも無条件に継続雇用する制度でなくとも当面は問題ないとされていた。

それが2012年（平成24年）の法改正では、希望者全員を65歳まで雇用するという趣旨に沿ってこのような適用除外を認めないこととなり、2013年（平成25年）4月以降、対象者基準を適用することができなくなった。

ただし、それまでは「対象高年齢者の基準」を定めることができたことにも配慮し、基準の対象者の年齢を、老齢基礎年金の報酬比例部分の支給開始年齢に合わせて2025年（令和7年）3月31日まで段階的に引き上げながら、その基準を用いることができることとした（平成24年法律第78号改正法附則第3項、平成24年厚生労働省告示第560号第2の3）。

すなわち、**図表**1-8のような段階的な基準の廃止を認める「経過措置」を設け、老齢基礎年金（報酬比例部分）の支給開始年齢までに対象者基準を撤廃すればよいこととし、報酬比例部分が支給される高年齢者には対象者基準を従来通り継続できる（雇用確保措置Q＆A　1-1）。

たとえば図の横軸で2024（令和6）年度に64歳になる1960（昭和35）年度生まれは、縦軸の64歳から年金受給できるので、63歳以下の従業員には対象者基準を利用できないが、64歳には対象者基準を利用できることとなる。

年金の支給開始年齢の引上げスケジュールは男女で異なっているが、経過措置の対象年齢については男女同一である点には注意が必要である。

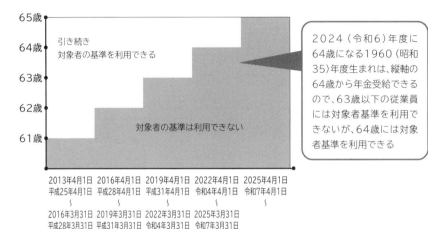

図表1-8　「対象高年齢者の基準」の経過措置

高年法第9条第2項に基づく継続雇用制度の対象者を限定する基準を設けている事業主は、老齢厚生年金（報酬比例部分）の受給開始年齢に到達した以降の者を対象に、その基準を引き続き利用できる12年間の経過措置を設ける。

男女別の定年を定めることや継続雇用制度の対象を男性のみとするなど、労働者が女性であることを理由として男性と異なる取扱いをすることは、男女雇用機会均等法において禁止されている（雇用確保措置Q＆A　3－3）。

　なお、経過措置により継続雇用制度の対象者を限定する基準を定めることができるのは、改正高年齢者雇用安定法が施行されるまで（平成25年3月31日）に労使協定により継続雇用制度の対象者を限定する基準を定めていた事業主に限られる。それ以外の事業主が、後からこのような経過措置により継続雇用制度の対象者を限定する基準を設けることはできない（雇用確保措置Q＆A　3－1、3－5）。

（3）　特殊関係事業主（第2項）

　継続雇用制度の対象となる高年齢者が雇用される企業の範囲を、「当該事業主の経営を実質的に支配することが可能となる関係にある事業主その他の当該事業主と特殊の関係のある事業主として厚生労働省令で定め

る事業主」まで適用するという規定である。

　何が特殊関係事業主（親会社、子会社、関連会社等）にあたるかの詳細は施行規則第4条の3および雇用確保措置Ｑ＆Ａ　5-1に定めている。

雇用確保措置Ｑ＆Ａ　5-1（要約）
　特殊関係事業主とは
① 　元の事業主の子法人等
② 　元の事業主の親法人等
③ 　元の事業主の親法人等の子法人等
④ 　元の事業主の関連法人等
⑤ 　元の事業主の親法人等の関連法人等
会社と緊密な関係にある子会社・グループ企業等である。
　このうち、他社を自己の子法人等とする要件は、当該他社の意思決定機関を支配していることで、具体的には、過半数の議決権（下記のいずれかの要件に該当する場合は40％以上または40％未満も可）の議決権を有するなど、親子法人関係の支配力基準を満たすこととされる。
○支配力基準の要件
　・取締役会の過半数占拠
　・事業方針等の決定を支配する契約の存在
　・資金調達総額の過半数融資
　・その他意思決定の支配が推測される事実
　また、他社を自己の関連法人等とする要件は、当該他社の財務および営業または事業の方針の決定に対して重要な影響を与えることができることで、具体的には、20％以上（下記の要件を満たす場合は15％以上または15％未満も可）の議決権を有するなど関連法人等関係の影響力基準を満たすこととされる。
○影響力基準の要件
　・親法人等の役員等が代表取締役等に就任
　・重要な融資

・重要な技術の提供

・重要な営業上または事業上の取引

・その他事業等の方針決定に重要な影響を与えることが推測される事
　実

　図表1-9の例で説明すると、企業Ａの60歳定年到達者を親会社で継続雇用しても、企業Ａの子会社あるいは関連会社で継続雇用しても、法第9条の雇用確保措置を満たす。

　グループ会社であれば、たとえば海外子会社など、遠隔地にある会社であっても差し支えないとされる（雇用確保措置Ｑ＆Ａ　5－7）。

　この場合、当該事業主（企業Ａ）の雇用する高年齢者で定年後の継続雇用を希望する者を、その特殊関係事業主（企業Ａの子会社あるいは関連会社）が定年後に引き続いて雇用する契約を締結する必要があり、その契約に基づき当該高年齢者の雇用を確保することになる。契約の方式は自由であるが、紛争防止の観点から、次の例のような書面によるものとすることが望ましいと考えられる。

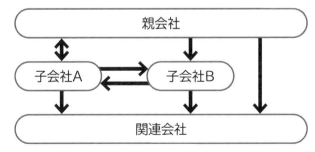

図表1-9　継続雇用制度の雇用先の特例（特殊関係事業主の範囲）

継続雇用制度の特例措置に関する契約書（例）

　○○○○株式会社（以下「甲」という。）、○○○○株式会社（以下「乙１」という。）および○○○○株式会社（以下「乙２」といい、乙１および乙２を総称して「乙」という。）は、高年齢者等の雇用の安定等に関する法律（昭和４６年法律第６８号。以下「高齢者雇用安定法」という。）第９条第２項に規定する契約として、次のとおり契約を締結する（以下「本契約」という。）。

第１条　乙は、甲が高齢者雇用安定法第９条第１項第２号に基づきその雇用する高年齢者の６５歳までの安定した雇用を確保するための措置として導入する継続雇用制度を実施するため、甲の継続雇用制度の対象となる労働者であってその定年後も雇用されることを希望する者（次条において「継続雇用希望者」という。）を、その定年後に乙が引き続いて雇用する制度を導入する。

第２条　乙は、甲が乙に継続雇用させることとした継続雇用希望者に対し、乙が継続雇用する主体となることが決定した後、当該者の定年後の雇用に係る労働契約の申込みを遅滞なく行うものとする。

第３条　第１条の規定に基づき乙１または乙２が雇用する労働者の労働条件は、乙１または乙２が就業規則等により定める労働条件による。

　以上、本契約の成立の証として本書３通を作成し、甲、乙１、乙２各自１通を保有する。

　　平成　　　年　　　月　　　日

(甲)東京都○○○
　　　　株式会社○○○○
　　　　代表取締役○○　○○　㊞

　　(乙1)東京都○○○
　　　　株式会社○○○○
　　　　代表取締役○○　○○　㊞

　　(乙2)東京都○○○
　　　　株式会社○○○○
　　　　代表取締役○○　○○　㊞

　継続雇用先の範囲を特殊関係事業主に拡大する特例を利用する場合に、継続雇用制度の対象者を自社で雇用するか他社で雇用させるかについては、継続雇用制度を運用する中で事業主が判断することができる。このとき、継続雇用制度の対象者を自社で雇用するか他社で雇用させるかを判断するための基準を事業主は就業規則や労使協定等で設けることもできる。こうした基準は、継続雇用制度の対象者を限定する基準ではなく、継続雇用制度の対象者がどこに雇用されるかを決めるグループ内の人員配置基準であるので、高年齢者雇用確保措置の義務違反とはならない（雇用確保措置Ｑ＆Ａ　５－６）。

　繰り返しになるが、継続雇用先の範囲をグループ会社にまで拡大する特例を利用するためには、元の事業主とグループ会社（特殊関係事業主）との間で、上記の例のような「継続雇用制度の対象となる高年齢者を定年後に特殊関係事業主が引き続いて雇用することを約する契約」を締結することが要件とされており、特殊関係事業主は、この事業主間の契約に基づき、元の事業主の定年退職者を継続雇用することとなる。

　たとえば特殊関係事業主Ａとして他の事業主Ｂの定年退職者ｂを継続

雇用する場合にも、その事業主Aとその定年退職者bとの個別の合意により具体的な労働条件が定まるのであり、この関係は、自社の定年退職者aを継続雇用する場合と同様である。

したがって、自社の定年退職者aを継続雇用する場合についても、特殊関係事業主として他の事業主Bの定年退職者bを継続雇用する場合についても、労働者aおよびbと事業主Aの関係は、個別の合意により定まるのであって、aまたはbのどちらか一方を他方よりも優遇して取り扱わなければならないことはない(雇用確保措置Q&A　5−5)。

もっとも、事業主Aと他の事業主Bとの間の契約において、事業主Aが他の事業主Bの定年退職者bを継続雇用するときには、通常と異なる労働条件を適用することを定める場合もあり得る。その場合は、その労働条件により継続雇用することになるため、aまたはbのどちらか一方が他方よりも優遇して取り扱われることもあり得よう。ただし、この場合、事業主Aが継続雇用するaとbとの間、および事業主Aが雇用する他の従業員との相互間での均衡・均等待遇に対する配慮が必要になると思われる(後述、39ページ参照)。

（4）　65歳までの継続雇用者の雇止め(第3項)

雇用確保指針(平成24年厚生労働省告示第560号)は、心身の故障のため業務に堪えられないと認められること、勤務状況が著しく不良で引き続き従業員としての職責を果たし得ないこと等、就業規則に定める解雇事由又は退職事由(年齢に係るものを除く。以下同じ。)に該当する場合には、継続雇用しないことができるとしている(同第2の2)。

その根拠を明確にするため、就業規則の解雇や退職の規定とは別に、継続雇用しないことができる事由として、<u>就業規則に定める解雇事由または退職事由と同一の事由</u>を就業規則に定めることもできる。同じ事由について、継続雇用制度の円滑な実施のため、労使が協定を締結することもできる(同)。

就業規則への記載例としては、以下のような就業規則が考えられる。

【就業規則の記載例】（雇用確保措置Ｑ＆Ａ　２－２）
（解雇）
第〇条　従業員が次のいずれかに該当するときは、解雇することがある。
　①　勤務状況が著しく不良で、改善の見込みがなく、従業員としての職責を果たし得ないとき。
　②　精神または身体の障害により業務に耐えられないとき。
　③　・・・
　　　　・・・

（定年後の再雇用）
第△条　定年後も引き続き雇用されることを希望する従業員については、65歳まで継続雇用する。ただし、以下の事由に該当する者についてはこの限りではない。
　①　勤務状況が著しく不良で、改善の見込みがなく、従業員としての職責を果たし得ないとき。
　②　精神または身体の障害により業務に耐えられないとき。
　③　・・・
　　　　・・・

注　①②③は両条文において同一の事由に限られる。

なお、これらの就業規則または労使協定において、解雇事由または退職事由とは異なる運営基準を設けることは、希望者全員に継続雇用義務を課した2012年（平成24年）の法改正の趣旨を没却するおそれがあることに留意しなければならない。継続雇用しないことについては、客観的に合理的な理由があり、社会通念上相当であることが求められると考えられる（雇用確保措置Ｑ＆Ａ　1-1）。

継続雇用先をグループ会社にまで広げる場合、自社の解雇事由とグループ会社の解雇事由の差があったとしても、自社の定年到達者をグ

ループ会社で継続雇用するかどうかは、あくまで自社の解雇事由により判断しなければならない。継続雇用制度は、「現に雇用している高年齢者が希望するときは、当該高年齢者をその定年後も引き続いて雇用する制度」であり、継続雇用するかどうかを判断する主体は、当該高年齢者を定年まで雇用していた元の事業主である。高年齢者を継続雇用するか否かは、継続雇用する主体にかかわらず、まず当該元の事業主が自社の就業規則に定める解雇事由・退職事由に基づいて判断し、継続雇用することにした場合に、雇用先としてグループ会社を利用するということになる（雇用確保措置Ｑ＆Ａ　5-8）。

（5）　継続雇用時の労働条件等

　定年後に継続雇用する際に、本人と事業主の間で賃金と労働時間の条件が合意できず、継続雇用を拒否した場合はどうなるのだろうか。この点について、雇用確保措置Ｑ＆Ａは次のように答えている。

> （雇用確保措置Ｑ＆Ａ　1-9）
> 　高年齢者雇用安定法が求めているのは、継続雇用制度の導入であって、事業主に定年退職者の希望に合致した労働条件での雇用を義務付けるものではなく、事業主の合理的な裁量の範囲の条件を提示していれば、労働者と事業主との間で労働条件等についての合意が得られず、結果的に労働者が継続雇用されることを拒否したとしても、高年齢者雇用安定法違反となるものではありません。

　この考え方は、特殊関係事業主が継続雇用する場合に提示する労働条件についても同様とされる（雇用確保措置Ｑ＆Ａ　5-4）。
　上記の労働条件には、仕事の内容や賃金待遇のほか、労働時間・勤務日数などの就労条件も含まれる。高年齢者の雇用の安定を確保するという高年齢者雇用安定法の趣旨を踏まえた、事業主の合理的な裁量の範囲の条件であれば、勤務日数や勤務時間を弾力的に設定する定年後の就労

形態を労働者に提案することも許容される。

　たとえば、定年後の就労形態をいわゆるワークシェアリングとし、それぞれ週3日勤務で概ね2人で1人分の業務を担当するような継続雇用制度であっても高年齢者雇用安定法の雇用確保措置として認められると考えられる(雇用確保措置Q＆A　1－10)。

　他方で、指針は「雇用確保措置に関して、労使間で十分な協議を行いつつ、(中略)継続雇用制度を導入する場合における継続雇用の賃金については、継続雇用されている高年齢者の就業の実態、生活の安定等を考慮し、適切なものとなるよう努めること。」と明記している(後述、42ページ参照。雇用確保指針第2の4)。

　したがって、上記の「事業主の合理的な裁量の範囲」を拡大解釈して、継続雇用の対象となる従業員が到底受け入れがたい業務内容への変更や低い処遇を労働者に強いることのないよう注意する必要がある(後述)。

　この点については、2020年(令和2年)4月施行のパートタイム・有期雇用労働法によって義務化された均衡・均等待遇(同一労働同一賃金)への十分な配慮も必要になる。

(6)　同一労働同一賃金への配慮

　継続雇用制度の下での処遇については、従来、1年ごとの再雇用契約・嘱託契約等を更新する有期雇用契約とし、定年前よりも基本給・賞与・諸手当・福利厚生等の処遇を大きく低下させる(たとえば基本給を3割ないし5割程度引き下げる等の)事例が多くみられた。しかし、定年前と職務内容および職務内容・配置の変更の範囲が変わっていないにもかかわらず、定年後の有期雇用を理由として再雇用者・嘱託をこのような低処遇とすることは、パートタイム・有期雇用労働法第8条が禁止する不合理な労働条件の相違として、違法・無効とされる可能性がある。

　この点が争点となった長澤運輸事件で、最高裁は、定年退職者の有期契約による再雇用では長期雇用は通常予定されず、同労働者は定年退職

までは無期契約労働者（正社員）としての待遇を受けてきたこと、定年退職後は老齢厚生年金を受給することも予定されていることから、定年後再雇用者であることは、待遇の相違の不合理性の判断で「その他の事情」として考慮されうるとし、定年後再雇用者の待遇を異なるものとすることが直ちに不合理とされるわけでないことを示した（長澤運輸事件・最二小判・平成30.6.1）。

　長澤運輸事件の事案については、使用者の賃金設計上の配慮・工夫、団体交渉を経た調整給の支給等の事情を考慮して、基本給相当部分の1割前後の相違、賞与を含む賃金年収の2割程度の相違は不合理ではないとした。ただし、このような配慮や労使交渉における調整がなされず、より大きな待遇差になっている事案については、より厳格な判断がなされる可能性がある点には注意が必要である（水町・前掲書376ページ、1014ページ）。

　パートタイム・有期雇用労働法に付随する「同一労働同一賃金ガイドライン」（平成30年厚生労働省告示第430号）も同判決を踏まえ、次のような注記を行っている（第3の1）。

（注）2　定年に達した後に継続雇用された有期雇用労働者の取扱い
　定年に達した後に継続雇用された有期雇用労働者についても、短時間・有期雇用労働法の適用を受けるものである。このため、通常の労働者と定年に達した後に継続雇用された有期雇用労働者との間の賃金の相違については、実際に両者の間に職務の内容、職務の内容及び配置の変更の範囲その他の事情の相違がある場合は、その相違に応じた賃金の相違は許容される。
　さらに、有期雇用労働者が定年に達した後に継続雇用された者であることは、通常の労働者と当該有期雇用労働者との間の待遇の相違が不合理と認められるか否かを判断するに当たり、短時間・有期雇用労働法第8条のその他の事情として考慮される事情に当たりうる。定年に達した

後に有期雇用労働者として継続雇用する場合の待遇について、様々な事情が総合的に考慮されて、通常の労働者と当該有期雇用労働者との間の待遇の相違が不合理と認められるか否かが判断されるものと考えられる。したがって、当該有期雇用労働者が定年に達した後に継続雇用された者であることのみをもって、直ちに通常の労働者と当該有期雇用労働者との間の待遇の相違が不合理ではないと認められるものではない。

注 拙著『2020年4月スタート！同一労働同一賃金ガイドラインに沿った待遇と賃金制度の作り方』(第一法規、2019.6) 107～110ページ参照

（7）　継続雇用移行時の配置転換・職務変更

　定年後に継続雇用する際に、それまでの労働者の経験・能力とかけ離れた業務に従事させようとしたり、労働者の希望に反する著しく低い待遇を提案したりすることが、高年齢者雇用安定法の趣旨に反する不法行為として問題にされる可能性があるので、注意する必要がある（水町・前掲書376ページ、1015ページ）。

　たとえば定年前は事務職に従事していた労働者に、定年後の継続雇用制度において定年前と全く異なる清掃等の業務に従事することを使用者が提案したことは、社会通念上労働者にとって到底受け入れがたいものであり、実質的に改正法の趣旨に明らかに反する違法なものであるとして、使用者に1年分の賃金見込額に相当する慰謝料の支払いを命じた（トヨタ自動車ほか事件・名古屋高判・平成28.9.28）。

　また、定年後継続雇用制度においては定年前後での労働条件の継続性・連続性が一定程度確保されることが前提・原則となるところ、労働者がフルタイム勤務を希望するにもかかわらず、労働時間が45％減少、賃金（月収）が約75％減少する再雇用の提案に使用者が終始したことに合理的理由があるとは認められず、同制度の趣旨に反する不法行為が成立するとして、使用者に100万円の慰謝料の支払いを命じた（九州惣菜事件・福岡高判・平成29.9.7）。

（8） 高年齢者雇用確保措置の賃金・人事処遇制度

　雇用確保指針は、高年齢者雇用確保措置を適切かつ有効に実施し、高年齢者の意欲および能力に応じた雇用の確保を図るために、賃金・人事処遇制度の見直しが必要な場合には、次の①から⑦までの事項に留意することを企業に求めている（第2の4）。

①　年齢的要素を重視する賃金・人事処遇制度から、能力、職務等の要素を重視する制度に向けた見直しに努めること。この場合においては、当該制度が、その雇用する高年齢者の雇用および生活の安定にも配慮した、計画的かつ段階的なものとなるよう努めること。

②　継続雇用制度を導入する場合における継続雇用後の賃金については、継続雇用されている高年齢者の就業の実態、生活の安定等を考慮し、適切なものとなるよう努めること。

③　短時間勤務制度、隔日勤務制度など、高年齢者の希望に応じた勤務が可能となる制度の導入に努めること。

④　継続雇用制度を導入する場合において、契約期間を定めるときには、高年齢者雇用確保措置が65歳までの雇用の確保を義務付ける制度であることに鑑み、65歳前に契約期間が終了する契約とする場合には、65歳までは契約更新ができる旨を周知すること。

　　また、むやみに短い契約期間とすることがないように努めること。

⑤　職業能力を評価する仕組みの整備とその有効な活用を通じ、高年齢者の意欲および能力に応じた適正な配置および処遇の実現に努めること。

⑥　勤務形態や退職時期の選択を含めた人事処遇について、個々の高年齢者の意欲および能力に応じた多様な選択が可能な制度となるよう努めること。この場合においては、高年齢者の雇用の安定および円滑なキャリア形成を図るとともに、企業における人事管理の効率性を確保する観点も踏まえつつ、就業生活の早い段階からの選択が可能となるよう勤務形態等の選択に関する制度の整備を行うこと。

⑦　継続雇用制度を導入する場合において、継続雇用の希望者の割合が低い場合には、労働者のニーズや意識を分析し、制度の見直しを検討すること。

（9）　高年齢雇用継続給付の見直し

　65歳までの高年齢者雇用確保措置と密接な関係がある公的制度に、雇用保険による高年齢雇用継続給付金がある。

　高年齢雇用継続給付は、60歳到達日（誕生日の前日）において被保険者期間が通算5年以上の60歳以上65歳未満の一般被保険者を対象に、60歳到達時点の賃金月額[※注1]に比較して、60歳以後の毎月の賃金月額[※注2]が75％未満に低下した状態で雇用が継続された場合に、雇用保険からその低下率に応じ賃金月額の原則15％に相当する給付金を65歳に達するまでの期間支給する制度である。雇用の継続は同一企業であるか否かは問わない。

　ただし、**図表1-10**の上のように、給付率15％は60歳以降の毎月の賃金月額が、60歳時点の賃金の61％を超え75％未満のときは15％から0％に低減し、賃金と給付の合計額は70.15％〜75％の間で60歳時点の賃金の75％を超えないように調整される。

高年齢雇用継続給付金の算定方法

　具体的な支給額は、60歳時点の賃金A円を基準に、60歳以降実際に支払われた賃金X円に対して次のように計算される。

　ア　賃金低下率（X÷A）が61％以下の場合
　　　支給額＝X円×15％
　イ　賃金低下率が61％を超えて75％未満の場合
　　　支給額＝（－183×X＋137.25×A）÷280（円未満切上げ）
　ウ　賃金低下率が75％以上の場合　支給額＝支給されない
　たとえば、60歳到達時の賃金月額が30万円である場合の支給額は、
　ア　支給対象月に支払われた賃金が18万円のとき　→低下率が18

図表1-10 高年齢雇用継続給付の見直し

雇用保険等の一部を改正する法律（令和2年法律第14号）による改正

🈡 ％は60歳時点の賃金に対する割合である。

①原則的な支給率15％（2003年（平成15年）5月1日施行）

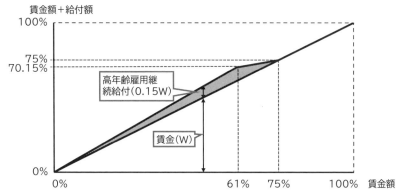

②原則的な支給率10％（2025年（令和7年）4月1日施行）

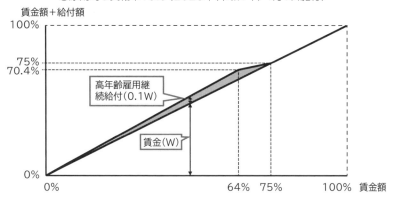

万円÷30万円＝60％なので、支給額は18万円×15％＝
27,000円である。

　イ　支給対象月に支払われた賃金が20万円のとき　→低下率が
　66.67％で61％を超えているので、支給額は上の式から、（－
　183×20万円＋137.25×30万円）÷280＝16,340円（円未
　満切り上げ）である。

ウ　支給対象月に支払われた賃金が24万円のとき　→低下率が80％で75％未満に低下していないので、支給されない。

注1　60歳時点の賃金月額は、各人の60歳直前の完全賃金月の6か月間に支払われた平均賃金日額の30日分（賞与は無関係）で、2021年（令和3年）8月1日現在の上限額は47万3,100円、下限額は7万7,310円とされる。

注2　支給限度額は2021年（令和3年）8月1日現在で36万584円とされ、支給対象月の賃金月額と給付金の合計が支給限度額を超えるときは、超えた額を減じて支給される。

　以上のような仕組みのため、これまで定年後の再雇用・勤務延長などの継続雇用制度により60歳以降の雇用確保措置を講じてきた企業の多くは、高年齢雇用継続給付金を最大限活用しようとして、再雇用賃金を60歳定年前賃金の61％程度に設計する傾向が強く見られた。

　ただし、65歳までの高年齢者雇用確保措置の進展等を踏まえ、2020年（令和2年）の雇用保険法改正により、高年齢雇用継続給付の給付率は2025年（令和7年）4月以降、これまでの原則15％から原則10％に縮小される。また支給率が低減する賃金低下率も61％から64％に引き上げられる。

　この場合、**図表1-10**の下のように、給付率10％は継続雇用の賃金額が60歳時点での賃金額の64％を超え75％未満のときは10％から0％に低減し、賃金と給付の合計額は70.4％〜75％の間で60歳時点の賃金の75％を超えないように調整される。

　また、この高年齢雇用継続給付の最大支給率の引下げと同時に、次のように在職老齢年金（次項参照）と高年齢雇用継続給付を同時に受給する場合の併給調整の基準が緩和されることになっている。

60歳台前半における在職老齢年金と高年齢雇用継続給付との併給調整
改正前：支給対象月の標準報酬月額が原則として60歳到達時賃金の61％以下のとき、支給対象月の標準報酬月額の最大6％相当額の年金額が支給停止となる。

改正後：支給対象月の標準報酬月額が原則として60歳到達時賃金の64％以下のとき、支給対象月の標準報酬月額の最大4％相当額の年金額が支給停止となる（2025年（令和7年）4月1日施行）。

なお、2025年（令和7年）3月31日までに60歳になっている人（誕生日が昭和40年4月2日以前の人）は、従前どおりの給付率が適用される。

給付率の縮小は今回が初めてではなく、1995年（平成7年）に高年齢雇用継続給付金制度が創設された当初は原則25％という給付率からスタートしたが、65歳までの雇用確保措置がある程度浸透した2003年（平成15年）5月1日から現在の15％になった。将来的には雇用確保措置が完全に定着した時期を見計らい、高年齢雇用継続給付金制度そのものが廃止される可能性がある。

（10）　改正高年齢者雇用安定法と年金制度改革の連動

また、2020年（令和2年）の年金制度改革法は、60歳から64歳の間に特別支給される在職老齢年金制度について、改正前は賃金と老齢年金の合計額が月28万円を超える部分は支給停止となったが、その基準を月47万円に引き上げ、就労しながら年金を受給できる範囲を広げた（2022年（令和4年）4月1日施行）。

在職老齢年金とは、公的年金の受給年齢に達した高年齢者の受け取る賃金が低ければ、公的年金の一部を受給できるという制度である。老齢厚生年金は、賃金収入があると年金と賃金の合計額に基づいて年金額に支給調整が行われ、年金の一部または全額が支給停止となることがある。これを在職老齢年金という。

60歳台前半の在職老齢年金の支給停止額
基本月額＋総報酬月額が47万円を超える場合⇒

（基本月額＋総報酬月額－47万円）÷2が支給停止となる。

基本月額＋総報酬月額が47万円以下の場合⇒

支給停止なし。

注 基本月額・・・加給年金を除いた基本年金額÷12
　　総報酬月額相当額・・・在職老齢年金の計算対象月の標準報酬月額＋その月以前
　　12か月の標準賞与額合算額÷12

　従来は、個人が受け取る在職老齢年金を減らさないよう、賃金と老齢年金の合計額が月28万円を超えないようにすることが、継続雇用賃金を低く設定する強い理由となっていた。今後はそのハードルが48万円と一気に高くなり、継続雇用賃金を低く設定する理由はその分弱くなった。

　さらに、年金の受給開始年齢の選択肢を改正前の60歳から70歳までを、改正後は60歳から75歳までに拡大すると同時に、65歳より前の繰上げ受給を選択した場合の減額率を1か月0.5％から0.4％に引き下げ、65歳より後の繰下げ受給を選択した場合の増額率は1か月0.7％に据え置く。

　これにより、たとえば60歳受給開始に繰り上げる場合の年金額は改正前30％減額（0.5％×60か月）から24％減額（0.4％×60か月）となり、早くリタイアしてもこれまでほど大きく減額されないようになる。

　反対に70歳受給開始に繰り下げる場合は42％増額（0.7％×60か月）、75歳受給開始の場合は84％増額（0.7％×120か月）となり、たとえば70歳までは元気に働いて自分の収入で生活し、70歳以降の年金額を増やそうという人にはかなり強いインセンティブとなる。

　年金制度改革により、高年齢者が年金の受給開始時期をより柔軟に選択し、自身の労働意欲と体力、生活事情に応じた柔軟な就労イメージを持てるようになったといえよう。

　さらに、高年齢者の収入の選択肢を増やす新たな政策として、複数の

会社で働く副業・兼業を推進するように雇用保険の加入基準が緩和された（2022年（令和4年）4月1日施行）。

　改正前は、「週の所定労働時間が20時間以上かつ31日以上引き続き雇用見込みあり」という加入基準は一つの事業主の労働契約単位とされ、複数の事業主での労働時間が合計20時間以上であっても、一つの事業主との労働契約で週の所定労働時間が20時間以上でなければ雇用保険に加入できなかった。改正後は、複数の事業主に雇用される65歳以上の労働者は、一つの事業主との雇用だけでは雇用保険の加入基準に満たなくても、2事業所の雇用を合算して加入基準を満たせば、本人の希望により雇用保険に加入できるようになった。

（11）　雇用確保措置義務の違反企業に対する行政指導

（公表等）

第10条　厚生労働大臣は、前条第1項の規定に違反している事業主に対し、必要な指導及び助言をすることができる。

2　厚生労働大臣は、前項の規定による指導又は助言をした場合において、その事業主がなお前条第1項の規定に違反していると認めるときは、当該事業主に対し、高年齢者雇用確保措置を講ずべきことを勧告することができる。

3　厚生労働大臣は、前項の規定による勧告をした場合において、その勧告を受けた者がこれに従わなかつたときは、その旨を公表することができる。

　本条は、65歳までの雇用確保措置を義務付けた前第9条第1項の規定に違反している事業主に対する厚生労働大臣による行政指導の方法を規定したものである。

　具体的には、都道府県労働局および公共職業安定所が主体となって、すべての企業において雇用確保措置が講じられるよう、周知の徹底や企

業の実情に応じた指導等に積極的に取り組むこととされ、雇用確保措置の実施に係る指導を繰り返し行ったにもかかわらず何ら具体的な取組みを行わない企業には、勧告書を発出し、勧告に従わない場合には企業名の公表を行い、各種法令等に基づき、安定所での求人の不受理・紹介保留、助成金の不支給等の措置を講じることになっている（雇用確保措置Q＆A　1－3、1－8、4－2、令和3.3.26職発0326第10号Ⅱ第2の1）。

　また、上記の行政指導に関連して、企業が賃金・人事処遇制度の見直し等を行う場合には、独立行政法人高齢・障害・求職者雇用支援機構の都道府県支部に配置されている65歳超雇用推進プランナーおよび高年齢者雇用アドバイザーが専門的・技術的支援を有効に行えるよう、安定所は、適切な役割分担の下、都道府県支部と密接な連携を図ることとしており、こうした方針に基づき、雇用確保措置に係る指導等を行うこととしている（令和3.3.26職発0326第10号Ⅱ第2の1）。

　事業主が上記の行政指導にも従わず、第9条第1項の規定に違反して高年齢者雇用確保措置をいずれも取らなかった場合は、民事上の不法行為として損害賠償責任が発生する可能性がある（水町・前掲書1013ページ）。

　最高裁は、第9条第1項の継続雇用制度上の基準を満たしている労働者については、継続雇用の期待に合理的な理由が認められ、この労働者を継続雇用することなく雇用終了とすることに客観的に合理的で社会通念上相当といえる事情も認められないとして、「雇止め法理」（現行法では労働契約法第19条）に基づき継続雇用されたのと同様の雇用関係が存続しているとみるのが相当であると判示し、その契約内容については、会社の継続雇用規程の定めに従うことになると解釈した（津田電気計器事件・最一小判・平成24.11.29）。

　この最高裁判例は、労働契約法第16条の解雇権濫用法理を類推適用しつつ、継続雇用については事案に即した契約の補充的解釈を行ったものと位置付けることができ、この理論的な枠組みは、継続雇用を希望す

る労働者を継続雇用しない事案についても同様にあてはまる（水町・前掲書1014ページ）。

3 70歳までの就業確保措置の努力義務

（高年齢者就業確保措置）

第10条の2　定年（65歳以上70歳未満のものに限る。以下この条において同じ。）の定めをしている事業主又は継続雇用制度（高年齢者を70歳以上まで引き続いて雇用する制度を除く。以下この項において同じ。）を導入している事業主は、その雇用する高年齢者（第9条第2項の契約に基づき、当該事業主と当該契約を締結した特殊関係事業主に現に雇用されている者を含み、厚生労働省令で定める者を除く。以下この条において同じ。）について、<u>次に掲げる措置を講ずることにより、65歳から70歳までの安定した雇用を確保するよう努めなければならない</u>。ただし、当該事業主が、労働者の過半数で組織する労働組合がある場合においてはその労働組合の、労働者の過半数で組織する労働組合がない場合においては労働者の過半数を代表する者の同意を厚生労働省令で定めるところにより得た<u>創業支援等措置</u>を講ずることにより、その雇用する高年齢者について、定年後等（定年後又は継続雇用制度の対象となる年齢の上限に達した後をいう。以下この条において同じ。）又は第2号の65歳以上継続雇用制度の対象となる年齢の上限に達した後70歳までの間の就業を確保する場合は、この限りでない。

一　当該定年の引上げ

二　65歳以上継続雇用制度（その雇用する高年齢者が希望するときは、当該高年齢者をその定年後等も引き続いて雇用する制度をいう。以下この条及び第52条第1項において同じ。）の導入

三　当該定年の定めの廃止

2　前項の創業支援等措置は、次に掲げる措置をいう。

一　その雇用する高年齢者が希望するときは、当該高年齢者が新たに事業を開始する場合（厚生労働省令で定める場合を含む。）に、事業主が、当該事業を開始する当該高年齢者（厚生労働省令で定める者を含む。以下この号において「創業高年齢者等」という。）との間で、当該事業に係る委託契約その他の契約（労働契約を除き、当該委託契約その他の契約に基づき当該事業主が当該事業を開始する当該創業高年齢者等に金銭を支払うものに限る。）を締結し、当該契約に基づき当該高年齢者の就業を確保する措置

二　その雇用する高年齢者が希望するときは、次に掲げる事業（ロ又はハの事業については、事業主と当該事業を実施する者との間で、当該事業を実施する者が当該高年齢者に対して当該事業に従事する機会を提供することを約する契約を締結したものに限る。）について、当該事業を実施する者が、当該高年齢者との間で、当該事業に係る委託契約その他の契約（労働契約を除き、当該委託契約その他の契約に基づき当該事業を実施する者が当該高年齢者に金銭を支払うものに限る。）を締結し、当該契約に基づき当該高年齢者の就業を確保する措置（前号に掲げる措置に該当するものを除く。）

イ　当該事業主が実施する社会貢献事業（社会貢献活動その他不特定かつ多数の者の利益の増進に寄与することを目的とする事業をいう。以下この号において同じ。）

ロ　法人その他の団体が当該事業主から委託を受けて実施する社会貢献事業

ハ　法人その他の団体が実施する社会貢献事業であって、当該事業主が当該社会貢献事業の円滑な実施に必要な資金の提供その他の援助を行っているもの

3　65歳以上継続雇用制度には、事業主が、他の事業主との間で、当該事業主の雇用する高年齢者であってその定年後等に雇用されることを希望するものをその定年後等に当該他の事業主が引き続いて雇用することを約する契約を締結し、当該契約に基づき当該高年齢者の雇用

を確保する制度が含まれるものとする。

　4　厚生労働大臣は、第1項各号に掲げる措置及び創業支援等措置（次条第1項及び第2項において「高年齢者就業確保措置」という。）の実施及び運用（心身の故障のため業務の遂行に堪えない者等の65歳以上継続雇用制度及び創業支援等措置における取扱いを含む。）に関する指針（次項において「指針」という。）を定めるものとする。

　5　第6条第3項及び第4項の規定は、指針の策定及び変更について準用する。

　本条は、2020年（令和2年）の法改正の中で最も重要な65歳から70歳までの就業確保措置に関する努力義務を規定したものである（21ページ**図表1-7**の右側参照）。

　第1項では、第9条に定める65歳までの雇用確保義務に加え、65歳から70歳までの就業機会を確保するため、高年齢者就業確保措置として、以下のいずれかの措置を講ずる努力義務が新設された（2021年（令和3年）4月1日施行）。

　①　70歳までの定年引上げ

　②　70歳までの継続雇用制度（再雇用制度・勤務延長制度等）の導入（特殊関係事業主に加えて、他の事業主によるものを含む。）

　③　定年制の廃止

　④　70歳まで継続的に業務委託契約を締結する制度の導入

　⑤　70歳まで継続的に以下の事業に従事できる制度の導入

　　a　事業主が自ら実施する社会貢献事業

　　b　事業主が委託、出資（資金提供）等する団体が行う社会貢献事業

　ここで、雇用の措置①②③に対して、④⑤は雇用によらない「創業支援等措置」といい、導入するためには過半数労働組合等※注の同意を得る必要がある。

　注　労働者の過半数を代表する労働組合がある場合にはその労働組合の、労働者の過半数を

代表する労働組合がない場合には労働者の過半数を代表する者を指す。

　過半数を代表する者を選出する際の留意事項は次のとおりである（労基則第6条の2）。

・労働基準法第41条第2号に規定する監督または管理の地位にある者でないこと。

・創業支援等措置の計画に関する同意を行うことを明らかにして実施される投票、挙手等の方法による手続で選出された者であって、事業主の意向に基づき選出された者でないこと。

　上記の要件を満たしていない労使協定は無効となるので注意する必要がある。

（1）　努力義務の意味

　高年齢者就業確保措置の努力義務を負う事業主は定年を65歳以上70歳未満に定めている事業主および65歳までの継続雇用制度（70歳以上まで引き続き雇用する制度を除く。）を導入している事業主である。

　65歳までの継続雇用制度に基づいて特殊関係事業主（第9条第2項、31ページ参照）に雇用されている高年齢者については、原則として、その高年齢者を定年まで雇用していた事業主が高年齢者就業確保措置を講ずるが、その事業主と特殊関係事業主で協議を行い、特殊関係事業主が高年齢者就業確保措置を講ずることも可能である。その際には、特殊関係事業主が高年齢者就業確保措置を講ずる旨を法第10条の2第3項の契約に含める必要がある（就業確保指針第2の1（1）イ）。

　なお、定年まで雇用していた事業主に代わって特殊関係事業主や他の事業主が高年齢者就業確保措置を講ずる場合、創業支援等措置については過半数労働組合等の同意を得た上で講ずることとされているため（第1項）、定年まで雇用していた事業主が、特殊関係事業主や他の事業主が講じる高年齢者就業確保措置について過半数労働組合等の同意を得た上で、当該措置の実施に関する計画を定年まで雇用していた事業主の従

業員に周知する必要がある（就業確保措置Q＆A⑨）。

　改正法は2021年（令和3年）4月1日から施行されているが、まずは67歳までの継続雇用制度を導入するなど、高年齢者就業確保措置を段階的に講ずることも可能である。ただし、改正法で努力義務として求めているのはあくまで70歳までの就業機会を確保する制度を講じることであるから、すでに67歳までの継続雇用制度を講じている場合についても、70歳までの制度の導入が努力義務となることは変わりがない（就業確保措置Q＆A①）。

　本条第1項では、「その雇用する高年齢者が希望するときは」とあるため、事業主は雇用している高年齢者が65歳を迎えるまでに希望を聴取する必要がある。タイミングについては65歳の直前でなくても構わないとされる。

　たとえば、定年を60歳に定める会社が65歳まで特殊関係事業主で継続雇用を行い、65歳から70歳までNPO法人で創業支援等措置を行う場合であっても、定年まで雇用した事業主が、60歳定年前に高年齢者の希望を聴取していれば、法律上の努力義務を満たすことになる。

　この場合、特殊関係事業主で雇用された後においても希望を聴取することまでは求めていないが、改正法の趣旨を踏まえれば、可能な限り個々の高年齢者のニーズや知識・経験・能力等に応じた業務内容および就業条件とすることが必要であるため、特殊関係事業主に雇用された後に改めて高年齢者の希望を聴取し、適切な措置を講ずることが望ましいとされる（就業確保措置Q＆A⑪）。

　就業確保措置は、高年齢者雇用確保措置と同様に、すべての企業に対して一律に適用される努力義務であり、当分の間、65歳以上の労働者が生じない企業も含めて、高年齢者就業確保措置を講じるよう努めることが必要である（就業確保措置Q＆A⑧）。

　改正法の施行時点でいずれかの措置が取られていないと直ちに厚生労働大臣による指導の対象となるわけではない。検討中や労使での協議中、

検討開始といった状況も許容範囲となるが、2020年（令和2）改正の趣旨に反する措置を講ずる事業主に対しては、措置の改善等のための指導等を行うことになっている（就業確保措置Q＆A②）。

改正法では、高年齢者就業確保措置を講ずることによる70歳までの就業機会の確保を努力義務としているため、いまだ措置を講じていない場合は努力義務を満たしていない。また、創業支援等措置④⑤に関しては「過半数労働組合等の同意を得た措置を講ずること」を求めているため、過半数労働組合等の同意を得られていない創業支援等措置を講じる場合も、努力義務を満たしていない（就業確保措置Q＆A③）。

一方、事業主が52ページの雇用の措置①②③を講ずる場合、改正法で努力義務として求めているのは、希望する高年齢者が70歳まで働ける制度の導入であって、事業主に対して個々の労働者の希望に合致した就業条件を提示することまでは求めていない。そのため、事業主が合理的な裁量の範囲での就業条件を提示していれば、労働者と事業主との間で就業条件等についての合意が得られず、結果的に労働者が措置を拒否したとしても、努力義務を満たしていないとはいえない（就業確保措置Q＆A④）。

また、事業主が創業支援等措置④⑤を講ずる場合、事業主が過半数労働組合等の同意を得た上で、創業支援等措置の内容等を記載した計画に示した内容通りの措置を講じていれば、個々の労働者と事業主の間で就業条件等についての合意が得られず、結果的に労働者が措置を拒否したとしても、努力義務を満たしていないものとはいえない（同）。

注 就業確保措置Q＆A③は、企業の人事制度を変更する段階において、過半数労働組合等の同意を得られない場合についての説明である。一方、Q＆A④は人事制度変更後に就業条件等について個々の高年齢者が拒否した場合についてのものであり、異なる場面についての説明である。

（2）　就業確保措置と就業規則（定年）の変更例

70歳までの就業確保措置として、定年の引上げ、継続雇用制度の延長等の措置を講じる場合や、創業支援等措置に係る制度を社内で新たに設ける場合には、労働基準法第89条の「退職に関する事項」（同条第3号）等に該当するものとして、次の例のような就業規則を作成、変更し、所轄の労働基準監督署長に届け出る必要がある（就業確保措置Ｑ＆Ａ⑥）。

なお、創業支援等措置を講じる場合には、就業規則の変更とは別に、創業支援等措置の実施に関する計画を作成し、過半数労働組合等の同意を得る必要がある（後述）が、この計画についてはハローワークに届け出る必要はない（同）。

【就業規則の記載例】（就業確保措置Ｑ＆Ａ⑥）

[例1]定年を満70歳とする例

（定年等）

第49条　労働者の定年は、満70歳とし、定年に達した日の属する月の末日をもって退職とする。

[例2]定年を満65歳とし、その後希望者全員を継続雇用する例

（定年等）

第49条　労働者の定年は、満65歳とし、定年に達した日の属する月の末日をもって退職とする。

2　前項の規定にかかわらず、定年後も引き続き雇用されることを希望し、解雇事由または退職事由に該当しない労働者については、満70歳までこれを継続雇用する。

[例3]定年を満60歳とし、その後希望者を継続雇用する例（満65歳以降は対象者基準※あり）

（定年等）

第49条　労働者の定年は、満60歳とし、定年に達した日の属する月

の末日をもって退職とする。

2　前項の規定にかかわらず、定年後も引き続き雇用されることを希望し、解雇事由または退職事由に該当しない労働者については、満65歳までこれを継続雇用する。

3　前項の規定に基づく継続雇用の満了後に、引き続き雇用されることを希望し、解雇事由または退職事由に該当しない労働者のうち、次の各号に掲げる基準のいずれにも該当する者については、満70歳までこれを継続雇用する。

（1）　過去〇年間の人事考課が〇以上である者

（2）　過去〇年間の出勤率が〇％以上である者

（3）　過去〇年間の定期健康診断結果を産業医が判断し、業務上、支障がないと認められた者

［例4］定年を満65歳とし、その後希望者の意向を踏まえて継続雇用または業務委託契約を締結する例（ともに対象者基準※あり）

（定年等）

第49条　労働者の定年は、満65歳とし、定年に達した日の属する月の末日をもって退職とする。

2　前項の規定にかかわらず、定年後も引き続き雇用されることを希望し、解雇事由または退職事由に該当しない労働者のうち、次の各号に掲げる基準のいずれにも該当する者については、満70歳までこれを継続雇用する。

（1）　過去〇年間の人事考課が〇以上である者

（2）　過去〇年間の出勤率が〇％以上である者

（3）　過去〇年間の定期健康診断結果を産業医が判断し、業務上、支障がないと認められた者

3　第1項の規定にかかわらず、定年後に業務委託契約を締結することを希望し、解雇事由または退職事由に該当しない者のうち、次の各号に掲げる業務について、業務ごとに定める基準のいずれにも該当する

者については、満70歳までこれと業務委託契約を継続的に締結する。
なお、当該契約に基づく各業務内容等については、別途定める創業支
援等措置の実施に関する計画に定めるところによるものとする。

（1）　〇〇業務においては、次のいずれの基準にも該当する者
　　ア　過去〇年間の人事考課が〇以上である者
　　イ　当該業務に必要な〇〇の資格を有している者
（2）　△△業務においては、次のいずれの基準にも該当する者
　　ア　過去〇年間の人事考課が〇以上である者
　　イ　定年前に当該業務に〇年以上従事した経験および当該業務を遂
　　　行する能力があるとして以下に該当する者
　　　①　〇〇〇〇
　　　②　△△△△

※後述の59ページ対象者基準の項を参照

※後述の59ページ対象者基準の項を参照

注 常時10人以上の労働者を使用する使用者は、法定の事項について就業規則を作成し、労働基準監督署に届け出なければならない。法定の事項を変更した場合も同様である。

（3）　就業確保措置の選択と労使間の協議等

52ページの高年齢者就業確保措置①〜⑤のうちいずれの措置を講ず
るかについては、労使間で十分に協議を行い、高年齢者のニーズに応じ
た措置が講じられることが望ましい（就業確保指針第2の1（2）イ）。

たとえば、職種・雇用形態により就業確保措置の内容を区別すること
は可能である（就業確保措置Q&A⑤）。

①〜⑤のいずれか一つの措置を選択するほか、複数の措置を組み合わ
せることにより70歳までの就業機会を確保することも可能である（就業
確保指針第2の1（1）ロ）。

この場合、雇用の措置①②③に加えて、雇用によらない④⑤の創業支
援等措置を講ずるのであれば、雇用による措置により努力義務を実施し

ていることとなるため、創業支援等措置を講ずるにあたり、法第10条の2第1項の過半数労働組合等の同意を得る必要はないが、その場合も、過半数労働組合等の同意を得た上で創業支援等措置を講ずることが望ましいこととされる(就業確保指針第2の1（2)ロ)。

　なお、複数の措置を講ずる場合には、個々の高年齢者にいずれの措置を適用するかについて、個々の労働者の希望を聴取し、これを十分に尊重して決定することが求められる(就業確保指針第2の1（2)ハ)。

（4）　対象者基準

　高年齢者就業確保措置は努力義務であることから、上記の①定年延長および③定年制廃止を除く措置の対象となる高年齢者を限定する基準（対象者基準)を設けることが可能である(就業確保指針第2の1（3)イ)。

　対象者基準の策定にあたっては、労使間で十分に協議の上、各企業等の実情に応じて定められることを想定しており、その内容については原則として労使に委ねられるものである。当該対象者基準を設ける際には、過半数労働組合等の同意を得ることが望ましいとされる。

　ただし、労使間で十分に協議の上で定められた基準であっても、事業主が恣意的に高年齢者を排除しようとするなど法の趣旨や、労働基準法や男女雇用機会均等法、労働組合法などの他の労働関係法令または公序良俗に反するものは認められない(就業確保指針第2の1（3)ロ)。

　高年齢者就業確保措置のうち、70歳まで継続的に業務委託契約または社会貢献事業に従事できる契約を締結するにあたり、対象者基準を設ける場合は、当該者に事業主の指揮監督を受けることなく業務を適切に遂行する能力や資格、経験があること等、予定される業務に応じて具体的な基準を定めることが必要である(就業確保措置Ｑ＆Ａ⑥留意点)。

　対象者基準に該当する高齢者は継続雇用しない事由や業務委託契約等を更新しないまたは解除する事由を定める場合は、常時10人以上の労働者を雇用する事業主であれば、就業規則の絶対的必要記載事項である

「退職に関する事項」に該当するため、56ページの例のように就業規則に定める必要がある（労働基準法第89条）。

　また、創業支援等措置における業務委託契約等を更新しないまたは解除する事由を定める場合には、施行規則第4条の5第2項第7号に定めるところにより、創業支援等措置の実施に関する計画の記載事項である「契約の終了に関する事項（契約の解除事由を含む。）」に盛り込む必要がある（創業支援等措置の実施に関する計画は、事業主が雇用する労働者数にかかわらず、当該措置を講ずるすべての事業主が作成する必要がある（就業確保措置Q＆A⑩）。

【適切ではないと考えられる例】（就業確保措置Q＆A⑬）
・「会社が必要と認めた者に限る」「上司の推薦がある者に限る」というように、基準がないことと等しく、改正の趣旨に反するもの
・「男性に限る」「女性に限る」というように男女差別にあたるもの
・「組合活動に従事していない者に限る」というように不当労働行為にあたるもの
　対象者を限定する基準については、以下の点に留意して策定されたものが望ましいと考えられる。
①　意欲、能力等をできる限り具体的に測るものであること（具体性）
　　労働者自ら基準に適合するか否かを一定程度予見することができ、到達していない労働者に対して能力開発等を促すことができるような具体性を有するものであること。
②　必要とされる能力等が客観的に示されており、該当可能性を予見することができるものであること（客観性）
　　企業や上司等の主観的な選択ではなく、基準に該当するか否かを労働者が客観的に予見可能で、該当の有無について紛争を招くことのないよう配慮されたものであること。

　上記の内容は、第9条で解説した2004年（平成16年）法改正時の経過

措置に基づく対象者基準と同じ考え方である（29ページ参照）。

（5）　65歳以上の継続雇用者の雇止め（第4項）

心身の故障のため業務に堪えられないと認められること、勤務状況が著しく不良で引き続き従業員としての職責を果たし得ないこと等就業規則に定める解雇事由または退職事由（年齢に係るものを除く。以下同じ。）に該当する場合には、継続雇用しないことができる。

就業規則に定める解雇事由または退職事由と同一の事由を、継続雇用しないことができる事由として、解雇や退職の規定とは別に、就業規則に定めることもできる。また、当該同一の事由について、65歳以上継続雇用制度の円滑な実施のため、労使が協定を締結することができる。ただし、継続雇用しないことについては、客観的に合理的な理由があり、社会通念上相当であることが求められると考えられる（就業確保指針第2の2（4））。

以上の点については、第9条第3項について解説した65歳までの雇用確保に関する「指針」の考え方と同じである（36ページ参照）。

なお、定年まで雇用した事業主が70歳まで自社以外の会社や団体で働ける制度を定めている場合（他社での継続雇用を行う場合やＮＰＯ法人で実施する社会貢献事業に高年齢者を従事させる場合等）には、当該事業主は高年齢者就業確保措置を講じる努力義務を満たしていることになる。自社の高年齢者が自社以外の会社や団体で就業した後、解雇等により70歳に達する前に就業を継続できなくなったとしても、定年まで雇用した事業主が改めて70歳までの残りの期間について高年齢者就業確保措置を講じる必要はないとされる（就業確保措置Ｑ＆Ａ⑦）。

（6）　安全衛生教育等

高年齢者の健康および安全の確保のため、高年齢者就業確保措置により働く高年齢者に対し、「高年齢労働者の安全と健康確保のためのガイドライン」を参考に就業上の災害防止対策に積極的に取り組むよう努める

ことが求められる(就業確保指針第2の1 (4) イ)。

また、高年齢者が従前と異なる業務等に従事する場合には、必要に応じて新たに従事する業務に関する研修、教育または訓練等を事前に実施することが望ましいとされる(同ロ)。

特に52ページの①②③の雇用による措置を講じる場合は、安全または衛生のための教育は企業の義務であり、④⑤の創業支援等措置を講じる場合にも安全衛生教育を行うことが望ましいとされる。

(7) 創業支援等措置(第2項)

繰り返しの説明になるが、創業支援等措置とは、70歳までの就業確保措置のうち、次の雇用によらない措置をいう。

④ 70歳まで継続的に業務委託契約を締結する制度の導入 (第10条の2第2項第1号)

⑤ 70歳まで継続的に以下の事業に従事できる制度の導入 (第10条の2第2項第2号)

a 事業主が自ら実施する社会貢献事業(同イ)

b 事業主が委託、出資(資金提供)等する団体が行う社会貢献事業(同ロハ)

創業支援等措置を実施する場合については、事業主が高年齢者との間で、委託契約その他の契約を締結し当該契約に基づき、継続的な就業を確保することとしている。

業務委託契約等の頻度については、創業支援等措置の実施に関する計画に記載し、当該計画について労使合意を得る必要があるが、継続的な業務委託等の頻度は労使間で十分に協議の上で、労使双方とも納得の上で定められたものであれば差しつかえない。具体的な規定の方法としては、たとえば創業支援等措置を利用して就業する高年齢者全体に対して企業として発注を行う頻度の総量を定めるほか、個々の高年齢者に対して個別の発注を行う頻度を定める方法が考えられる。また、個々の高年

齢者との契約に際しては、その希望を踏まえつつ、個々の業務内容・難易度や業務量等を考慮し、できるだけ過大または過小にならないよう留意した上で、計画で定められた頻度から妥当な範囲で個々の高年齢者との契約の頻度が定められたものであれば差しつかえない（就業確保措置Q＆A⑳）。

業務委託等の契約の当事者は、当該高年齢者を定年まで雇用していた事業主である。当該事業主がグループ会社を含めた他社から受注した業務の契約当事者であれば、グループ会社の業務を高年齢者に再委託することも認められる（就業確保措置Q＆A㉑）。

なお、雇用時における業務と、内容および働き方が同様の業務を創業支援等措置と称して行わせることは、法の趣旨に反するとされる（就業確保指針第2の3（1）ニ）。

業務内容が雇用時と同様であることだけをもって、創業支援等措置として法律の趣旨に反するものとはならないが、ただし、業務内容が雇用時と同様で、かつ、働き方（勤務時間・頻度、責任の程度等）も雇用時と同様である場合には、雇用の選択肢（定年の引上げ・廃止、継続雇用制度）により70歳までの就業確保を行うべきであり、雇用によらない選択肢（創業支援等措置）として行うことは法律の趣旨に反することとなる（就業確保措置Q＆A⑱）。

⑤社会貢献事業は、社会貢献活動その他不特定かつ多数の者の利益の増進に寄与することを目的とする事業である必要があり、特定または少数の者の利益に資することを目的とした事業は対象とならない（就業確保指針第2の3（1）ハ）。

特定の事業が「社会貢献事業」に該当するかどうかは、事業の性質や内容等を勘案して個別に判断される。

社会貢献事業や当該事業における高年齢者の参画イメージとして考えられるものは、たとえば

・メーカーが自社商品を題材にした小学校への出前授業を行う事業に

おいて、定年等退職者が企画立案を行ったり、出張授業の講師を有
　　償ボランティアとして務める。
　・希望する定年等退職者が会員となることができるＮＰＯ法人に、里
　　山の維持・運営に関する事業を委託し、定年等退職者がそれらの事
　　業に関する業務（植樹、ビジターセンターでのガイド等）に有償ボラ
　　ンティアとして携わる。
といったものが想定される（就業確保措置Ｑ＆Ａ㉔）。

　たとえば次のような事業は、高年齢者雇用安定法における「社会貢献
事業」には該当しない（厚生労働省「高年齢者雇用安定法改正の概要〜70
歳までの就業機会の確保のために事業主が講ずるべき措置（努力義務）等
について〜令和3年4月1日施行」）。

　・特定の宗教の教義を広め、儀式行事を行い、および信者を教化育成
　　することを目的とする事業
　・特定の公職の候補者もしくは公職にある者、政党を推薦・支持・反
　　対することを目的とする事業

　上記の基準は、これらを「目的とする事業」でなければ活動が一定程度
許容されると解釈される余地があるが、現行の特定非営利活動促進法
（NPO法。平成10年法律第7号）は、認定NPO法人等については、法
第45条1項4号において

　（1）　宗教の教義を広め、儀式行事を行い、及び信者を強化育成する
　　　こと。
　（2）　政治上の主義を推進し、支持し、又はこれに反対すること。
　（3）　特定の公職の候補者若しくは公職にある者又は政党を推薦し、
　　　支持し、又はこれらに反対すること。

という「活動そのもの」を行っていないこととされており、より厳格な規
定となっている。社会貢献事業としての適格性を判断する際に問題とな
る余地があることは注意を要する。

　次に上記の「団体」は、公益社団法人に限られず、①委託、出資（資金

提供）等を受けていて、社会貢献事業を実施していれば、社会貢献事業以外も実施していても構わないとされる。ただし社会貢献事業以外の内容によっては、社会貢献事業としての適格性が問題になる余地があることは注意を要しよう。

創業等支援措置⑤のb事業主が委託、出資（資金提供）等する団体が行う社会貢献事業における「出資（資金提供）」とは、自社以外の団体が実施する社会貢献事業に従事できる制度を選択する場合、自社から団体に対して、事業の運営に対する出資（寄付等を含む。）や事務スペースの提供など社会貢献活動の実施に必要な援助を行っている必要がある。

出資・委託等を行うのは高年齢者を定年まで雇用していた事業主であり、事業主に雇用される個々の社員が会費を支払っている場合は出資とはいえない。事業主が直接的に会費を支払っている場合は出資等に含まれるが、その際には、当該会費が、社会貢献事業の円滑な実施に必要な資金として充当されていることが求められる（就業確保措置Ｑ＆Ａ㉗）。

また、当該事業主による設立時のみの資金等の援助については、事業の運営に対する出資（寄付等を含む。）や事務スペースまたはデスク等の事務備品の提供が就業確保措置に係る社会貢献事業の円滑な実施の基礎になっていると当事者間で認識している場合は、出資等に含まれる（同）。

（8）　特殊関係事業主以外の他の事業主との契約（第3項）

第9条第2項で説明したとおり、65歳までの継続雇用制度の対象となる高年齢者が雇用される企業の範囲は、会社と緊密な関係にある子会社・グループ企業等の「特殊関係事業主」である（33ページ**図表1-9**参照）。

これに対し65歳以降は、特殊関係事業主以外の他社で継続雇用する制度も可能になる。下記のとおり、対象となる高年齢者の年齢に応じて、継続雇用することができる事業主の範囲が広がる。

・60歳以上65歳未満の高年齢者：自社、特殊関係事業主
・65歳以上70歳未満の高年齢者：自社、特殊関係事業主

注 特殊関係事業主および特殊関係事業主以外の他の事業主を「特殊関係事業主等」と呼ぶ。

　他の事業主を含めた特殊関係事業主等で継続雇用を行う場合は、次の対応をとる必要がある（就業確保指針第2の2）。

（1）　上記の特殊関係事業主等（特殊関係事業主および特殊関係事業主以外の他の事業主）で継続雇用する場合には、事業主は特殊関係事業主等との間で、その特殊関係事業主等が高年齢者を継続して雇用することを約する契約を締結する。事業主間の契約を締結する方式は自由であるが、紛争防止の観点から、書面によるものが望ましい。書面による場合、たとえば後掲のような契約書が考えられる。

（2）　他の事業主において継続雇用する場合にも、可能な限り個々の高年齢者のニーズや知識・経験・能力等に応じた業務内容および労働条件とすることが望ましい。

（3）　他の事業主において、継続雇用の対象となる高年齢者の知識・経験・能力に対するニーズがあり、これらが活用される業務があるかについて十分な協議を行った上で、（1）の契約を締結する必要がある。

　上記の65歳以上の継続雇用先として認められる他の企業には、いわゆる「常用型派遣」の会社も含まれる。

　改正法の趣旨が「希望する高年齢者が70歳まで働ける環境の整備」であることを踏まえれば、労働者派遣事業者が常時雇用される労働者の中から労働者派遣を行う常用型派遣のように、雇用が確保されているものは65歳以上継続雇用制度として認められる。

　しかし、派遣労働を希望する者をあらかじめ登録しておき、労働者派遣をするに際し、その登録されている者と期間の定めのある労働契約を締結し、有期雇用派遣労働者として労働者派遣を行う、いわゆる「登録型派遣」のように、高年齢者の継続的な雇用機会が確保されているといえない場合には、65歳以上継続雇用制度としては認められない（就業確

保措置Ｑ＆Ａ⑮）。

　同様に、シルバー人材センターやボランティア活動とのマッチングを行うボランティアセンターへの登録なども、高年齢者の就業先が定まらないため、業務内容や支払われる金銭等、「創業支援等措置の実施に関する計画」（69ページ参照）に記載すべき事項が確定できない。したがって、創業支援等措置の導入に必要な手続を履行できないことから、高年齢者就業確保措置とは認められない（就業確保措置Ｑ＆Ａ⑲）。

（就業確保措置Ｑ＆Ａ別添１）

65歳以上継続雇用制度による就業確保に関する契約書（例）

　○○○○株式会社（以下「甲」という。）、○○○○株式会社（以下「乙」という。）は、高年齢者等の雇用の安定等に関する法律（昭和46年法律第68号。以下「高年齢者雇用安定法」という。）第10条の２第３項に規定する契約として、次のとおり締結する（以下「本契約」という。）。

第１条　乙は、甲が高年齢者雇用安定法第10条の２第１項第２号に基づきその雇用する高年齢者の70歳までの就業を確保する措置として導入する65歳以上継続雇用制度を実施するため、甲の65歳以上継続雇用制度の対象となる労働者であってその定年後等（定年後または甲の導入する継続雇用制度の対象となる年齢の上限に達した後をいう。）も雇用されることを希望する者（次条において「継続雇用希望者」という。）を、その定年後等に乙が引き続いて雇用する制度を導入する。

第２条　乙は、甲が乙に継続雇用させることとした継続雇用希望者に対し、乙が継続雇用する主体となることが決定した後、当該者の定年後等の雇用に係る労働契約の申込みを遅滞なく行うこととする。

第３条　第１条の規定に基づき乙が雇用する労働者の労働条件は、乙が

就業規則等により定める労働条件による。

　　以上、本契約の成立の証として本書２通を作成し、甲、乙各自１通を
保有する。
　　令和　　年　　月　　日

　　(甲)東京都○○○
　　　○○○○株式会社
　　　代表取締役○○　○○　印

　　(乙)東京都○○○
　　　○○○○株式会社
　　　代表取締役○○　○○　印

（9）　無期転換ルールの特例の適用

　労働契約法第18条は、同一の使用者との間で、有期労働契約が通算
で5年を超えて繰り返し更新された場合に、労働者の申込みにより、無
期労働契約に転換することを規定している。

　ただし、有期雇用特別措置法（平成26年法律第137号）第8条による
特例として、適切な雇用管理に関する「第2種計画」を作成し、都道府県
労働局長の認定を受けた事業主（特殊関係事業主を含む。）の下で、定年
後に有期労働契約で継続雇用される高年齢者については、定年後に引き
続いて雇用される期間は無期契約転換権が発生しない。これは65歳を
超えて引き続き雇用する場合にも継続するものとされる。

　一方で、特殊関係事業主以外の他社で継続雇用される場合には、特例
の対象にならず、無期転換申込権が発生するので注意する必要がある。

（10）　創業支援等措置を実施する場合の手続

　前述のように、創業支援等措置を実施する場合は事前に創業支援等措

置の実施に関する計画（以下「実施計画」という。）を作成し、過半数労働組合等との同意が必要になる。

1　計画の作成

創業支援等措置を実施する場合は、下記の事項をすべて記載した実施計画を作成する必要がある。（施行規則第4条の5）

1　高年齢者就業確保措置のうち、創業支援等措置を講ずる理由

2　高年齢者が従事する業務の内容

3　高年齢者に支払う金銭

4　契約を締結する頻度

5　契約に係る納品

6　契約の変更

7　契約の終了（契約の解除事由を含む。）

8　諸経費の取扱い

9　安全および衛生

10　災害補償および業務外の傷病扶助

11　社会貢献事業を実施する法人その他の団体

12　以上のほか、創業支援等措置の対象となる労働者のすべてに適用される事項

2　計画を作成する際の留意点

上記1〜12の実施計画に記載する事項については、次に掲げる点に留意する（就業確保指針第2の3（2）ロ）。

①　業務の内容（記載事項2）

高年齢者のニーズを踏まえるとともに、高年齢者の知識・経験・能力等を考慮した上で決定し、契約内容の一方的な決定や不当な契約条件の押し付けにならないようにする。

②　高年齢者に支払う金銭（記載事項3）

業務の内容や当該業務の遂行に必要な知識・経験・能力、業務量等を考慮したものとする。また、支払期日や支払方法についても記

載し、不当な減額や支払を遅延しないこと。

③　契約の頻度(記載事項4)

　個々の高年齢者の希望を踏まえつつ、個々の業務の内容・難易度や業務量等を考慮し、できるだけ過大または過小にならないよう適切な業務量や頻度による契約を締結する。

④　納品(記載事項5)

　成果物の受領に際しては、不当な修正、やり直しの要求または受領拒否を行わない。なお、高年齢者との契約で定められた成果物の基準に満たない場合に、当該基準を満たすための修正、やり直しを求めるなど、合理的な理由がある正当な修正、やり直しを求めることは可能である(就業確保措置Q＆A㉒)。

⑤　契約の変更(記載事項6)

　契約を変更する際には、高年齢者に支払う金銭や納期等の取扱いを含め労使間で十分に協議を行うこと。

⑥　高年齢者の安全および衛生の確保(記載事項9)

　業務内容を高年齢者の能力等に配慮したものとするとともに、創業支援等措置により就業する者について、同種の業務に労働者が従事する場合における労働契約法に規定する安全配慮義務をはじめとする労働関係法令による保護の内容も勘案しつつ、当該措置を講ずる事業主が委託業務の内容・性格等に応じた適切な配慮を行うことが望ましい。

　また、業務委託に際して機械器具や原材料等を譲渡し、貸与し、または提供する場合には、当該機械器具や原材料による危害を防止するために必要な措置を講ずること。

　さらに、業務の内容および難易度、業務量、納期等を勘案し、作業時間が過大とならないように配慮することが望ましい。

⑦　社会貢献事業を実施する法人その他の団体(記載事項11)

　事業主が委託、出資等を行うNPO法人等が実施する社会貢献事

業（法第10条の２第２項第２号ハ）に高年齢者が従事する措置を講ずる場合は、事業主からそのNPO法人等に対する個々の援助が、社会貢献事業の円滑な実施に必要なものに該当する必要がある。ただし、業務委託契約を締結する措置を講ずる場合および自社が実施する社会貢献事業に従事する措置を講ずる場合には、記載する必要はない（就業確保措置Ｑ＆Ａ㉙）。

⑧　創業支援等措置の対象となる高年齢者（記載事項12）

創業支援等措置は、労働契約によらない働き方となる措置であることから、個々の高年齢者の働き方についても、業務の委託を行う事業主が指揮監督を行わず、業務依頼や業務従事の指示等に対する高年齢者の諾否の自由を拘束しない等、労働者性が認められるような働き方とならないよう留意する（後述・(12)労働者性の項参照）。

③　過半数労働組合等との同意を得る

同意を得ようとする場合は、過半数労働組合等に対して、

ア　創業支援等措置による就業は労働関係法令による労働者保護が及ばないこと。

イ　そのために実施計画に記載する事項を定めること。

ウ　創業支援等措置を選択する理由

を十分に説明することとされる（就業確保指針第２の３(2)イ）。

52ページの①②③の雇用による措置に加えて④⑤の創業支援等措置を講じる場合は、雇用による措置により努力義務を達成したこととなるため、創業支援等措置に関して過半数労働組合等との同意を必ずしも得る必要はないが、高年齢者雇用安定法の趣旨を考えると、両方の措置を講ずる場合も同意を得ることが望ましいとされる（就業確保指針第２の１(2)ロ）。

④　実施計画を周知する

過半数労働組合等との同意を得た計画を、次のいずれかの方法により労働者に周知する必要がある（施行規則第４条の５第３項）。

ア　常時当該事業所の見やすい場所へ掲示し、または備え付ける。

イ　書面を労働者に交付する（労働者には、出向者等の自社にいない労働者を含む。）。

ウ　磁気テープ、磁気ディスクその他これらに準ずる物に記録し、かつ、当該事業所に労働者が当該記録の内容を常時確認できる機器を設置する（例：電子媒体に記録し、それを常時モニター画面等で確認できるようにするなど）。

なお、事業所への掲示等（上記アまたはウ）により周知を行う場合、自社にいない労働者がより計画を確認しやすいよう、事業所への掲示等に加えて、自社にいない労働者に書面を交付することが望ましいとされる（就業確保措置Ｑ＆Ａ㉜）。

⑤　高年齢者の就業先となる団体と契約を締結する

事業主が委託、出資（資金提供）等する団体が行う社会貢献事業に従事できる制度措置を行う場合、自社と団体との間で、その団体が高年齢者に対して社会貢献活動に従事する機会を提供することを約する契約（書面による契約が望ましい。）を締結する必要がある（第10条の2第2項第2号の下線部、就業確保指針第2の3（1）イ）。

契約を締結する方式は自由であるが、紛争防止の観点から、書面によるものとすることが望ましい。書面による場合、たとえば次のような契約書が考えられる。

（就業確保措置Ｑ＆Ａ㉕別添2）

創業支援等措置による就業確保に関する契約書（例）

○○○○株式会社（以下「甲」という。）、○○○○（以下「乙」という。）は、高年齢者等の雇用の安定等に関する法律（昭和46年法律第68号。以下「高年齢者雇用安定法」という。）第10条の2第2項第2号に規定する契約として、次のとおり締結する（以下「本契約」という。）。

第1条　乙は、甲が高年齢者雇用安定法第10条の2第1項第2号に基づきその雇用する高年齢者の70歳までの就業を確保するための措置として導入する創業支援等措置を実施するため、甲の創業支援等措置の対象となる労働者であってその定年後等（定年後または甲の導入する継続雇用制度の対象となる年齢の上限に達した後をいう。）に、乙が実施する社会貢献事業に従事することを希望する者（次条において「事業従事希望者」という。）を、その定年後等に乙が実施する社会貢献事業に従事させる。

第2条　乙は、甲が乙の社会貢献事業に従事させることとした事業従事希望者に対し、乙が実施する事業に従事させることが決定した後、乙の社会貢献事業に従事させる機会を提供する。

第3条　第1条の規定に基づき乙の社会貢献事業に従事する高年齢者の就業条件は、別添の甲の創業支援等措置の実施に関する計画（高年齢者等の雇用の安定等に関する法律施行規則（昭和46年労働省令第24号）第4条の8の計画をいう。）による。

　　以上、本契約の成立の証として本書2通を作成し、甲、乙各自1通を保有する。

　　令和　　年　　月　　日

　　（甲）東京都○○○
　　　　○○○○株式会社
　　　　代表取締役○○　○○　印

　　（乙）東京都○○○
　　　　○○○○

代表取締役〇〇　〇〇　印
注　別添として創業支援等措置の実施に関する計画を添付

6　個々の高年齢者との契約を締結する

　創業支援等措置により導入した制度に基づいて個々の高年齢者と契約を締結する際には、以下の事項について留意する必要がある（就業確保指針第2の3（3）イ）。

　ア　契約は書面により締結する。
　イ　その契約には、「実施計画」に記載した事項に基づいて決定した、
　　　個々の高年齢者の就業条件を記載する。
　ウ　契約を締結する高年齢者に実施計画を記載した書面を交付する。
　エ　次の3点を丁寧に説明し、納得を得る努力をする必要がある。
　　（ア）　創業支援等措置による就業は労働基準法や男女雇用機会均
　　　　　等法、労働組合法など労働関係法令による労働者保護が及ばな
　　　　　い働き方であること。
　　（イ）　そのために実施計画に記載する事項について定めること。
　　（ウ）　創業支援等措置を選択する理由

　なお、創業支援等措置の契約については、1度に5年間分の契約を締結するのではなく、たとえば1年分の契約を複数回繰り返し締結することにより、高年齢者の継続的な就業を確保することも可能である。

　創業支援等措置の契約期間については、すでに触れたような創業支援等措置の実施に関する計画の記載事項である「契約に基づいて高年齢者が従事する業務の内容」および「契約を締結する頻度に関する事項」に盛り込む必要がある。

　1回あたりの契約内容・頻度については、個々の高年齢者の希望を踏まえつつ、個々の業務の内容・難易度や業務量等を考慮し、できるだけ過大または過小にならないよう適切な業務量や頻度による契約を締結することに留意しつつ労使で合意することとなるが、改正法の趣

旨が「希望する高年齢者が70歳まで働ける環境の整備」であることを踏まえれば、年齢のみを理由として70歳未満で契約を結ばないような制度は適当ではないと考えられる。

　したがって、「継続的に」契約を締結していると認められる条件は、

　ア　70歳を下回る上限年齢が設定されていないこと。

　イ　70歳までは、原則として契約が更新されること（ただし、能力や健康状態など年齢以外を理由として契約を更新しないことは認められる。）。

であると考えられるが、個別の事例に応じて具体的に判断されることとなる（就業確保措置Ｑ＆Ａ⑰）。

７　創業支援等措置による就業の安全確保

　創業支援等措置による就業は労働契約によらない働き方であることから、労働安全衛生法の枠外となるが、同種の業務に労働者が従事する場合における労働契約法に規定する安全配慮義務をはじめとする労働関係法令による保護の内容も勘案しつつ、委託業務の内容・性格等に応じた適切な配慮を、当該措置を講ずる事業主が行うことが望ましい（就業確保措置指針第2の3（2）ロ⑥、就業確保措置Ｑ＆Ａ㉚）。

　創業支援等措置により就業する高年齢者が、委託業務に起因する事故等により被災したことを当該措置を講ずる事業主が把握した場合には、当該事業主が当該高年齢者が被災した旨をハローワークに報告することが望ましい。また、同種の災害の再発防止対策を検討する際に当該報告を活用することが望ましい（就業確保措置指針第2の3（3）ロ）。

８　高年齢者からの相談への対応

　契約に基づく業務の遂行に関して高年齢者から相談がある場合には誠実に対応する必要がある（就業確保措置指針第2の3（3）ハ）。

（11）　創業支援等措置により就業している高年齢者との契約の解除
　　（第4項）

　創業支援等措置により就業している個々の高年齢者との契約は、心身の故障のため業務に堪えられないと認められること、業務の状況が著しく不良で引き続き業務を果たし得ないこと等実施計画に定める契約解除事由または契約を更新しない事由（年齢に係るものを除く。）に該当する場合には、契約を継続しないことができる。なお、契約を継続しないことについては、客観的に合理的な理由があり、社会通念上相当であることが求められると考えられる。また、契約を継続しない場合は、事前に適切な予告を行うことが望ましい（就業確保措置指針第2の3(3)ニ）。

　創業支援等措置による就業は労働契約によらない働き方であるため労働契約法の解雇権濫用法理等の枠外となるが、以上の点については、第9条第3項で解説した65歳までの継続雇用者の雇止めに関する「指針」（36ページ参照）および(5)で解説した65歳以上の継続雇用者の雇止めに関する「指針」と類似の考え方をとっている（61ページ参照）。

　なお、創業支援等措置の実施に関する計画においては、「契約の終了に関する事項（契約の解除事由を含む。）」を記載することとされている。たとえば業務委託契約において、事前に定めた基準を満たす成果物が納品されないなど、計画で定めた事由に該当する場合には、契約を継続しないことができる（就業確保措置Q＆A㉛）。

（12）　創業支援等措置により就業している高年齢者の労働者性

　（11）②の⑧の実施計画を作成する際の留意点で触れたように、創業支援等措置は雇用によらない措置であるため、個々の高年齢者の働き方についても、労働者性が認められるような働き方とならないように留意する必要がある（就業確保指針第2の3(2)ロ⑧）。

　ボランティア活動については、一般的には「自発的な意志に基づき他人や社会に貢献する行為」とされており、社会貢献事業の一つとして想

定される有償ボランティアは、そのボランティア活動に対し、団体から
交通費などの実費や謝金の支払を受ける。

　ボランティア活動によって団体が高年齢者に支払う金銭については、
業務の内容や当該業務の遂行に必要な知識・経験・能力、業務量等を考
慮したものとすることが必要であり、高年齢者の就業の実態や生活の安
定等に留意する必要がある。具体的な金銭の額については、計画作成時
に過半数労働組合等の同意を得て定めることになる。

　労働者性については、個別の事案ごとに次ページの判断基準に基づき、
活動実態を総合的に勘案して判断することになる。その結果、団体と高
年齢者との間の使用従属性が認められるなど、労働者性がある働き方で
ある場合、創業支援等措置ではなく、雇用による措置として就業確保措
置を行う必要がある（就業確保措置Ｑ＆Ａ㉖）。

　社会貢献活動の設計に際しては、ボランティア活動が自発的な意志に
基づく活動であるという趣旨に鑑みて、たとえば契約で定められた範囲
のボランティア活動を具体的にいつ行うか等について、高年齢者に参加
の諾否の自由がある等、労働者性が認められない方法で規定する必要が
ある（同上）。

　労働基準法における「労働者」の定義は次のとおりである。

（定義）
第９条　この法律で「労働者」とは、職業の種類を問わず、事業又は事務
　所（以下「事業」という。）に使用される者で、賃金を支払われる者をいう。

　労働基準法における「労働者」であるか否か、すなわち労働基準法の「労
働者性」の有無は、労働基準法研究会報告（昭和60.12.19）の判断基準に
基づき、実態を踏まえて個別に判断される。雇用契約、委託契約、請負
契約といった契約形態にかかわらず、実質的な使用従属性を労務提供の
形態や報酬の労務対償性およびこれらに関連する諸要素をも勘案して総

合的に判断し、労働基準法の労働者としての実態があれば、労働基準法が適用される。

労働基準法研究会報告（労働基準法の「労働者」の判断基準について）（抜粋）（昭和60.12.19）

これ（筆者注：労働基準法第9条）によれば、「労働者」であるか否か、すなわち「労働者性」の有無は「使用される＝指揮監督下の労働」という労務提供の形態及び「賃金支払」という報酬の労務に対する対償性、すなわち報酬が提供された労務に対するものであるかどうかということによって判断されることとなる。この二つの基準を総称して、「使用従属性」と呼ぶ。

1　「使用従属性」に関する判断基準

（1）「指揮監督下の労働」に関する判断基準

　　イ　仕事の依頼、業務従事の指示等に対する諾否の自由の有無

　　ロ　業務遂行上の指揮監督の有無

　　ハ　拘束性の有無

　　ニ　代替性の有無―指揮監督関係の判断を補強する要素―

（2）報酬の労務対償性に関する判断基準

2　「労働者性」の判断を補強する要素

　　前述のとおり、「労働者性」が問題となる限界的事例については、「使用従属性」の判断が困難な場合があり、その場合には、以下の要素をも勘案して、総合判断する必要がある。

（1）事業者性の有無

　　イ　機械、器具の負担関係

　　ロ　報酬の額

（2）専属性の程度

（3）その他

他方、労働組合法では、次のように賃金収入によって生活する者とし

て労働者を定義している。

> （労働者）
> 第3条　この法律で「労働者」とは、職業の種類を問わず、賃金、給料その他これに準ずる収入によって生活する者をいう。

　労使関係研究会報告書（平成23.7.25）によると、労働組合法第3条の「労働者」の定義には、「使用され」という要件が含まれていないため、失業者であっても、「賃金、給料その他これに準ずる収入によって生活する者」である以上は、同法の「労働者」に該当し、同法の保護を受ける職業別労働組合や産業別労働組合等の構成員となることができる。

　報告は、労働組合法上の労働者性の基本的判断要素として、労務供給者が相手方の業務の遂行に不可欠ないし枢要な労働力として組織内に確保されており、労働力の利用をめぐり団体交渉によって問題を解決すべき関係があること（事業組織への組入れ）、相手方に対して労務供給者側に団体交渉法制による保護を保障すべき交渉力格差があること（契約内容の一方的・定型的決定）、賃金収入によって生活する者であること（報酬の労務対価性）の3点を挙げている。

　最高裁判所判決においても、必ずしも労働基準法上の労働者性を肯定すべき程度に至らないような広い意味での指揮監督の下における労務供給や、労務供給の日時・場所についての一定の拘束であっても、労働組合法上の労働者性を肯定的に評価する要素として勘案されている。ただし顕著な事業者性が認められる場合は、総合判断において、労働者性を消極的に解し得る判断要素として勘案される。

> 労使関係法研究会報告書（労働組合法上の労働者性の判断基準について）（抜粋）（平成23.7.25）
> **基本的判断要素**

①　事業組織への組み入れ

②　契約内容の一方的・定型的決定

③　報酬の労務対価性

補充的判断要素

④　業務の依頼に応ずべき関係

⑤　広い意味での指揮監督下の労務提供、一定の時間的場所的拘束

消極的判断要素

⑥　顕著な事業者性

（13）　高年齢者就業確保措置の賃金・人事処遇制度

　高年齢者就業確保措置を適切かつ有効に実施し、高年齢者の意欲および能力に応じた就業の確保を図るために、賃金・人事処遇制度の見直しが必要な場合には、次の①から⑦までの事項に留意する必要がある（就業確保指針第2の4）。

　以下、末尾に（同一の記載）とある事項は、第9条で説明した65歳までの雇用確保措置のための留意事項と同じ記載内容であり、下線部は70歳までの高年齢者就業確保措置のための留意事項として記載内容に違いがあることを示す（42ページ参照）。

①　年齢的要素を重視する賃金・処遇制度から、能力、職務等の要素を重視する制度に向けた見直しに努めること。この場合においては、当該制度が、制度を利用する高年齢者の就業および生活の安定にも配慮した計画的かつ段階的なものとなるよう努めること（同一の記載）。

②　高年齢者就業確保措置において支払われる金銭については、制度を利用する高年齢者の就業の実態、生活の安定等を考慮し、業務内容に応じた適切なものとなるよう努めること。

③　短時間や隔日での就業制度など、高年齢者の希望に応じた就業形態が可能となる制度の導入に努めること。

④　65歳以上継続雇用制度または創業支援等措置を導入する場合において、契約期間を定めるときには、高年齢者就業確保措置が70歳までの就業の確保を事業主の努力義務とする制度であることに鑑み、70歳前に契約期間が終了する契約とする場合には、70歳までは契約更新ができる措置を講ずるよう努めることとし、その旨を周知するよう努めること。また、むやみに短い契約期間とすることがないように努めること。

⑤　職業能力を評価する仕組みの整備とその有効な活用を通じ、高年齢者の意欲および能力に応じた適正な配置および処遇の実現に努めること(同一の記載)。

⑥　勤務形態や退職時期の選択を含めた人事処遇について、個々の高年齢者の意欲および能力に応じた多様な選択が可能な制度となるよう努めること。この場合においては、高年齢者の雇用の安定および円滑なキャリア形成を図るとともに、企業における人事管理の効率性を確保する観点も踏まえつつ、就業生活の早い段階からの選択が可能となるよう勤務形態等の選択に関する制度の整備を行うこと(同一の記載)。

⑦　事業主が導入した高年齢者就業確保措置(定年の引上げ及び定年の定めの廃止を除く。)の利用を希望する者の割合が低い場合には、労働者のニーズや意識を分析し、制度の見直しを検討すること。

（14）　就業確保措置の努力義務に向けた行政指導

（高年齢者就業確保措置に関する計画）

第10条の3　厚生労働大臣は、高年齢者等職業安定対策基本方針に照らして、高年齢者の65歳から70歳までの安定した雇用の確保その他就業機会の確保のため必要があると認めるときは、事業主に対し、高年齢者就業確保措置の実施について必要な指導及び助言をすること

ができる。

2　厚生労働大臣は、前項の規定による指導又は助言をした場合において、高年齢者就業確保措置の実施に関する状況が改善していないと認めるときは、当該事業主に対し、厚生労働省令で定めるところにより、高年齢者就業確保措置の実施に関する計画の作成を勧告することができる。

3　事業主は、前項の計画を作成したときは、厚生労働省令で定めるところにより、これを厚生労働大臣に提出するものとする。これを変更したときも、同様とする。

4　厚生労働大臣は、第2項の計画が著しく不適当であると認めるときは、当該計画を作成した事業主に対し、その変更を勧告することができる。

すでにみたように法第10条は、65歳までの雇用確保措置を義務づけた第9条第1項の規定に違反している事業主に対する厚生労働大臣による行政指導を規定している(48ページ参照)。

これに対し、本第10条の3に定める70歳までの就業確保措置は努力義務にとどまることから、厚生労働大臣による強行的な行政指導等は当面行われない。

ただし、まずは制度の趣旨や内容の周知徹底を主眼とする啓発および指導を行い、70歳までの就業確保措置の実施に向けた自主的かつ計画的な取組が促進されるよう定めた「指針」(就業確保指針)についても周知徹底を図ることとしている。

そのため、企業の労使間で合意され、実施または計画されている高年齢者就業確保措置に関する好事例その他の情報の収集およびその効果的な提供に努めるとしている。

また、雇用時における業務と内容および働き方が同様の業務を創業支援等措置と称して行わせるなど、2020年(令和2年)法改正の趣旨に反

する措置を講ずる事業主に対しては、措置の改善等のための指導等が行われる。

　労働局およびハローワークにおける積極的な周知とあわせて、企業が賃金・人事処遇制度の見直し等を行う場合において65歳超雇用推進プランナー等が専門的・技術的支援を有効に行えるよう、ハローワークは、適切な役割分担の下、都道府県支部と密接な連携を図ることとしており、こうした方針に基づき、就業確保措置に係る助言等が行われる（令和3.3.26職発0326第10号Ⅱ第3の1）。

　高年齢者就業確保措置のいずれかを講ずるにあたって、高年齢者の職業能力の開発および向上、作業施設の改善、職務の再設計や賃金・人事処遇制度の見直し等を図るため、独立行政法人高齢・障害・求職者雇用支援機構に配置されている高年齢者雇用アドバイザーや雇用保険制度に基づく助成制度、公益財団法人産業雇用安定センターにおける他の事業主とのマッチング支援等の有効な活用を図ることとしている（就業確保指針第2の5）。

第1節　企業経営と賃金の役割

1　賃金の本質と賃金決定の基本要素

　労働基準法は、賃金について次のように定義している。

　「この法律で賃金とは、賃金、給料、手当、賞与その他名称の如何を問わず、労働の対償として使用者が労働者に支払うすべてのものをいう。」(第11条)

　広い意味での賃金には、3つの支払い形態がある。

- ・給　与　→(中期)仕事の実力に応じた月額報酬を通常は1年ごとに決定し毎月支払う。
- ・賞　与　→(短期)会社業績と個人成績に応じた変動報酬を半年ごと、あるいは決算期ごとに決定し支払う。
- ・退職金　→(長期)入社から退職時までの貢献度に応じて積立てを行い、退職時に最終報酬を確定し支払う。

　本節では、月例給与の中心である「基本給」について、日本企業の賃金がたどってきた沿革を整理しながら、高年齢者の待遇を含めたこれからの賃金制度の方向性を探っていく。

　少し原理的な話になるが、使用者が賃金を出して人を雇うのは、使用者の手元に次のような「価値」が見込まれる「仕事」があるからである。

- （1）　「何をしてほしいのか」を説明し、任せることのできる「目的」の明確な仕事がある。
- （2）　その仕事をやってもらえば、使用者の利益となる「成果」が得られる。

（3）　その成果がもたらす「価値」は、使用者が支払う賃金の額よりも大きい。

（4）　使用者は賃金の世間相場や働きに応じた賃金の支給基準を提示し、その賃金で働く労働者を見つけることができる。

（5）　その賃金を払って仕事をさせるほうが、費用対効果が大きい（外部に費用を払って委託したり、自分で処理するよりも、また代わりの製品・サービスを購入するよりも大きな成果が得られる。）。

　人を雇うという行為は、このように明確な「付加価値」が見込まれる仕事があるときに、労働者と合意した賃金を払って人の「仕事をする能力」を一定の時間量あるいは作業量で買い取り、仕事をやらせて使用者の期待する「仕事の成果」を実現しようとすることにほかならない。この場合、使用者はその仕事の賃金の世間相場を調べ、費用対効果もよく考えた上で賃金の金額を決める。

　まとめると、賃金の社会経済的な働きは、使用者が人の労働力の使用権を時間で買い取り、一定の時間あるいは仕事量に達するまで、使用者の指揮命令のもと人に仕事をさせ、使用者にその成果をもたらすところに本質がある。

　ここから、賃金の直接的な決定要素は次の５つに集約される。

①　人材……能力・意欲…………………どんな人が働くのか

②　仕事……手順・ロジック・道具……どんな仕事をするのか

③　成果……貢献度…………………………どれだけの成果をもたらすのか

④　時間……作業量…………………………どれだけの時間にどのように支払うのか

⑤　費用……世間相場・需給関係………上記①②③④の結果いくらで人を雇えるか

⑥　効果……費用対効果…………………費用対効果はどれくらいか

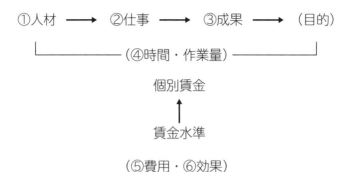

図表2-1　賃金の決定要素

高年齢者の賃金待遇のあり方という本書のテーマでいうと、上記①～⑤は次のような問題を考えることとなる。

①　高年齢者は、若年・中堅・壮年期の人材とどう違うのか

②　高年齢者に与える仕事はどのような違いがあるのか

③　仕事の成果に違いはあるのか

④　時間・作業量に違いはあるのか

⑤　賃金の世間相場や労働の需給関係に違いはあるのか

⑥　高年齢者を雇う費用対効果は、それ以外とどう違うのか

以降は、これらの点を順次に取り上げていこう。

　ところで、上記のうち、①②③は企業内で賃金の相対的な位置づけを決める内部基準、④は支払形態、⑤⑥は実際に賃金の「値札」を決める限界となる外部基準に分けることができる。

　このうち、内部基準の要素①②③は、どの国であっても、またどんな企業であっても、使用者が従業員個々の賃金の「配分」を決めるときに重視する点である。どの要素をどれだけ重視するかは、その国の経済事情や法制、社会慣行によって違いがあり、また個々の企業の経営者の考え方によっても違いがあろう。

　ただし、①②③の内部基準に大きな違いがなかったとしても、先進国

Ａと発展途上国Ｂとでは賃金水準に大きな違いがあり、また大手の製造業Ｘと小企業の小売業Ｙとでは大きな賃金格差がある。

④の支払形態は国や企業による違いはなく、賃金格差は⑤⑥の外部基準の違いによることが大きい。では企業や国の間に賃金格差をもたらす⑤⑥の原因は何であろうか。賃金の高さ＝水準は社会的にどのように決まるのだろうか。

（1）　生計費

賃金収入に依存して生活する雇用労働者にとって、その生活コストは賃金水準決定の最低ベースとなる。いくら高邁な企業理念を掲げている会社でも、結婚や子育てもできないような低賃金では、よい人材は採用できないし定着もしない。またインフレが続く社会では、労働者の賃金水準を上げていかないと、人々は生活に困窮し強い不満を抱くようになる。したがって、その国・地域の物価水準のもとで、一人前に暮らしていけるだけの生活コストをカバーすることが、賃金水準を決める最低基準となる。

高年齢者については、後述するように子育てを終え子供が独立する65歳あたりまでの家族円熟期、さらには年金生活に入る65 ～ 75歳の前期高齢者のライフサイクルにおける家計の実態と、公的給付を含めた収入への配慮が必要になる。

（2）　労働の需給関係

市場経済の下では、賃金水準は人材・労働力という商品の「機能・品質」に対する市場価格と企業内の需給関係によって決まる。見込める成果が少ない職種、採用が容易な職種、代替が効きやすい人材の賃金は低く、見込める成果が大きい職種、採用が難しい職種、希少性のある人材の賃金は高くなるのが通例である。

人材・労働力の市場価格は、企業が必要とする仕事や成果のニーズに対し、求める人材をスムーズに調達できるのかという社会的な需給関係

（外部労働市場）によって決まる。たとえば、多くの企業が大学新卒を求めるようになれば新卒初任給は上昇し、IT技術者やバイオ技術者を求めるようになればその賃金水準が上昇する。

　次に、企業の中でも、個々の人材のスキル・熟練や、求める職種、より直接的な成果への貢献に対するニーズに対し、そのニーズを満たす人材を調達できるのか、その獲得にどれだけ費用がかかるのかという需給関係（内部労働市場）によって賃金水準が決まっていく。たとえば新卒の未熟練労働者が同じ初任給で入社しても、早く仕事を覚え、貢献度の大きい人材は、それだけ評価も高く、他の新卒よりも早く昇給する可能性が大である。また仕事がやさしく人の代替がきく職種よりも、仕事が難しく育成に時間やコストがかかる専門的な職種のほうが、社内の相対的な賃金の位置づけは高くなる。

　高年齢者については、従来、65歳までの雇用確保措置の法的義務に対応し、定年後の高年齢者の生活を支えるために恩恵的・福祉的に再雇用する企業が多数を占めてきた。

　再雇用時賃金は正社員の定年時賃金から一律に何割か下げたり、職種や仕事の専門性にかかわらず一律金額とする手法が主流を占め、働く側も、自力で定年後の再就職先を探すことは難しいため、会社の提示する条件をそのまま受け入れる状況が続いてきた。

　ただし近年、少子化に起因する生産年齢人口の減少が加速する中で、若年・中堅・壮年の人手不足を背景に、高年齢者に対する雇用ニーズが徐々に高まり外部労働市場に目を向ける企業も増えている。また最低賃金の引上げがパート時給を下から突き上げており、地域によっては、近隣企業との採用競争のために高年齢者のパート時給が高止まりし、そのバランスを考慮して再雇用賃金を見直す企業も少なくない。

（3）　労働生産性と賃金
　賃金水準は、賃金の源泉である会社の収益力に大きく左右される。

顧客の評価が十分高い、競争力のあるビジネスを展開する会社は、他社よりも大きな売上・付加価値を実現でき、相対的に高賃金を支給できる。しかし誰でも参入できる陳腐化したビジネスは、売上競争が激しくなりがちで、薄利のため低賃金になりやすい。

　図表2-2は、財務省の「法人企業統計」から、毎年の従業員1人あたりの付加価値額（労働生産性）の内訳の推移を積上げグラフにしたものである（数字は西暦年）。

　詳しい数字は省くが、日本経済が安定成長期にあった1980年代からバブル景気時の1990年（平成2年）までは、日本企業の労働生産性は順調に伸び続けた。1991年（平成3年）のバブル崩壊後はほぼ横ばいとなり、2008年（平成20年）のリーマンショックによる落ち込みを経て、2019年（令和元年）の従業員1人あたりの付加価値額は約700万円あまりとなっている。

　積上げグラフの一番下の1人あたり従業員給与・福利厚生費は1997年（平成9年）前後をピークに減少→横ばい→微増と推移し、2019年（令

図表2-2　**従業員1人あたり付加価値額（労働生産性）の推移**

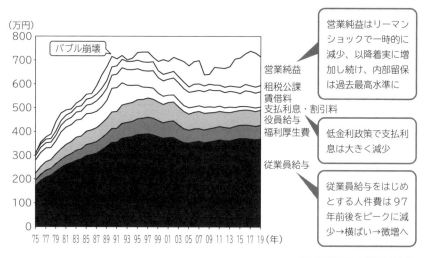

出典：財務省「法人企業統計年報」

和元年)は420万円あまりとなっている。

　1人あたり人件費を同付加価値額で割り算した労働分配率は約60％ということになる。

　リーマンショック後、営業純益は急速に増えているのに比べて、人件費が微増にとどまっているのは、賃金の低い女性のパートタイマーや高年齢者の就業人口が増えたことも一因であるが、この間、人件費を低く抑えて利益を蓄積する企業行動が強まったことは否めない。

　図表2-3は、**図表2-2**の従業員1人あたりの付加価値額（労働生産性）を横軸にとり、従業員1人あたりの年間人件費（給与・福利厚生費合計）を縦軸にとり、毎年の推移をXYグラフにしたものである。

　日本経済が安定成長期にあった1980年（昭和55年）代からバブル経済期の1990年（平成2年）まで、毎年順調に労働生産性も人件費も一直線で伸び続けたが、1991年（平成3年）のバブル崩壊以降、労働生産性は一進一退を続けている。それでも1997年（平成9年）までは、それまでの年功賃金制度の仕組みが働きつづけ、人件費だけが惰性的に増え続

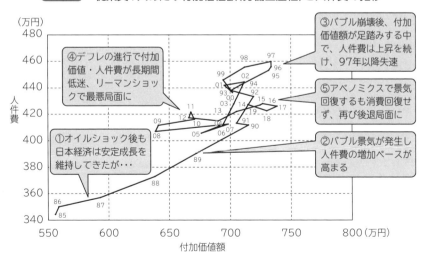

図表2-3　**従業員1人あたり付加価値額（労働生産性）と人件費の推移**

出典：財務省「法人企業統計年報」

けるといういびつな状態が続いた。

　前年の山一証券、拓銀の破綻に続き、長銀が破綻した1998年（平成10年）以降は、逆に1人あたり人件費は目に見えて減り続け、リーマンショックから抜け出し、アベノミクスが始まった2013年（平成25年）あたりを境に、ようやく微増の動きに転じてコロナ禍中の現在に至っている。

　ここではマクロ経済的に日本企業の労働生産性と人件費の推移をトレースしたが、個々の企業においても、市場競争のもとで実現される付加価値が賃金の支払原資となる道筋を理解できると思う。

　このように、会社の競争力に裏づけられた付加価値の大きさが賃金水準に大きく影響する。つまり付加価値総額を従業員数で割算した労働生産性に裏づけられた収益力の差が、会社の賃金の「支払能力」を左右するのである。この点でいうと、豊富な経験・スキルの割に低賃金で雇用できる高年齢者の存在は、活用次第では、労働生産性を高める分母となる貴重な労働力として位置づけられる。

2　「消費的労働」と「生産的労働」

　繰り返すと、使用者の意図する「仕事の成果」を得るために、お金の力で一定の時間、人を動機づけ、仕事にその人の労働力を結びつけること、**図表2-1**の①②③を結びつけることが賃金の最も重要な直接的な働きである。

　ところで、企業が労働者を雇うのは、一般家庭で家政婦を雇ったり、政治家が秘書を雇ったりする場合の「消費的労働」とは根本的に違う。

　企業の場合は、労働の成果が企業内で消費されないで後工程にリレーされ、最終的には会社の商品・サービスとなって顧客に効用と満足を提供し、会社はその代価として売上を達成する。そこから人件費や利益の源泉となる付加価値を実現する。

　ここでは労働の成果が会社の利益・資産を増やす目的に使われる。こ

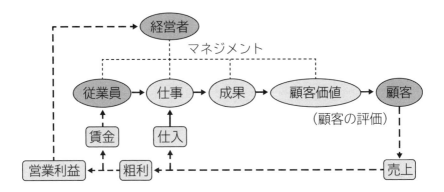

図表2-4　会社の事業の仕組み

——▶ は物・サービスの流れ、－－▶ はお金の流れ
······ はマネジメントの流れ

れを「生産的労働」という

　付加価値とは、簡単にいうと会社の「売上」から、原材料の仕入れや外注にかかった費用（直接原価）を引いた残り、「売上総利益」あるいは「粗利」のことである（**図表2-4**）。

　この中から、会社が支払う賃金・賞与・退職金費用・福利厚生費などの人件費、役員報酬、設備に対する償却費などの内部経費や、借入金利息・賃借料などの外部経費がまかなわれ、最後に税引前利益が残る。そこから税金や株主配当を引いた残りが、最終的な「純利益」として会社に蓄積されていく。

　会社で雇い入れる従業員の賃金は、最初は投資された資本を元手に支払われるが、売上の拡大により人件費をまかなえる付加価値を手にした後は、その一部を「分配」することで次の賃金が支払えるようになる。

　さらにビジネスが収益化すると、投下資本を100％回収した後もなお余剰利益が出るようになり、会社はこれを原資に新たな設備投資を行い、雇用を拡大し、より大きな利益を生み出す機会を得るようになる。

```
賃金 → 労働 → 付加価値 ┐  → 賃金 → 労働 → 付加価値 ┐  → 賃金‥
                    └→（利益）              └→（利益）
```

　会社は、事業主の経営努力のもと、従業員の労働の成果を自社の商品・サービスに統合し、市場・顧客の支持を得て会社の売上そして付加価値を実現する。その付加価値を成長の原資としながら事業を強化し、継続的に利益を実現して会社の資産、富を増やしていく。

　ここに事業の成長と企業経営の核心があるといっても過言ではない。

　会社は、市場の顧客の需要を満たす商品・サービスを提供する事業により、継続的に付加価値を創造し、投資家のリターン、資本の蓄積、経営者の報酬、従業員の賃金、そして政府・自治体の税収などにそのパイを分配するために作られた生産的な組織である。

　会社のいろいろな仕事は、この付加価値生産という共通の経営目的をそれぞれの事業の中で効率的に達成するために編成、組織化された「仕事の構造体」であり、会社全体が一つの「付加価値生産システム」を作り上げている。

　会社経営は、付加価値の生産性をめぐる持久競争、永久マラソンのようなものである。そこでは、マンパワーに対する投資効果が、事業の拡大縮小や、会社の成長衰退を決める最大の要因であるといっても過言ではない。

　このように付加価値と賃金の関係をとらえると、賃金は単なる「コスト」ではなく、従業員自らが作り出す付加価値に対する当然の報酬であり、また次の生産的労働へと従業員にエネルギーを補給し、新たな付加価値を実現するための投資なのである。

　「企業は人なり」というが、マンパワーに対する投資活動をおろそかにして、会社が長く繁栄したためしはない。企業は従業員のやる気につながる上手な賃金の支給方法を工夫し、競争力のある事業の強みを伸ばし、合目的的な付加価値活動を意識的に展開できなければ、成長を続けるこ

とはできない。

　以上のようにみると、賃金決定の基本要素は次のような内部基準と外部基準に整理される。

① 　人材……生計費、能力・知識・スキル
　　　　　　　　（内部労働市場）
② 　仕事……難易度・責任
③ 　成果……貢献度
④ 　時間……支払形態
⑤ 　費用……世間相場、人材市場価値（外部労働市場）
⑥ 　効果……付加価値生産性

内部基準

外部基準

　①②③は、企業内部で一人一人の個別賃金のバランスを決めるルール・仕組みであり、④支払形態を含めて賃金制度と呼んでいる。

　⑤⑥は、外部環境とのかかわりの下に費用の限界や経済性の判断に基づいて賃金水準を決定する経営の領域であり、この両面のバランスに基づいて個別の賃金が決まっていく。

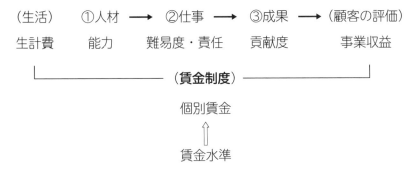

図表2-5　賃金決定の仕組み

（生活）　　①人材　⟶　②仕事　⟶　③成果　⟶　（顧客の評価）
生計費　　　能力　　難易度・責任　　貢献度　　　事業収益
└──────────（賃金制度）──────────┘
個別賃金
⇧
賃金水準

（⑤世間相場・人材市場価値、⑥付加価値生産性）

3　日本の賃金制度の変遷

　時代や社会風土の違い、経営の発展段階とともに、企業が賃金制度の中で重視する①②③の比重は少しずつ変化してきた。

　また、費用の限界や経済性を示す⑤⑥も、経営環境や労働市場の影響を大きく受けてきた。

　賃金制度については、①人材、②仕事、③成果のうち、どの要素を重視するかによって、賃金の決め方にはおよそ3通りの考え方（やり方）がある。

```
賃金の決め方
・人材…　 に注目し…　 生活・能力　 …で賃金を決める　 →　 属人給
・仕事…　 〃　 …　 職務・役割　 〃　 →　 仕事給
・成果…　 〃　 …　 貢献度・業績…　 〃　 →　 成果給
```

　図表2-6は、戦後日本の賃金制度がこれまでどの要素を重視し、何を決定基準としてきたかを時代相の推移とともに図式的に整理したものである。

　日本の賃金制度は、戦後の混乱期・経済復興期の①生活給からスタートして、高度成長期の②能力給（年功賃金）、安定成長期の③職能給へとつながる「属人給」が主流となってきた。

　生活給とは、人が最低限の衣食住の要求を満たし、人並みに生活していくために必要な賃金という意味である。安定収入を確保し、経済的に自立することは、社会人として一番基本的な欲求であり、個人の尊厳と自由を守るためにも欠かせない最低基準である。

　日本では、戦中の経済統制から戦後の混乱期そして経済復興期にかけて、長期・安定的に従業員を定着させる長期雇用慣行が企業内労使関係のもとで最重要視され、毎月の賃金は、従業員とその家族が安定した社会生活を営めるだけの金額を確保すべきと考える「生活給理論」が社会的なコンセンサスとなった。

　生活給が戦後の賃金制度に取り入れられた原型は、終戦直後の1946

図表2-6　賃金の決定要素別にみた賃金制度の変遷と時代背景

時代相		経済復興期	高度成長期	安定成長期～バブル景気	バブル崩壊～低成長期	
年代		1945～54年	1955～73年	1974～1990年	1991～2010年	2011～2021年
人事制度　賃金決定基準　主なトレンド		生活防衛	年功主義	能力主義	成果主義	仕事基準
属人給	労働者の生計費	①生活給 （電算型賃金）	②年功賃金 （身分資格制度）	③A　職能給 （職能資格制度、コース別人事制度）	③B　職能給 （コンピテンシー評価）	⑥B　役割給 （役職等級・役職給）
属人給	仕事をする能力保有能力					
属人給	発揮能力					
（混合型）	役職・成績	④-1　公務員給与 （職階制・級別号俸表）	④-2　混合職務給 （等級別号俸表）		④E　年俸制 ⑥A　役割給 （洗い替え方式）	
（混合型）	役割・貢献度					
仕事給	仕事の難易度	④A　職務給 （GHQ）	④B　職務給 （化学・鉄鋼給）		④C　成果給 （目標管理）	④D　ジョブ型賃金 （市場価値）
仕事給	責任					
成果給	仕事の出来高	⑤A　歩合給 （業務請負・家内労働）	⑤B　営業インセンティブ			
経済成長率	平均GDP	統計なし	9.1%	4.2%	0.9%	0.3%
賃上率	民間主要企業	統計なし	11.6%	7.9%	1.82%	2.07%
物価上昇率	CPI	20%以上	4.56%	5.21%	0.2%	0.7%
団塊の世代	例:1948年（昭和23年）生まれ	3～6歳	7～25歳	26～42歳	43～52歳	53～73歳
主な法律		労働組合法1945年（昭和20年）12月 労働関係調整法1946年（昭和21年）9月 労働基準法1947年（昭和22年）4月	最低賃金法1959年（昭和34年）4月	雇用保険法1974年（昭和49年）12月 賃金支払確保法1976年（昭和51年）5月 男女雇用機会均等法1985年（昭和60年）6月 高年齢者雇用安定法1986年（昭和61年）4月	パートタイム労働法1993年（平成5年）6月 育児・介護休業法1991年（平成3年）5月 労働者派遣法改正1999年（平成11年）5月 労働契約法2007年（平成19年）12月	パートタイム・有期雇用労働法2018年（平成30年）7月
トピック		電産型賃金体系1946年（昭和21年） 日経連「定期昇給制度」1953年（昭和28年）	春闘賃上方式1955年（昭和30年） 日経連「能力主義管理」1968年（昭和43年） 日本GDP世界2位1968年（昭和43年） 第1次オイルショック1973年（昭和48年）	株価38,915円1989年（平成元年）12月29日	バブル崩壊1991年（平成3年） 日本経団連 新時代の日本的経営1995年（平成7年） 山一・拓銀・長銀破綻1997年（平成9年）－98年（平成10年） リーマンショック2008年（平成20年） 中国GDP世界第2位2010年（平成22年）	東日本大震災2011年（平成23年）3月 アベノミクス2013年（平成25年） コロナ禍2020年（令和2年）

年（昭和21年）10月に電力業界労使によって合意された「電産型賃金体系」である。

これは**図表2-7**のように「生活保障給」プラス「能力給」で基本給を構成する。

生活給については、一般的な核家族の世帯主をモデルとする「標準労働者」のライフサイクルを描き、1か月間に最低どれくらい生活費がかかるかを積算し、これに税金や社会保険料などを上乗せして必要な名目賃金額を決める手法が研究された。

電産型賃金体系とその生計費賃金思想は、戦後かなり長い期間にわたって労使に強い影響を及ぼし、とくに労働組合サイドでは、いまなお賃金の重要な指導原理となっている。

能力給は、従業員個々の技能・専門知識などの「仕事をする能力」に応じて賃金を配分すべきであるという考え方である。戦後の混乱期は、ともかく食べていくためには仕事を選ぶ余裕などない、ひどい状態だった。

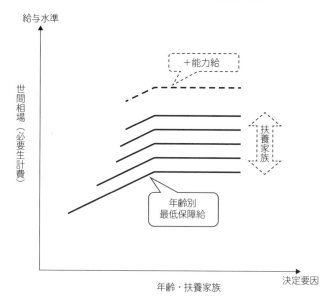

図表2-7　生活給の論理（電産型賃金体系）

1950年(昭和25年)の朝鮮戦争を境目に経済の高度成長が始まると、今度は一転して事業が急拡大し、次々と生まれる新たな仕事をどん欲にこなすことが、企業生き残りのための至上命令となった。実際、この両極端の時代をたくましく生き抜き、出世したのは、仕事の種類を問わず研究熱心に仕事を覚え、一生懸命まじめに仕事に取り組んで成功した人たちである。この強烈な生活体験が「仕事をする能力」で給料が決まるという、もう一つの属人給に対する社会的信念となった。

　経済秩序が安定したあとも、能力給に対する信念は揺らぐことはなく、むしろできるだけ多くの職務を遂行できる人材を養成する、賃金インセンティブへと強化されていった。能力給の考え方は「頑張れば報われる」という精神論と一体となって、戦争を知らない若者たちを企業に引き付け、出世競争に駆り立てる中心的なイデオロギーとなった。

　高度成長期には、団塊の世代をはじめとする「金の卵」と呼ばれる、地方で民主的な中等教育を受けた安価でまじめな未熟練労働力を大量採用し、教育訓練を施して企業戦士に仕立て上げる日本的な労務管理が急速に産業界に拡がった。その背景には、若者たちを惹きつけ奮い立たせる、能力給に対するあこがれが働いていたことは疑いない。

　ところで、従業員の技能・専門知識は、その人の学歴や仕事の経験を通した個人の成長によって決まるから、能力給は学歴ごとに初任給を決め、入社後の職歴(年齢や経験年数)によって年功的に昇給していくという考え方になる。

　ただし、能力そのものには形がないため、属人的な位階で年功や能力の高さを示す「資格制度」というものが実務的な工夫として考案された。

　高度成長期の当初は、学歴・性別・勤続などの形式的な属性基準で昇格する「身分資格制度」が一般的だったが、個人の成長の違いを反映できない一律年功賃金の弊害に対する批判が高まり、日経連は1968年(昭和43年)に「能力主義管理」を提唱、これ以降、人の仕事をする能力(職務遂行能力)を評価する職能資格制度への転換が進んだ。

特に1973年（昭和48年）の第一次オイルショックを境に経済の高度成長が終わり、経済成長率の鈍化が明らかになると、「職能給」に基づく能力主義人事制度が一大ブームとなり、その後の安定成長期を支える人事制度の中心的なトレンドとなっていく。

　図表2-8は職能資格制度の賃金テキストで奨励されている賃金体系のイメージ図である。一見してわかるように、これはかつての「電産型賃金体系」（**図表2-7**）の流れをくむ生活給と能力給の並存型賃金体系の作り方である。標準的な賃金テキストでは年齢給と勤続給、家族手当はいわゆる生活給に対応し、職能給は職務遂行能力に、役付手当・管理職手当は責任の重さや交際費に対応するものということになっている。

　ここで想定されているのは、男性の「標準労働者」が高卒で入社し、結婚し家族を形成しながら30歳、35歳、40歳と定年まで標準的に昇給・昇格していく「モデル賃金」である。

　現在では生涯独身で過ごす単身者が既婚者よりも多くなり、転職も当

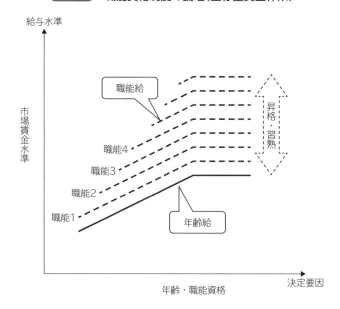

図表2-8 職能資格制度の論理（並存型賃金体系）

たり前の時代になっているが、職能給体系が考案された時代はそうではなかった。

モデル賃金の設定手順は、以下のとおりである。

（1） 標準ライフサイクル…新卒で採用された社員は定年までその会社で働き続け、30歳前に結婚して子供を2人または3人もうけ、持家を取得し、55歳定年（当時）後は退職金・年金で老後を過ごすという標準ライフサイクルを描く。

（2） 必要生計費の推計…そのライフステージごとに、勤労者世帯の家計調査（総務省統計局）や、人事院あるいは都道府県人事委員会が算出している「標準生計費」を参考に、標準労働者の世帯主に必要な30歳、35歳、40歳等の必要生計費を設定する。

注 「標準生計費」は家計調査をもとに標準親子4人または5人世帯の必要生計費を試算したもの。消費支出部分だけの金額であり、税・社会保険料や預貯金等は含まれない。少なくとも税・社会保険料の個人負担分を加える必要があるため、「負担費修正」を行い金額を増やす（**図表2-9**参照）。

（3） 標準労働者・目標賃金の設定…必要生計費に対応する賃金月額を推定し、30歳、35歳、40歳等の目標賃金を設定する。通常は賃金月額のほかに賞与分が別途3か月程度支給されることを織り込んで、目標賃金を月額で設定する。たとえば必要生計費が30万円なら、30万円÷（12か月＋3か月）×12か月＝24万円が目標賃金となる。

（4） 最後に高卒18歳からスタートする年齢給と、標準的な昇格モデルに基づく30歳、35歳、40歳等の職能給を合計し、これに役付手当や家族手当等の諸手当をプラスした金額が、上記の目標賃金をカバーするように年齢給・職能給の金額を設計する。

このように、当初の職能給体系は、子供を持つ標準核家族のサラリーマン・勤労者世帯の家計をカバーする生活給理論を組み込む形でスター

図表2-9 世帯人数別標準生計費

2017～2021年度の5か年平均の金額である。

負担修正率　1.333

全国	1人世帯	2人世帯	3人世帯	4人世帯	5人世帯
食料品	26,256	42,730	52,132	61,538	70,946
住居関係費	47,354	51,264	46,540	41,816	37,092
被服・履物費	2,788	6,382	7,596	8,808	10,018
雑費Ⅰ	30,742	38,786	56,674	74,562	92,456
雑費Ⅱ	8,662	23,300	25,978	28,660	31,338
合計	115,802	162,462	188,920	215,384	241,850
負担費修正	154,326	216,713	251,876	287,047	322,220

負担修正率　1.365

東京都	1人世帯	2人世帯	3人世帯	4人世帯	5人世帯
食料品	30,546	49,736	60,630	71,530	82,424
住居関係費	56,544	61,280	55,592	49,906	44,218
被服・履物費	3,508	8,094	9,620	11,144	12,670
雑費Ⅰ	40,584	50,614	74,594	98,576	122,562
雑費Ⅱ	8,730	23,608	25,980	28,354	30,724
合計	139,912	193,332	226,416	259,510	292,598
負担費修正	190,644	264,066	308,800	353,548	398,289

注　人事院、東京都人事委員会の「職員の給与に関する報告及び勧告」をもとに、産労総合研究所「賃金事情」編集部が作成したものを、許可を得て転載させて頂いた。
雑費Ⅰは保健医療、交通・通信、教育、教養娯楽、雑費Ⅱはその他の消費支出
負担費修正は、標準生計費（消費支出分のみ）に税、社会保険料などの非消費支出分を加味するための係数である。

出典:産労総合研究所「賃金事情」(2021.12.5)

トし、それが労使間の春闘交渉を通じて日本の賃金水準を決めるコンセンサスともなって、安定成長期における日本社会の分厚い「中間層」の形成につながったといえよう。

この賃金体系の特徴は、生活給としての安定昇給部分（年齢給）を一方で確保しながら、残りを職務遂行能力の資格段階に対応した昇格昇給や習熟昇給に置き換え（職能給）、「職能要件」という従業員に説明可能な社内評価尺度を使って、これまでの年功賃金を合理的な仕組みに切り替えようとしたことにある。

1985年（昭和60年）に制定された男女雇用機会均等法が、配置・昇進・退職などに関する女性差別の禁止（第6条）をうたっていたことも、従来の男女差別的な「身分資格制度」から脱却し、実務能力に基づく資格制度への転換を後押しした。

具体的には、従業員を9～12等級程度の資格階層に序列化し、従業員はこの能力段階を順に昇格しながら昇給する。

たとえば「営業職の5等級はこの程度の業務知識を持ち、この程度の指示の下でこれくらいの仕事ができる」というように「職務遂行能力」の内容を職種別、等級別に細かく定義しておく（職能要件書）。

これをみて、どのランクの仕事がどの程度できる人材かを判定し、毎年習熟度合を評価して昇給が決まる（習熟昇給）。これに年齢給や勤続給の生活昇給部分をプラスしたものが、毎年の「定期昇給」である。

さらに、そのランクの仕事がマスターできたと評価されれば、資格等級が1ランク上がり、その時も賃金が上がる（昇格昇給）。本来の昇格昇給は毎年の定期昇給とは区別して、随時行われるべきものとされた。

現在の日本企業の能力主義的人事制度は、ほぼこの安定成長期に原型ができ上がったものということができる。

これ以外にも、国家公務員にはアメリカの職務給の影響を受けた「職階制」に基づく級別の俸給表を用いた公務員給与体系が導入され（**図表2-6**の④－1）、中小企業の間では④職務給の段階号俸表に能力評価の定

期昇給制度を組み合わせた混合型の賃金制度が広がったりしたが（**図表2-6の④−2**）、大企業を巻き込んだ賃金制度の主流となるには至らなかった。

　以上の説明でわかるように、当初の職能給体系はまだ年功的な賃金待遇色が強く、特にバブル景気の渦中では、異常ともいえる青天井の昇給やお手盛り的な昇格が乱発された。

　ところが1991年（平成3年）のバブル崩壊後、日本経済が長期低迷期に入ると、欧米企業の職務給・成果給の手法を学んだ一部の大企業から始まって、「成果主義」的な人事制度が一大ブームとなる。特に1997年〜1998年（平成9年〜10年）にかけて山一證券や長銀が破綻して以降、年功賃金への強烈な反動が起きた。

　いわゆる目標管理（MBO）に基づく成果評価や、「コンピテンシー」と呼ばれる高業績者（ハイ・パフォーマー）の思考・行動特性をベンチマークする行動評価の手法などが盛んに取り入れられたのはこの時期である。

　それまで青天井で年功昇給を積み上げてきた高コストな人事・賃金待遇にも様々な手法で修正のメスが入った。

　特に管理職については職能給を廃止し、次のような賃金制度の大胆な変更が行われ、これ以降、成果を上げられない管理職は降格・降給が当たり前という実力主義的な賃金待遇が定着した。

・成果評価によって賃金待遇が大きく上下する「管理職年俸制」を導入する（**図表2-6の④E**）。
・ポスト・役割の大きさと貢献度の評価によって毎年の賃金を改定する洗い替え方式の「役割給」（**図表2-6の⑥A**）に切り替える。
・欧米流の職務給（成果給ともいう）を導入する（**図表2-6の④C**）。

　一般従業員にも、職能給に等級別の上限額を設けたり、賃金の高いベテラン層の昇給にキャップをはめたり、低評価の社員にはマイナス昇給を実施したり、厳格な賃金の上限規制を取り入れたところが多かった。

　毎年の昇給原資も厳しく抑制され、春闘賃上げ率は年々低下し、特に

2002年（平成14年）～13年（平成25年）にかけては民間主要企業の賃上げ率はベア・ゼロ、定期昇給のみという2％未満の低賃上げが続いた。

人件費の抑制策は雇用にも及び、正社員からパートタイマーや契約社員、派遣社員等の非正規社員への置き換えが急速に進んだ。パート労働者の増加を背景に、1993年（平成5年）にはパートタイム労働法が制定され、現在の同一労働同一賃金の法制化の源流となる。

4　仕事基準の賃金制度へ

これまで説明してきた日本の年功給や能力給は、いわば人に仕事をつけ、人の年功に値段をつける仕組みである（**図表2-10**の左側）。

人の年功に賃金の値段をつけるという発想の前提には、対象者を正社員に限定し、長期雇用や熟練を期待しない女性や契約社員、パートタイマー等の非正社員を排除するメンバーシップ型の雇用管理がある（濱口桂一郎「ジョブ型雇用とは何か―正社員体制の矛盾と転機」岩波書店、2021.9）。

一方、欧米先進国では、古くから職種別ギルドの流れをくむ職業別労働組合や流動的な労働市場の影響から、仕事（ジョブ）を軸とした職務給と呼ばれる賃金制度が主流となっている。

ブルーカラーやグレードの低い事務・販売・サービス職では時給制の職務給（Pay for Job、**図表2-6**の④A参照）が、ホワイトカラーやマネジャー、エグゼクティブクラスでは残業手当を支給しないサラリーと呼ばれる年俸制の成果給（Pay for Performance、**図表2-6**の④C参照）が使われる。

日本では古くからこれらを職務給と総称してきたが、最近マスコミが「ジョブ型人事制度」などと物新しく取り上げたりしたため、職務給は一人一人の職能要件を明確にするとか、職務給は日本のパート時給と変わらないとか、成果主義の年俸制と同じだとか、素人受けする誤った情報が流布されている。しかし問題の本質はそのようなことではない。

図表2-10

年功給、能力給から職務給、役割給へ

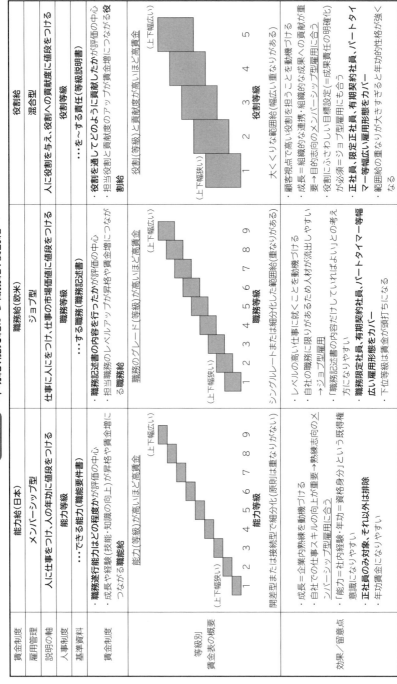

賃金制度	能力給（日本）	職務給（欧米）	役割給
雇用管理	メンバーシップ型	ジョブ型	混合型
説明の軸	人に仕事をつけ、人の年功に値段をつける	仕事に人をつけ、仕事の市場価値に値段をつける	人に役割を与え、役割への貢献度に値段をつける
人事制度	能力等級	職務等級	役割等級
基準資料	…できる能力（職能要件書）	…できる職務（職務記述書）	…を〜する責任（等級説明書）
賃金制度	・職務遂行能力はどの程度かが評価の中心 ・成長や経験（技能、知識の向上）が早昇格や賃金増につながる職能給	・職務記述書の内容を行ったかが評価の中心 ・担当職務のレベルアップが昇格や賃金増につながる職務給	・役割を通してどのように貢献したかが評価の中心 ・担当役割と貢献度のアップが賃金増につながる役割給
等級別 賃金表の概要	能力（等級）が高いほど高賃金 開差型または接続型で細分化（原則は重なりがない）	職務のグレード（等級）が細分化した範囲給（重なりがある） シングルレートまたは細かな範囲給	役割（等級）と貢献度が高いほど高賃金 大くくりな範囲給（幅広い重なりがある）
効果／留意点	・成長＝企業内熟練を動機づける ・自社での仕事スキルの向上が重要→熟練志向のメンバーシップ型雇用に合う ・「能力＝社内経験・年功＝資格身分」という既得権意識になりやすい ・正社員のみ対象、それ以外は排除 ・年功賃金になりやすい	・レベルの高い仕事に就くことを動機づける ・自社の職務に限りがあるため人材が流出しやすい→ジョブ型雇用 ・「職務記述書の内容だけしていればよいとの考え方になりやすい ・職務限定社員、有期契約社員、パートタイマー等幅広い雇用形態をカバー ・下位等級は賃金打ち切りになる	・顧客視点で高い役割を担うことを動機づける ・成長＝組織的な連携・組織的な成果への貢献が重要→目的志向のメンバーシップ型雇用に合う ・役割におうじた責任の明確化）が必須＝ジョブ型雇用にもなう ・正社員、限定正社員、有期契約社員、パートタイマー等幅広い雇用形態をカバー ・範囲給の重なりが大きすぎると年功的性格が強くなる

職務給の本質は、仕事に人がつき、その仕事の市場価値に賃金の値段がついていることである（**図表2-10**の中央）。わかりやすいのは人を雇う場合で、新たに組織が作られたり、既存の組織に増員があったり、欠員が発生したりしたときは、その役職や職種のポジションに対する採用となる。採用するのは、その部署の運営を任せられたマネジャーである。

　仕事の内容が決まらないと人の採用もないため、採用側はあらかじめポジションの職務内容と成果責任、仕事の負荷、責任範囲、作業環境、求める人材の要件などのスペックをまとめた「職務記述書」（Job Description）を作成しておく。これを応募者に説明した上で、どんな労働条件で賃金をいくら払うかを約束する職務限定の労働契約となる。

　人事担当者は、採用するポジションの職務記述書の内容から仕事の重要度や難易度を評価して職務等級を判定し、あらかじめ市場でリサーチしておいた適正賃金の範囲を採用するマネジャーにアドバイスする。

　マネジャーは、その賃金の枠内で、従業員の能力への期待や事業の予算、他とのバランス等を勘案して採用賃金を決めるのである。

　このように、職務給は、担当職務の価値をそのポジションの重要度や仕事の難易度によって職務等級（グレード）に細かく序列化し、賃金の世間相場を職種や地域ごとに比較・参照して賃金を決める。

　評価は日本のような人事考課ではなく、職務記述書に基づいて、それぞれの組織上の役割を果たしているか、十分な成果を上げているかという、職責についてのシンプルな業績評価が中心になる。

　単純な業務内容の下位等級では、職務記述書に沿った仕事ができているかどうかという簡単な〇×のチェックだけで済ませ、仕事がなくなったり、職務不適格と判断されたりした場合は契約解除となる。

　他方、仕事の裁量幅の広いホワイトカラーや管理職の場合は、目標による管理（ＭＢＯ）に基づく業績評価や、仕事のリーダーシップをみる行動評価を用いて成果給の査定を行う。日本でブームになった年俸制は、アメリカの成果給の影響を受けたものである（詳しくは拙著「2020年4

月スタート！同一労働同一賃金ガイドラインに沿った待遇と賃金制度の作り方」(第一法規、2019.5)参照)。

> **注** アメリカでは、処遇にかかわる訴訟トラブルを避けるために、属人的な資質や抽象的な能力・性格などの主観的評価を避け、具体的に観察可能な職務行動や業績を評価する配慮が払われる。

　アメリカやイギリスでは、このような職務給の仕組みが、高い雇用流動性をもたらし、経済・社会のダイナミックな活力の源泉となっているといわれる。経済・経営のグローバル化が進む中で、近年、海外展開に力を入れている大手企業の中には、日立製作所のように意識的に職務給を含めたジョブ型人事制度を採り入れようという動きが出てきた。

　しかし、日本企業が単純に職務給を導入しようとすると、激しい矛盾に直面することは、過去の失敗例からも明らかである。

　職務記述書を作成し、職務評価を行い、ジョブグレードと範囲給を設定し、という不慣れな実務を何とかやり切ったとしても、実際に職務給に移行しようとすると、必ず直面するのが人件費の大幅アップである。

　なぜなら、賃金の低い若年層や女性の中でも、職務のグレードの高い者は賃金を相当額引き上げなければならない。

　反対に賃金の高い中高年層の中には、職務のグレードの低い従業員が多数存在する。本来なら賃金を下げなければならないが、現実には不利益変更に抵触するダイレクトな賃金の切下げは難しく、せいぜいこれ以上昇給しないようにできるくらいであろう。

　職務限定のジョブ型人事と職務給はワンセットのため、これまで無限定の人材採用を行ってきた新卒採用と新卒初任給をどうするのか、人事異動やジョブローテーションのつど賃金を見直すのか、役職を外れたら賃金もすぐに下がるのか等々、これまで慣れ親しんできたメンバーシップ型の雇用・人事管理の内側から問題が津波のように押し寄せる。よほど腹を据えてかからないと、たちまち収拾がつかなくなるであろう。

　結局、担当する仕事や成果に基づいて賃金を決める職務給・成果給は、

長期雇用の包括的な労働契約の下で、柔軟な職務異動・人事配置を続けながら正社員のキャリア人材を内部育成する日本的な人材マネジメントとはなじみにくい。

他方、仕事や成果よりも属人的な身分資格や能力評価を優先させる職能給は、正社員の育成や人事配置に柔軟に対応できる反面、仕事と賃金とが乖離しやすく、限定正社員・契約社員・パートタイム労働者・継続雇用者などの多様な雇用形態に対して排他的である。

本書では、両者の短所を解消し、長所を組み合わせた混合型の賃金処遇システムとして、人に役割を与え、役割への貢献度に値段をつける正規の「役割給」を推奨する（**図表2-10**の右側）。

役割等級は、一言でいえば従業員のキャリア・能力、職務・職責に応じて、会社が与える役割責任あるいは期待役割の大きさを等級に区分する。その役割を通してどのように組織に貢献したかを、具体的な目標設定と振り返り、評価を通して賃金待遇に連動させ、新たな課題へと動機づける。

役割給は、日本的な年功賃金の実態を大くくりの等級区分とワイドレンジの範囲給で受け止めた上で、個々人の役割に対する習熟・貢献度に応じ、段階的に個別賃金を自動調整する機能がある。このような大くくりの等級区分と賃金の決め方を「ブロードバンド」と呼ぶ。

仕事基準の職務給・成果給と人基準の職能給の双方のよさを組み合わせた役割給は、メンバーシップ型、ジョブ型を問わず複合的な雇用形態にも容易に対応でき、習熟度や貢献度の異なる従業員をフレキシブルに処遇できる利点がある。

第3章では、定年延長と高年齢者の継続雇用を進める際に、正社員の年功的な賃金カーブを合理的に修正する切り札として、また高年齢者に対するジョブ型の雇用・賃金管理を実現する便利なノウハウとして、役割給が強力な導入効果をもたらすことを解説する。その具体例として、第4章の事例解説を読み進んでもらえれば幸いである。

第2節　日本企業の賃金人事・雇用慣行と高年齢者継続雇用

1　日本企業の典型的な賃金人事・雇用慣行

　図表2-11は、昭和から平成時代にかけて基本形ができあがり、現在も多くの企業で行われている典型的な賃金・人事・雇用慣行を年齢軸上に描いたイメージである。

（1）　初任給

　賃金の起点は、新規学卒の初任給である。初任給は通常、地域の世間相場を参照して高校卒・短大卒・大学卒などの学歴別に決める。基本給部分については仕事による差はないことがほとんどであり、採用する職種ごとに賃金を決める職務給とは大きく異なる。

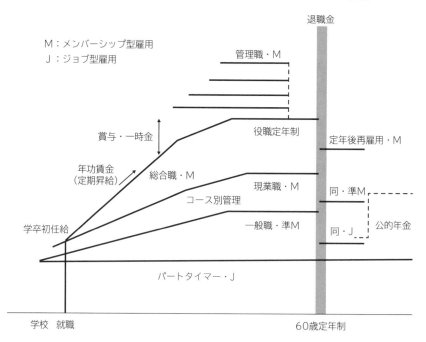

図表2-11　日本企業の典型的な賃金人事・雇用慣行（昭和〜平成）

（2） 定期昇給（賃金制度）

　その後は毎年の「定期昇給」の積重ねによって賃金が増えていく。号俸表などの賃金表がある場合は、その昇給ルールによって昇給し、賃金表がない場合は次のように昇給原資を配分して賃上げを決めていく。

　①　全員一律に基本給に対して定額・定率で昇給させる。

　②　年齢別に昇給額・率を配分する（たとえば若年層に厚く、中高年層に薄くなど）。

　③　社員を職能等級に分け、等級別に定額・定率で昇給させる（いわゆる職能給）。

　④　勤務査定（評価）によって個人別に昇給額・率を配分する。

　⑤　総合職や現業職、一般職などの「職群コース」の違いによって、昇給額・率を配分する（いわゆるコース別人事制度）。

　労働組合がある場合は、特に組合員１人あたりの平均賃上率・賃上額をめぐる春季賃金交渉が重要なイベントとなり、妥結後は①②③等の配分交渉に移るパターンが多い。

　このうち、各人の等級や評価、人事コースの違いによる個別賃金の違いを形成する③④⑤が賃金制度の核心であり、この昇給部分を「定期昇給」と呼ぶ。①②のような一律の賃上げは、一律昇給部分と賃金水準を底上げするいわゆる「ベースアップ」の部分とが混在したものであり、本来の意味での賃金制度ではない。

　一般従業員の定期昇給は、職能・役割・職務等の等級制度があればその違いによって昇給額を差別化し（③）、また業績・能力・意欲等の観点から人事考課を行い、その評価によって昇給額を差別化する（④）。

　さらに、特に大企業の場合は、大卒を中心とする営業・技術・企画・管理などの「総合職」と、高卒・専門学校卒を中心とする生産・施工・保守・物流などの「現業職」（または専任職）、事務・定型作業などの「一般職」等の職群コース別に昇給を運用することが多い（⑤）。

　かつての高度成長期には、春闘賃上げ交渉が定着する中で①②の一律

賃上げが主流を占め、③④⑤も昇給原資が続く限り無制限に昇給する「青天井」の賃金管理が行われた。

　毎年の物価上昇率を後追いする形で、労働組合が賃上要求を行い、会社は生産性向上の成果を賃上げや賞与で報い、従業員の生活は目に見えて向上した。

　しかし、安定成長期、さらにはバブル崩壊後のデフレ・低成長期を通して、①②の一律賃上げは大幅に縮小し、代わって③④⑤が賃上げの大半を占めるようになった。その基準として新たな賃金制度の必要性が次第に認識されるに至る。

　特に能力主義がブームになって以降、賃金制度の重要性が大きくクローズアップされるようになり、まず、職能給が普及し、次いでバブル崩壊後に成果主義による年俸制、さらに今日の役割給や職務給（いわゆるジョブ型）へと移行している。

　現在では、それぞれの等級や評価基準、職群コースの枠内で上限を定め、ある程度の賃金の高さになったら昇給を抑制し、最終的に昇給を停止する手法が主流となっている。

　ちなみにデフレ・低成長期に入って、労働組合の賃金決定に対する影響力は急速に低下し、さらに非正規雇用の増加も拍車がかかり、現在の労働組合の弱体化につながっている。

（3）　管理職の待遇

　管理職に昇進すると、時間外手当が支給されなくなる代わり、役職手当や管理職手当などをプラスし、一般従業員よりも一段高い賃金水準とするのが通例である。

　また、管理職は定期昇給の対象外とし、すでに触れたような年俸制や役職別・等級別の「シングルレート」と呼ばれる定額賃金に切り替えたり、役割給や職務給に切り替えたりする例も多い。その場合は昇格・降格によって金額が上下したり、毎年の評価によって金額が上下したりするこ

とになる。

　また、若手人材の早期登用と組織の活性化を図るため、管理職のポストに55 ～ 60歳前後の「役職定年」を設け、役職を離脱した後は専門職や専任職として待遇する会社も少なくない。

（4）　賞与の決め方

　毎月の賃金とは別に、夏・冬には賞与・一時金を会社業績に基づいて支給する。中には夏・冬の定例賞与とは別に、決算期に会社業績に基づく決算賞与を支給する会社もある。

　個人への賞与配分は次のような方法が代表的なものである。

①　賃金比例…基本給等の基礎給に一律に○か月を掛算して支給する。

②　等級別定額…等級別の定額賞与を支給する。

③　査定率…たとえばS1.2、A1.1、B1.0、C0.9、D0.8など、評価別の査定率を上記の①②に乗じる。

④　査定額…たとえばS10万円、A8万円、B5万円、Cゼロ、D－5万円など、評価別の定額を上記の①②に加算する。

⑤　役職加算…特に時間外手当等を支給しない課長、部長等の管理職に対し、賞与時に役職や貢献度に応じた加算を行う。

⑥　ポイント方式…たとえばⅠ等級はS170点、A130点、B100点、C70点、D30点など、等級別・評価別の配分点を付与し、賞与の予算に基づいてその都度決める1点単価を掛け算する。①②に代えて行うほか、①と併用する場合も少なくない。

⑦　出勤係数…上記①～⑥に基づく基準額に、賞与支給対象期間の在籍率や出勤率を乗じて実際の支給額を決める。

　これらを会社ごとの事情によって組み合わせて使うので、各社の支給基準は多様である。労働組合がある場合は、特に①の○か月や、組合員1人平均賞与額について賞与原資を労使で交渉し、配分については会社の裁量とすることが多い。

（5） 退職金・年金

　退職金は、日本企業の長期雇用慣行や年功的待遇と密接に結びついた長期功労報酬であり、そのルーツは、いわゆる「円満退職」を遂げた者に対する最終報奨として江戸時代までさかのぼる。退職金は所得税法上、退職所得控除の税制優遇措置が講じられ、月例賃金や賞与などその都度支給される賃金に比べて、受給者に有利な取扱いがなされている。

　退職金は、従業員が退職するときにまとまった金額が必要になるため、定年までに見込まれる退職金の支給に備えて長期の引当金や外部積立等の方法で準備しておく必要がある。

　退職金の積立・支給方法にはいくつかの運用方法があり、いずれかを併用または選択する企業が多い。

①　退職一時金…将来見込まれる退職金の支給に備えて会社が積み立てた社内準備金（引当金）から一時金として支給する。

②　確定給付企業年金…将来受け取る退職金の確定給付額に必要な準備金を外部に積み立て、一時金または企業年金として支給する。

③　確定拠出年金…②と同様の考え方で定めた会社の確定拠出額を外部に積み立て、個人が定年まで運用する。個人が一定限度まで任意に拠出額を加算する方法も認められている。会社・個人の拠出額には税法上の限度額が設けられている。

④　退職金前払制…①～③の代わりに上記①～③の積立・拠出額に相当する金額を毎月の賃金または臨時給与として前払支給する。

⑤　中小企業退職金共済…中小企業を対象とした国が運営する共済制度で、会社が選択した毎月の拠出額を独立行政法人勤労者退職金共済機構（中退共）が運用し、掛金の一部を国が助成する。

　このうち①の退職一時金制度が原型であるが、将来の退職金の必要支給額を社内積立する方式は、いざというときにキャッシュが捻出できず退職金が支給できないリスクがある。内部積立は留保利益扱いとなり税法上も不利なため、②以下の様々な方式が派生してきた。

退職金の支給要件は、退職金の支給理由の強さの順位で表すと次のようなものがある。

（1）　定年退職

（2）　死亡または労災による退職

（3）　会社都合による解雇

（4）　結婚退職

（5）　自己都合退職

（6）　懲戒解雇

　初期の退職金制度は、まず定年まで勤め上げた円満退職者に対する最終報酬として制度化され、次に死亡・労災により途中退職する者に対する福祉的措置として対象範囲が広がった。その場合、定年退職の支給基準を適用するほか、死亡または労災による事情を考慮した加算を行うことが多い。

　会社都合の解雇については、事業不振による整理解雇や希望退職を実施するものと、勤務成績の不良や職務適性の不適格などの就業規則の解雇事由により退職金を支給するものとがある。前者は定年退職に準じた支給基準を適用するが、就労機会を失わせることに対する賠償的な面を考慮して金額の上乗せを行うのが一般的である。

　結婚退職は女性の退職差別を助長・奨励するものとして、現在では用いられなくなっており、一般的な自己都合退職扱いに代わった。

　自己都合退職は、転職、独立、結婚、出産、私傷病その他本人の都合による退職を広く含むが、就業規則の解雇事由や懲戒処分を適用するかわりに、温情的に自己都合扱いとする場合もある。

　懲戒解雇は一般的に退職金を支給しないが、その場合は一定の法的手続きに従うことが義務化されている。

　定年後の継続雇用者には定年退職金を支給するが、退職金の支給基準には次のようなものがある。

① 賃金比例…退職時の基本給等の基礎給に、入社から定年までの勤続年数に応じた支給率を掛算する。

② 等級別定額制…等級別に算定基礎額を定めておき、等級別の勤続期間を掛算した金額を積み上げる。

③ ポイント制…在籍１年あたりの勤続別、等級別、評価別等の付与ポイントを決めておき、勤続年数と毎年の等級・評価に応じてポイントを累積する。退職時の累積ポイントに１点単価を掛け算して退職金を算定する。

④ 役職加算…役職別に在籍１年あたりの算定基礎額またはポイントを定めておき、役職別の勤続期間を掛算した金額またはポイントを、①②③に加算する。

⑤ 早期退職優遇制度…定年前に退職する従業員に対し、定年退職とみなした勤続年数・支給率での退職金を支給するほか、定年までの期間に応じた割増退職金を加算する。

　会社にしっかりした退職金制度があれば、定年退職した高年齢者は、定年退職金で住宅ローンの残額の一部または全部を返済し、子供の奨学金の返済にあてたりし、残りを定年後の起業資金に活用したり、年金生活を支える老後資金として蓄え運用することになる。

（6）　高年齢継続雇用者の賃金

　定年後の継続雇用を希望する者は、勤務延長または１年ごとの有期契約による定年後再雇用として65歳まで勤務できる。後でみるように、現状は勤務延長よりも再雇用が大半である。勤務延長の場合は原則として定年時の賃金その他の労働条件を延長するが、仕事が軽減される場合はその程度に応じて減額となる。

　再雇用賃金の基準は企業ごとに異なるが、多くの場合、定年前と仕事が同じであっても、通常は定年到達後の賃金を8割〜5割程度に減額して再雇用賃金を支給することが多い(後述149ページ参照)。

大手企業の場合は定年前までの賃金水準も高く、加えてまとまった金額の退職金が支給されれば、老後の蓄えにある程度余裕ができよう。再雇用時の賃金が多少減ったとしても大きな心配なく生活できるかもしれない。

　しかし、賞与を含めた賃金水準や退職金制度には企業規模や収益力の違いによって大きな格差があり、中小企業の中には退職金制度そのものがない企業も多い。

　老後の蓄えが乏しい高年齢者は、再雇用時の賃金プラス公的給付だけで生活しなければならないため、再雇用時賃金の支給水準によっては厳しい生活となる。

　定年後再雇用時の賃金支給率を検討（後述）する場合、大企業と自社を同列におく見方では、結果として自社の定年後再雇用者に厳しい生活を強いる危険性があることに注意する必要があるだろう。

（7）　パートタイマー等の賃金

　後に実態データでみるように、パートタイマー等の有期雇用の非正社員については、最低賃金の引上げや人手不足を背景に、近年は賃金水準が上昇傾向にある。

　それでもなお、有期雇用の非正社員の賃金待遇は正社員とは一線が引かれ、特に女性のパートタイマーは正社員の一般職よりも一段階低い賃金水準で雇用する企業が大半である。

　小売業、サービス業など非正社員を多数雇用し、人材活用にも積極的な業種では、仕事の違いや業績・能力・意欲の評価を昇給・昇格に反映させる賃金制度を運用している企業もある。それでも昇給幅は、やはり正社員に比べ低く抑えられているのが通例である。

　そもそもパートタイマー等の非正社員には、このような昇給・昇格の仕組みそのものがないという会社も少なくない。

　正社員の家族手当・住宅手当のような生活補助手当や賞与、退職金制

度も多くの会社では非正社員には適用されない。

　ただし、2020年（令和2年）4月以降、パートタイマーや有期契約、派遣労働者に対する不合理な正社員との待遇差を禁止したパートタイム・有期雇用労働法がスタートし、今後は上記のような正社員との賃金待遇差を埋め、均衡待遇・均等待遇に向かう動きが強まると予想される。

2　日本企業の正社員と高年齢継続雇用の賃金実態

（1）　役職別の正社員とフルタイム有期雇用の給与実態

　図表2-12は、厚生労働省の「賃金構造基本統計調査」（2020年（令和2年））の中から、役職別にみた正社員とフルタイムの有期雇用（非正社員）の年齢階級別の現金給与と所定内給与、賞与、年間賃金等をまとめたものである。

> 🈪 ・調査対象は、全産業・10人以上企業の男女学歴計で、役職別正社員は雇用期間の定めのない常用労働者（無期雇用・フルタイムの正規従業員）、フルタイムの有期雇用は非正社員の雇用期間の定めのある常用労働者である。
> ・具体的なデータは省くが、所定内賃金も賞与も企業規模による格差が非常に大きい。紹介した資料は全国の企業規模10人以上の平均値であり、1,000人以上の大企業や30人未満の中小企業の実態とは大きな乖離があること、首都圏などの大都市圏はこれを超える水準であることに注意して頂きたい。
> ・「現金給与」は、労働契約等であらかじめ定められている支給条件、算定方法により支給される毎月の給与総額である。
> ・「所定内給与」は、現金給与から時間外勤務手当、深夜勤務手当、休日勤務手当、宿日直手当、交替手当等の超過勤務手当を除いたもので、通勤手当を含めた金額である。
> ・「年間賞与」は、調査実施年の前年1年間（原則として1月から12月までの1年間）における賞与、期末手当等特別給与額を合計したものである。
> 　これに所定内給与の12か月分をプラスして年間賃金を算出した。
> ・「非役職」とは、「部長級」、「課長級」、「係長級」等の役職者以外の者をいう。

　60歳以上の高年齢者については、大多数の企業が60歳定年を実施していると考えると、役職別正社員のうち少なくとも60歳までは本来の「正社員」とみなして差し支えない。

　60歳以降は、定年後もそのまま勤務延長となった正社員、あるいは子会社や関連会社に出向・移籍し正社員待遇で働く人たち、また現状は

役職別正社員とフルタイム有期雇用の年齢別給与、賞与、年間賃金（2020年）

役職	区 分	企業規模計（10人以上）									
		年齢	勤続年数	所定内実労働時間数	超過実労働時間数	きまって支給する現金給与	所定内給与	年間賞与その他特別給与	賞与支給月数	年間賃金	労働者数
		歳	年	時間	時間	円	円	円	カ月	円	十人
	年齢階級合計	52.8	21.9	169	2	601,900	594,400	2,064,900	3.47	9,197,700	86 493
	～19歳	-	-	-	-	-	-	-	-	-	-
	20～24歳	-	-	-	-	-	-	-	-	-	-
	25～29歳	28.3	5.7	168	2	466,100	462,300	774,700	1.68	6,322,300	296
	30～34歳	33.2	7.7	173	3	424,900	416,400	857,700	2.06	5,854,500	644
	35～39歳	38.1	11.7	173	3	504,600	493,900	1,356,200	2.75	7,283,000	2 889
部長級	40～44歳	42.9	14.9	171	3	565,500	552,000	1,634,500	2.96	8,258,500	8 167
	45～49歳	47.7	19.7	168	2	579,000	570,500	2,010,600	3.52	8,856,600	17 039
	50～54歳	52.4	23.4	168	1	642,600	636,100	2,418,000	3.80	10,051,200	22 986
	55～59歳	57.4	26.3	167	1	645,300	640,300	2,383,200	3.72	10,066,800	23 248
	60～64歳	62.1	22.3	170	2	568,400	558,100	1,558,200	2.79	8,255,400	7 576
	65～69歳	67.1	21.8	170	1	478,900	473,300	1,073,000	2.27	6,752,600	2 301
	70歳～	73.9	24.2	172	0	389,800	388,800	768,500	1.98	5,434,100	1 347
	年齢階級合計	48.6	20.3	167	3	502,200	492,200	1,968,500	4.00	7,874,900	165 982
	～19歳	-	-	-	-	-	-	-	-	-	-
	20～24歳	22.8	3.1	166	6	258,600	234,500	342,600	1.46	3,156,600	50
	25～29歳	28.3	6.0	174	10	380,100	358,200	877,500	2.45	5,175,900	680
	30～34歳	33.2	8.7	170	7	435,900	418,500	1,357,200	3.24	6,379,200	3 902
課長級	35～39歳	37.8	12.2	167	5	482,100	465,400	1,705,400	3.66	7,290,000	14 011
	40～44歳	42.8	16.0	166	4	492,900	482,300	1,902,100	3.94	7,689,700	32 007
	45～49歳	47.6	20.2	166	4	507,600	497,900	2,033,400	4.08	8,008,200	45 040
	50～54歳	52.3	24.2	166	3	529,900	521,600	2,216,400	4.25	8,478,000	38 913
	55～59歳	57.3	26.3	166	2	504,600	497,100	1,987,200	4.00	7,951,200	25 534
	60～64歳	61.9	22.4	168	3	444,500	434,300	1,410,200	3.25	6,621,800	4 738
	65～69歳	67.3	21.7	173	3	347,600	339,700	687,600	2.02	4,764,000	752
	70歳～	73.3	28.8	169	1	331,900	330,700	767,500	2.32	4,735,900	354
	年齢階級合計	45.0	17.5	165	12	404,900	371,900	1,375,800	3.70	5,838,600	143 216
	～19歳	-	-	-	-	-	-	-	-	-	-
	20～24歳	23.9	4.0	173	11	272,000	248,700	417,600	1.68	3,402,000	321
	25～29歳	28.3	5.7	168	8	319,300	300,900	795,800	2.64	4,406,600	3 372
	30～34歳	32.9	9.3	166	13	368,000	332,800	1,243,600	3.74	5,237,200	12 838
係長級	35～39歳	37.6	12.5	166	13	394,600	358,200	1,354,400	3.78	5,652,400	24 515
	40～44歳	42.6	15.6	166	12	406,100	372,000	1,395,600	3.75	5,859,600	29 842
	45～49歳	47.4	19.8	166	12	418,100	383,000	1,432,600	3.74	6,028,600	32 201
	50～54歳	52.3	22.8	165	10	425,500	394,200	1,472,000	3.73	6,202,400	22 912
	55～59歳	57.3	26.4	164	9	425,100	397,700	1,477,300	3.71	6,249,700	14 385
	60～64歳	61.9	21.9	167	6	357,500	340,800	912,300	2.68	5,001,900	2 334
	65～69歳	67.3	15.9	170	4	287,600	280,400	373,900	1.33	3,738,700	395
	70歳～	72.8	16.8	159	6	276,400	269,500	304,000	1.13	3,538,000	105
	年齢階級合計	40.7	10.2	165	11	303,500	278,400	784,800	2.82	4,125,600	1 801 167
	～19歳	19.0	0.9	166	6	192,300	181,100	136,700	0.75	2,309,900	22 561
	20～24歳	23.0	2.1	165	9	233,600	215,500	414,700	1.92	3,000,700	182 013
	25～29歳	27.4	4.3	165	12	272,200	246,900	722,800	2.93	3,685,600	254 008
非役職	30～34歳	32.5	6.9	165	12	300,200	272,300	821,800	3.02	4,089,400	219 537
	35～39歳	37.5	9.2	164	12	317,500	289,000	880,200	3.05	4,348,200	208 414
	40～44歳	42.5	11.3	165	11	327,400	299,700	892,400	2.98	4,488,800	220 669
	45～49歳	47.5	13.8	165	11	332,800	304,200	924,300	3.04	4,574,700	234 274

	50~54歳	52.3	15.6	165	11	337,700	310,700	920,300	2.96	4,648,700	191 602
	55~59歳	57.4	18.3	165	9	339,600	316,300	935,300	2.96	4,730,900	**156 312**
	60~64歳	62.3	15.4	165	7	286,500	**271,300**	574,600	2.12	**3,830,200**	68 694
	65~69歳	67.3	15.4	165	6	259,200	248,400	300,800	1.21	3,281,600	28 072
	70歳~	73.2	17.8	164	4	237,800	230,400	240,500	1.04	3,005,300	15 011
	年齢階級合計	48.6	8.4	162	7	233,300	219,500	221,800	1.01	2,855,800	294 072
有期雇用	～19歳	19.2	1.0	160	14	184,100	164,300	15,900	0.10	1,987,500	1 876
	20~24歳	22.8	1.7	163	11	200,200	183,800	66,400	0.36	2,272,000	18 550
	25~29歳	27.6	2.4	163	9	221,800	204,400	109,600	0.54	2,562,300	25 104
	30~34歳	32.4	3.3	162	9	224,600	208,300	103,500	0.50	2,602,800	24 164
	35~39歳	37.5	4.2	161	8	234,600	218,300	145,700	0.67	2,765,300	22 199
	40~44歳	42.5	5.1	161	8	230,700	216,600	136,700	0.63	2,735,900	23 819
	45~49歳	47.6	5.1	161	7	228,800	215,800	126,500	0.59	2,716,100	30 064
	50~54歳	52.4	6.0	162	7	227,400	213,900	138,100	0.65	2,704,900	27 301
	55~59歳	57.5	7.3	162	7	226,800	214,100	156,200	0.73	2,725,400	25 319
	60~64歳	62.4	18.1	162	6	261,800	**249,700**	533,100	2.13	**3,529,500**	60 982
	65~69歳	67.1	14.3	161	6	233,900	223,200	266,200	1.19	2,944,600	24 911
	70歳~	72.7	13.4	161	5	227,800	217,800	161,100	0.74	2,774,700	9 782

出典：厚生労働省「賃金構造基本統計調査」、令和2年（2020年）、全産業10人以上、男女学歴計

注 所定内給与は通勤手当を含む金額である。年間賃金は所定内給与の12か月分に年間賃金その他特別給与額を加えて算出した。

少数であるが、65歳定年制の会社あるいは定年制のない会社に勤務する正社員のいずれかと考えられる。いずれにしても、55～59歳の人数に比べ、60～64歳の人数は大きく減っており、現状では60歳以降も正社員として勤務できるのは一部の恵まれた人たちであるといえよう。

　フルタイムの有期雇用は多くが定年制の対象外と考えられるが、表のとおり60～64歳の人数（60万9,820人）は55～59歳の人数（25万3,190人）の倍以上になっている。これは60歳定年後、正社員から「嘱託」等の有期雇用に変わった再雇用者が新たに多く加わるからである。ちなみに非役職の正社員の60～64歳以上の人数（68万6,940人）は55～59歳の人数（156万3,120人）よりも約87万6,000人少なくなっているが、この中の多くは60歳以降、定年後再雇用者として有期雇用に移ったと考えられる。

　図表2-13は、**図表2-12**の金額を年齢別のグラフにしたものである。役職別のグラフの60歳手前の実線は、定年前の本来の正社員の賃金カーブを示す。部長級・課長級の管理職層は55歳前後をピークとする山型

の賃金カーブを描き、係長級・非役職の非管理職層は定年まで昇給する右肩上がりの賃金カーブとなっている。

その上の点線は、超過勤務手当をプラスした現金給与額のカーブで、1万〜4万円程度の超過勤務手当が所定内給与に上乗せされている様子がわかる。

非役職者の年齢別所定内給与（黒い線）をみると、左下の約19歳の起点・18万円の金額からスタートし、57歳で32万円弱まで増える。19歳から57歳まで、38年で14万円強昇給しているから、1年につき約3,700円の昇給が続く計算である。

18〜24歳の●印のグラフは、同調査の新規学卒初任給の金額をプロットしたものである。左から高校卒18歳、高専・短大卒20歳、大学卒22歳、大学院修士課程修了24歳の金額を示し、非役職者ないし係長級の所定内給与とほぼ重なる位置にある。

正社員といってもまだ仕事のビギナーである新卒者の賃金が一番低く抑えられることは当然のことであり、年齢とともに仕事に習熟し、右肩上がりに金額が増えていく「年功的」な賃金カーブを描くことも、ごく自然なことであろう。

この傾向は昔から変わらない。もっとも、近年は長年続いたデフレの影響や、定年後の継続雇用者の増加を受けて、以前に比べると昇給カーブの傾きが少なくなっていることが知られている。

図表2-14の厚生労働省「就労条件総合調査」（2017年（平成29年））によると、従業員30人以上の企業について管理職以外の「基本給の決定要素別」の企業の割合をみると、「職務・職種など仕事の内容」が74.1％で最も高く、次いで「学歴、年齢・勤続年数など」が69.0％、「職務遂行能力」が62.8％、「業績・成果」が39.0％となっている（複数回答）。

すなわち、年齢や勤続年数だけで昇給するのではなく、仕事の経験とともに能力・熟練度が増し、担当する仕事の質や業績・成果への貢献度が高まることにより昇給するのであって、その結果として年齢や勤続年

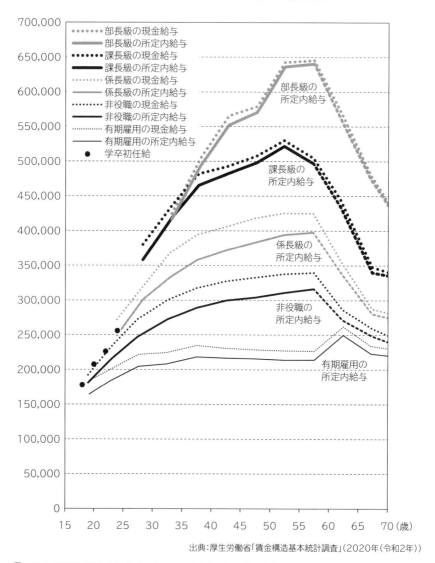

図表2-13 役職別正社員とフルタイム有期雇用の年齢別所定内給与、現金給与（2020年（令和2年））

（全産業10人以上計、男女学歴計、常用労働者）

凡例:
- 部長級の現金給与
- 部長級の所定内給与
- 課長級の現金給与
- 課長級の所定内給与
- 係長級の現金給与
- 係長級の所定内給与
- 非役職の現金給与
- 非役職の所定内給与
- 有期雇用の現金給与
- 有期雇用の所定内給与
- ● 学卒初任給

グラフ内ラベル:
- 部長級の所定内給与
- 課長級の所定内給与
- 係長級の所定内給与
- 非役職の所定内給与
- 有期雇用の所定内給与

出典：厚生労働省「賃金構造基本統計調査」（2020年（令和2年））

注 学卒初任給、所定内給与・現金給与は通勤手当を含む金額である。

（管理職以外、全国・常用労働者・30人以上計）　　　　　　　　　　　　　　　（単位：％）

年	全企業	基本給の決定要素（複数回答）					
		職務・職種など仕事の内容	職務遂行能力	業績・成果	学歴、年齢・勤続年数など	うち学歴	うち年齢・勤続年数など
平成29年（2017年）	100.0	74.1	62.8	39.0	69.0	26.8	67.1
24年（2012年）	100.0	68.2	68.7	40.5	61.3	20.9	58.5
21年（2009年）	100.0	71.8	67.5	44.4	65.5	20.5	63.7

出典：厚生労働省「就労条件総合調査」（2017年（平成29年））

注　「全企業」には、「基本給の決定要素」が「不明」の企業を含む。

数で昇給するように見えるというのが正しい。

　また、結婚したり、子供をもうけたり、独立して住居を構える世帯主に、家族手当や住宅手当等の生活補助的な手当を支給して「生活給」を補てんしている会社も少なくない。

　図表2-15の厚生労働省「就労条件総合調査」（2020年（令和2年））によると、従業員30人以上の企業の「家族手当、扶養手当、育児支援手当など」の支給率は68.6％で、支給している会社の平均支給額は1万7,600円であった。また「住宅手当など」の支給率は47.2％で、支給している会社の平均支給額は1万7,800円であった。

　一方、**図表2-13**のグラフの一番下の有期雇用の賃金カーブは19歳の約16万円強から37歳の22万円弱まで6万円弱昇給するものの、以降60歳手前までほぼフラットで、非役職正社員のような右肩上がりの賃金カーブとは程遠い。

　60歳〜64歳で金額が急に持ち上がっているのは、すでに述べたように60歳定年後に有期雇用となった定年後再雇用者が新たに含まれるからである。

　このように、パートタイマーや契約社員の場合、30歳前後までは勤続年数とともに仕事に熟練し、職務内容や責任の度合いが若干上昇するものの、それ以降は女性の退職者が多く、勤続年数が伸びない。そのた

図表2-15　諸手当の種類別支給企業数割合と支給した労働者1人平均支給額

（全国・常用労働者・30人以上計）　　　　　　　複数回答（単位：上段 ％、下段 円）

企業規模	計	業績手当など(個人、部門・グループ、会社別)	勤務手当				精皆勤手当、出勤手当など
			役付手当など	特殊作業手当など	特殊勤務手当など	技能手当、技術(資格)手当など	
支給企業数の割合	100.0	13.9	86.9	12.2	24.2	50.8	25.5
平成27年調査	100.0	13.7	87.7	11.5	24.0	47.7	29.3
労働者1人平均支給額		52,200	41,600	14,400	25,000	18,800	9,000
平成27年調査		57,125	38,769	13,970	25,464	20,299	10,506

通勤手当など	生活手当					調整手当など	上記および左記のいずれにも該当しないもの
	家族手当、扶養手当、育児支援手当など	地域手当、勤務地手当など	住宅手当など	単身赴任手当、別居手当など	左記以外の生活手当(寒冷地手当、食事手当など)		
92.3	68.6	12.2	47.2	13.1	15.3	31.5	13.9
91.7	66.9	12.5	45.8	13.8	16.2	32.5	10.8
11,700	17,600	22,800	17,800	47,600	8,700	26,000	32,000
11,462	17,282	22,776	17,000	46,065	9,280	26,100	30,542

出典：厚生労働省「就労条件総合調査」（2020年（令和2年））

めフルタイム勤務であっても職務内容やキャリアが上昇する機会に乏しく、賃金は頭打ちになるのである。

　37歳でピークになる22万円という金額は、ほぼ大卒初任給プラスアルファの水準であり、正社員の賃金待遇でいえば未熟練独身者の賃金水準にとどまる。

　近年、少子化の原因として未婚率の上昇が指摘されているが、低賃金のために結婚できない非正規従業員が増えたことも原因の一つではないだろうか。

（2）　役職者の賃金カーブ

　次に、係長級の所定内給与をみると、左下の約24歳の起点・25万円

弱の金額からスタートし、57歳で40万円弱まで増えている。24歳から33年で約15万円昇給しているとすれば、1年につき約4,500円の昇給となる。

　現金給与額には、やはり3万～4万円程度の超過勤務手当が所定内給与に上乗せされている。ちなみに、**図表2-12**をみると、非役職者と係長級の「所定内実労働時間数」はともに月平均165時間、「超過実労働時間数」は非役職者で月平均11時間、係長級で月平均12時間である。

注　**図表2-12**では20～24歳から金額が集計されているが、グラフでは若い係長の金額は省いた。課長級・部長級もグラフから若い金額を省いた。

　一方、課長級や部長級になると超過勤務手当の金額はせいぜい1万円前後にとどまり、大部分は所定内給与すなわち固定給であることがわかる。課長級や部長級は、労働時間管理の対象外となる「管理職」として扱い、時間外手当や休日勤務手当を支給しない企業が大多数を占める。

　ただし、課長級の所定内給与は、係長級の現金給与をやや上回る金額（28歳で36万円程度）からスタートしており、時間外手当や休日勤務手当が支給されなくても、平均的にみれば係長級に比べて遜色のない、十分に上回る所定内給与が支給されている。

　具体的な方法としては、管理職は基本給そのものを一段高く設定したり、「役職手当」や「資格手当」を一段高く設定したり、「管理職手当」等を支給したりすることで、時間外手当や休日勤務手当がなくなる分を補っていると思われる。

（3）　役職別の年間賞与と年間賃金カーブ

　図表2-16は**図表2-12**の役職別年間賃金をグラフにしたものである。

　役職別にみた平均額は、非役職（平均年齢40.7歳）は賞与が78万4,800円（所定内給与比2.82か月分）で年間賃金は約412万円となっている。

　これに対して有期雇用は賞与が22万1,800円（同1.01か月分）で年間賃金は約285万円となっており、非役職の正社員の約7割程度の水準となっている。

係長級（同45.0歳）は賞与が137万5,800円（同3.7か月分）で年間賃金は約583万円である。なお、非役職と係長級には別に平均11 〜 13時間程度、有期雇用には7 〜 11時間程度の時間外手当が支給されるので、実際の年間賃金はこれよりも若干高くなる。

　課長級（同48.6歳）は賞与が196万8,500円（同4.0か月分）で年間賃金は約787万円、部長級（同52.8歳）は賞与が206万4,900円（同3.47か月分）で年間賃金は約919万円となっている。

> **注** 40歳以下の若い部長級は、課長級よりも低い年間賃金になっているが、1,000人以上の大企業ではこの年代層の部長給の賞与が年俸制などのため少なく、また中堅・中小企業では部長級といっても賞与の金額が低いため、全体の部長級の平均値では課長級の年間賃金に逆転されたものと思われる。

　一般的な定年後の60 〜 64歳についてみると、部長級は約825万円、課長級は約662万円、係長級は約500万円、非役職は約383万円と、正社員待遇だけに60歳以降もそれぞれの役職の中堅層に近い年間賃金が支給されていることがわかる。

　有期雇用者は、60歳手前は最高270万円程度の年間賃金にとどまるが、多くの定年後再雇用者を含む60 〜 64歳は約352万円の年間賃金が支給されている。

　これは55 〜 59歳の非役職正社員の約473万円に対し約75％の水準ダウンとなるが、同じ60 〜 64歳の非役職正社員の約383万円の約92％という水準であり、思ったほどの差はない。

　なお、2020年（令和2年）という調査年ではあるが、年間賞与は前年1月〜 12月の実態であり、コロナ禍の影響は無視してよい。

（4）　パートタイム労働者の賃金実態

　次に、有期雇用・短時間労働者の平均時給額と賞与額をみておこう。

> **注** ここで取り上げるのは、正社員と同じ所定労働時間を勤務するいわゆる「フルタイム・パート労働者」を除く、正社員よりも勤務時間が少ない「正社員・正職員以外」の有期雇用者のデータである。

　図表2-17は、短時間労働者の平均時給額と年間賞与その他特別給与

図表2-16 役職別正社員とフルタイム有期雇用の年齢別年間賃金（2020年（令和2年））

（全産業10人以上計、男女学歴計、常用労働者）

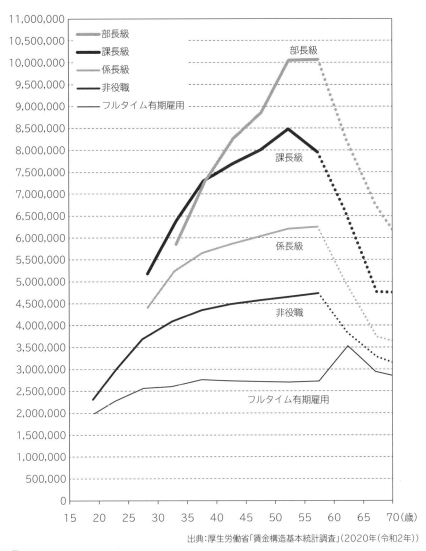

出典：厚生労働省「賃金構造基本統計調査」（2020年（令和2年））

注 通勤手当を含む金額である。

額を年齢階級別に集計したものである（2020年（令和2年）、全産業・10人以上規模計）。

　表の下は年齢階級別の時給のグラフであるが、太い実線（2020年（令和2年））の男女計の時給カーブは、前項でみたフルタイム・有期雇用の所定内給与と同様、年齢に伴う賃金上昇が非常に少ない。

　特にパートタイム労働者の場合、単純労働に従事する短期雇用者が多く、また離職が多いため平均勤続年数も短い。年齢が高くなっても仕事の経験・熟練度が勤続年数の長い正社員のようには深まらないのである。人数の多い女性パートタイム労働者は、一層この傾向が顕著である。

　性別による違いは、女性のパートタイム労働者は事務や軽作業、販売などの定型作業が比較的多く、勤続年数が増えても仕事の内容にあまり変化がないことを推測させる。

　他方、男性のパートタイム労働者は、一部に医師や大学教授などの高額の時給で働く専門的職種が含まれるほか、はじめから体力のいる仕事についたりして時給が高く、また女性よりも勤続年数が長くなるため、それなりに専門知識やスキルが必要な仕事や責任を任される仕事に移ったりして昇給すると考えられる。

注 このような統計をみると、つい「男女別に勤続年数に応じて時給を決めればよいのか」と考えがちである。しかし、賃金の男女差別は労働基準法で明確に禁止されている。

　なお、表の下段2017年（平成29年）と上段2020年（令和2年）の時給額を比較すると、上段の時給額が大きく上昇しているようにみえるが、これは短時間労働者の調査方法が、2019年（令和元年）までは、1時間当たり賃金が著しく高い一部の職種の労働者（医師・大学教授等）について集計対象から除いていたが、2020年（令和2年）より、時給の高い労働者も含めた短時間労働者全体を集計対象としたためである。

　次に、年齢階級別の年間賞与等をみると、60歳以降を除いて支給額はせいぜい3万円程度と正社員に比べて極端に低く、フルタイム有期雇用に比べても4分の1程度の金額にとどまり、男女差も少ない。

短時間労働者の年齢階級別1時間あたり所定内給与額と年間賞与その他特別給与額

（正社員・正職員以外の有期雇用計、全産業・企業規模計（10人以上））

	年齢階級	男			女			男女計		
		1時間あたり所定内給与額（円）	年間賞与その他特別給与額（円）	労働者数（10人）	1時間あたり所定内給与額（円）	年間賞与その他特別給与額（円）	労働者数（10人）	1時間あたり所定内給与額（円）	年間賞与その他特別給与額（円）	労働者数（10人）
2020年	年齢階級計	1,622	31,200	205,984	1,315	27,300	500,546	1,405	28,500	706,529
	～19歳	1,078	700	29,811	1,087	500	40,725	1,083	600	70,536
	20～24歳	1,209	2,700	44,203	1,193	4,900	45,951	1,201	3,800	90,153
	25～29歳	1,490	15,000	11,403	1,357	18,000	20,650	1,405	16,900	32,054
	30～34歳	1,927	23,500	9,020	1,373	21,000	26,113	1,515	21,600	35,133
	35～39歳	2,394	21,700	8,432	1,396	28,900	35,867	1,586	27,500	44,299
	40～44歳	2,280	25,300	7,845	1,366	30,000	50,300	1,489	29,400	58,145
	45～49歳	2,207	18,500	9,497	1,357	27,800	62,345	1,470	26,600	71,842
	50～54歳	2,164	27,000	8,712	1,358	30,700	54,760	1,469	30,200	63,472
	55～59歳	2,171	26,900	9,278	1,395	33,200	46,365	1,525	32,100	55,643
	60～64歳	1,874	121,900	16,302	1,319	46,000	47,878	1,460	65,300	64,180
	65～69歳	1,714	59,200	27,281	1,310	42,500	40,270	1,473	49,200	67,552
	70歳～	1,607	51,900	24,200	1,260	37,600	29,320	1,416	44,100	53,520
2017年	年齢階級計	1,144	34,100	132,109	1,065	29,900	358,785	1,086	31,000	490,893
	～19歳	964	700	17,394	951	600	23,629	956	600	41,023
	20～24歳	1,045	3,900	27,156	1,026	4,400	26,442	1,036	4,200	53,598
	25～29歳	1,099	20,700	8,372	1,086	22,800	15,009	1,091	22,100	23,381
	30～34歳	1,226	25,700	6,173	1,091	29,200	20,141	1,123	28,400	26,314
	35～39歳	1,196	29,800	5,167	1,092	31,300	28,499	1,108	31,100	33,667
	40～44歳	1,213	33,200	5,183	1,072	33,600	42,279	1,087	33,500	47,462
	45～49歳	1,200	29,700	5,804	1,074	31,000	48,047	1,087	30,800	53,851
	50～54歳	1,212	30,900	4,913	1,078	38,500	43,467	1,092	37,700	48,380
	55～59歳	1,174	32,400	5,881	1,079	41,600	39,114	1,091	40,400	44,994
	60～64歳	1,274	126,300	13,693	1,066	41,500	35,173	1,124	65,200	48,865
	65～69歳	1,236	53,600	21,187	1,067	31,600	25,777	1,143	41,600	46,964
	70歳～	1,191	31,000	11,186	1,084	25,600	11,209	1,137	28,300	22,395

年齢階級別の時給額

出典：厚生労働省「賃金構造基本統計調査」（2020年（令和2年））

現状は、短時間勤務のパートタイマーには依然として賞与を支給しないか、支給したとしてもいわゆる「寸志」程度の少額にとどめる会社が大多数である。今後、パートタイム労働者の賞与について、どのような同一労働同一賃金の判例が出てくるかが注目される。

　ところで、2017年（平成29年）当時は、男性の55～59歳の時給1,174円よりも、60～64歳の時給1,274円のほうが高くなっていた。これは、もと正社員だった人たちが定年を迎え、60歳以降は定年後再雇用者として、一般のパートタイマーよりもやや時給の高いパートタイム労働者になったことを示す。

　ところが、時給が高い労働者を含めた短時間労働者全体を集計対象とした2020年（令和2年）の集計では、男性の55～59歳の時給が2,171円（162時間労働のフルタイム換算で約35万1,700円）に対して、60～64歳の時給は1,874円（同30万3,500円）と86％程度にダウンしており、122ページでみた正社員の賃金カーブと似たような低下傾向となっている。

　もっとも、賞与については、55～59歳の金額よりも60～64歳の金額が男女とも上回っており、元正社員であった定年後再雇用者のパートタイマーには、短時間勤務者であっても賞与額についてある程度配慮されていることがわかる。

（5）　高年齢者の勤労者世帯の家計実態

　高年齢者の賃金実態は以上のとおりだが、これを家計収支からとらえると、高年齢者の生活を支える賃金収入のよりリアルな側面が浮かび上がる。**図表2-18**は総務省統計局の「家計調査」から世帯主の年齢階級別に2人以上世帯の家計収支をみたものである（全国勤労者世帯、2020年（令和2年））。

　世帯主の定期収入（賃金月額）をみると、世帯主が55～59歳の世帯は40万7,078円、60～64歳は27万9,262円、65～69歳は20万5,157

円、70歳以上は16万6,415円と高齢になるほど低くなる。

　一方、世帯主の配偶者の収入は、世帯主が55〜59歳の世帯は10万
2,754円、60〜64歳は5万8,245円、65〜69歳は4万1,401円、70
歳以上は1万8,947円と、世帯主の収入に比べると補助的収入にとどま
る。夫が定年を迎えると配偶者も仕事から身を引くのか、世帯主が60
歳以上になると半分以下になる。

　社会保障給付による収入は、世帯主が55〜59歳の世帯は1万4,627
円、60〜64歳は3万8,717円、65〜69歳は15万2,775円、70歳以
上は16万8,007円と高年齢になるほど高くなる。55〜59歳世帯の1
万4,627円との差額が、配偶者分を含めた在職老齢年金や公的年金であ
ろう。

　世帯主収入を年収（定期収入、臨時収入・賞与の合計）でみると、世帯
主が55〜59歳世帯の616万円に対し、60〜64歳の世帯は391万円
で63.5％にダウンする。このうち定期収入は世帯主が55〜59歳世帯
で488万円、60〜64歳の世帯は335万円と68.6％にダウン、賞与・
臨時収入は55〜59歳世帯127万円に対し、60〜64歳は56万円で
44.0％にダウンする。

　65〜69歳、70歳は世帯主の年収がさらに低くなるが、代わりに社
会保障給付が65〜69歳で183万円、70歳以上が202万円に増えて補
う形となり、配偶者収入・社会保障給付を含めた年収は60代が500万
円前後、70歳以上は432万円とそれほど大きな減額にはならない。結果、
実収入から非消費支出（税・社会保険料）を引いた可処分所得は、60代
が月額40万円前後、70代が36万円前後となる。

　働き盛りの40代〜50代の可処分所得（55万円前後）に比べると15
万〜20万円も少ないが、40代〜50代は子供の学費や家賃、外食費、
住宅ローンの負担などのため支出も膨らむのに対し、高年齢者は消費を
かなり節約できる。

　可処分所得に占める消費支出の割合（平均消費性向）は40代〜50代

図表2-18 世帯主の年齢階級別にみた2人以上世帯の家計収支（全国勤労者世帯、2020年（令和2年））

2人以上の世帯のうち勤労者世帯　注 金額は1か月あたり。

用途分類	単位	30～39歳	40～49歳	50～54歳	55～59歳	60～64歳	65～69歳	70歳～
集計世帯数	世帯	714	1,245	522	491	456	279	179
世帯人員	人	3.66	3.71	3.30	3.02	2.79	2.59	2.47
18歳未満人員		1.65	1.51	0.66	0.22	0.10	0.08	0.07
65歳以上人員		0.04	0.07	0.13	0.17	0.22	1.47	1.81
有業人員		1.59	1.72	1.94	2.05	1.91	1.78	1.63
世帯主の配偶者のうち女の有業率	％	54.6	62.4	61.5	57.0	46.6	37.9	24.1
持家率		65.7	78.9	85.1	88.9	90.8	90.3	89.3
住宅ローンを支払っている世帯の割合		50.2	54.4	47.7	35.6	16.2	14.1	11.1
家賃・地代を支払っている世帯の割合		29.8	20.2	14.6	11.5	9.9	9.3	11.3
実収入	月額・円	589,870	661,886	695,204	696,559	487,267	467,982	411,279
経常収入		553,114	628,277	665,716	671,035	460,349	443,824	391,434
勤め先収入		525,066	606,684	645,451	648,782	413,674	281,147	215,305
世帯主収入		426,756	495,966	516,258	513,266	326,002	218,573	172,811
定期収入		345,885	399,503	409,299	407,078	279,262	205,157	166,415
臨時収入・賞与		80,871	96,463	106,959	106,188	46,740	13,417	6,397
世帯主の配偶者の収入		95,731	105,081	108,126	102,754	58,245	41,401	18,947
他の世帯員収入		2,579	5,637	21,067	32,762	29,427	21,173	23,547
他の経常収入		24,768	19,724	17,215	16,208	40,708	157,622	171,712
財産収入		100	397	2,675	1,237	1,523	2,174	3,197
社会保障給付		23,625	18,845	12,965	14,627	38,717	152,775	168,007
特別収入		36,755	33,610	29,489	25,524	26,919	24,158	19,845
世帯主・配偶者収入、社会保障給付の合計	年額・万円	655	744	765	757	508	495	432
世帯主収入		512	595	620	616	391	262	207
					(100.0)	(63.5)	(42.6)	(33.7)

		415	479	491	488	335	246	200
定期収入	月額・円							
臨時収入・賞与		97	116	128	127	56	16	8
					(100.0)	(68.6)	(50.4)	(40.9)
世帯主の配偶者の収入		115	126	130	123	70	50	23
					(100.0)	(44.0)	(12.6)	(6.0)
社会保障給付		28	23	16	18	46	183	202
実支出	月額・円	363,529	442,691	483,560	475,024	383,071	358,525	303,566
消費支出		268,558	317,673	345,357	331,435	293,806	293,783	254,993
非消費支出		94,971	125,019	138,203	143,589	89,264	64,742	48,573
直接税		37,602	51,775	58,811	62,425	36,960	25,359	24,251
社会保険料		57,304	73,155	79,311	81,131	52,266	39,242	24,318
可処分所得（実収入-非消費支出）	月額・円	494,899	536,868	557,002	552,970	398,003	403,240	362,706
黒字（実収入-実支出）		226,341	219,195	211,644	221,535	104,197	109,458	107,712
金融資産純増		202,406	196,280	182,527	204,040	111,760	126,196	122,883
平均消費性向（消費支出÷可処分所得）	%	54.3	59.2	62.0	59.9	73.8	72.9	70.3

注 2020年は、新型コロナウイルス感染症緊急経済対策として家計への支援を目的とした1人一律10万円の特別定額給付金が支給された（特別収入に算入）。コロナ禍のため勤めの先収入の減少以上に消費支出等が大きく減少し、例年よりも「黒字」が大きい。

出典：総務省統計局「家計調査報告」（2020年（令和2年）平均）

が6割前後にとどまるのに対し、高年齢者は7割以上あり、手取りの多くを消費に回せるという意味では、むしろ高年齢者のほうが心理的には余裕があるともいえる。

🈴 2020年はコロナ対策として国民1人あたり一律10万円の特別定額給付金が支給され、外出等を控えたため消費支出が減り、全世代にわたって通常の年より黒字が大きくなった。

第3章　70歳雇用延長に向けた実務対応

第1節　高年齢者雇用確保措置の実施状況

1　高年齢者雇用確保措置の実施パターン

　図表3-1は、すべての企業に対して、希望者の65歳までの高年齢者雇用確保措置を義務づけた2013年4月施行の高年齢者雇用安定法の実施パターンを図式化したものである。

　雇用確保措置の選択肢は、図の上から③定年制の廃止、①65歳への定年延長、②定年後65歳までの勤務延長や再雇用などの継続雇用制度のいずれかとなる。

図表3-1　高年齢者雇用確保措置の実施パターン（2013年（平成25年）4月施行の高年齢者雇用安定法）

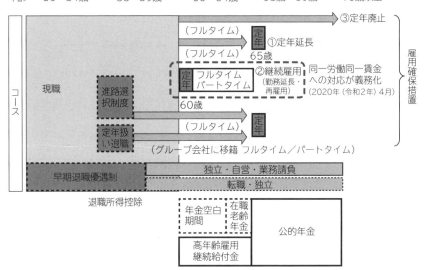

このうち①と③は全員がフルタイム正社員のまま対象となるが、②は希望者を対象に契約社員・パートタイマーなどの有期雇用が可能となり、勤務形態も従業員が合意すればフルタイム以外の短日・短時間勤務への転換も可能となる。

　この場合、図の左側のように、たとえば55歳の時点で従前と同様に60歳定年で退職するか、55歳以降は有期雇用契約等で65歳まで継続して働き続けるかを選択できる「進路選択制度」を導入することも認められている（前出27ページ参照）。

　また、子会社や関連会社へのグループ会社（特殊関係事業主）にフルタイムまたはパートタイムとして出向または移籍する方法も認められる（同）。

　厚生労働省の「令和2年『高年齢者の雇用状況』」調査によると、2020年（令和2年）6月時点で高年齢者雇用確保措置を実施済みの企業の割合は99.9％に達し、その内訳は次のとおりである（「令和2年高年齢者の雇用状況」調査、令和3.1.8、調査対象は全国の常時雇用する労働者が31人以上の企業164,151社）。

　①　定年制の廃止…2.7％（変動なし）

　②　継続雇用制度の導入…76.4％（前年比1.5ポイントの減少）

　③　定年の引上げ…20.9％（同1.5ポイントの増加）

　近年の傾向をみると、③定年の引上げが少しずつ増えており、①定年制の廃止を含め全員を65歳以上雇用する企業は全体の23.6％になった。

　②継続雇用制度は若干減少傾向にあるが、依然として4分の3以上の企業は希望者に対する勤務延長または再雇用制度による雇用確保措置を講じている。

（単位：%）

企業規模・産業・年	全企業	定年制を定めている企業[1]	定年制の定め方			一律に定めている
			一律に定めている	職種別に定めている	その他	
規模計	100.0	95.5（100.0）	（97.8）	（2.2）	（0.1）	100.0
1,000人以上	100.0	99.3（100.0）	（91.8）	（7.2）	（1.0）	100.0
300〜999人	100.0	99.7（100.0）	（94.2）	（5.8）	（0.1）	100.0
100〜299人	100.0	98.0（100.0）	（97.2）	（2.7）	（0.1）	100.0
30〜99人	100.0	94.2（100.0）	（98.5）	（1.5）	（ -）	100.0

定年を一律に定めている企業の定年年齢								定年制を定めていない企業
60歳	61歳	62歳	63歳	64歳	65歳	66歳以上	（再掲）65歳以上	
79.3	0.3	1.1	1.2	0.3	16.4	1.4	17.8	4.5
90.6	0.4	1.3	0.9	0.1	6.7	-	6.7	0.7
87.2	0.4	1.4	1.5	0.1	9.2	0.2	9.4	0.3
84.1	0.3	1.7	1.1	0.2	11.8	0.7	12.5	2.0
76.7	0.3	0.9	1.2	0.4	18.8	1.7	20.5	5.8

注1　（　）内の数値は、「定年制を定めている企業」を100とした割合である。

出典：厚生労働省「就労条件総合調査」（平成29年（2017年））、全産業計

2　定年制の実施状況と定年制のゆくえ

　少し前の資料になるが、**図表3-2**の厚生労働省「平成29年就労条件総合調査」（2017年）をみると、定年制を定めている企業の割合は、全体の95.5％、定年制を定めていない企業は4.5％となっている。

　定年制を定めていない企業を企業規模別にみると、従業員1,000人以上が0.7％、300〜999人が0.3％、100人〜299人が2.0％、30〜99人が5.8％となっており、いずれも少ないが、どちらかというと中小企業に偏り、大企業はごくわずかである。

一律定年制を定めている企業の定年年齢は、60歳が79.3％、61歳〜64歳が2.9％、65歳が16.4％、66歳以上が1.4％と、60歳定年制の企業が8割近くを占める。

　特に大企業は9割以上が60歳定年で、300人未満の中小企業には定年が65歳以上の企業が2桁あるのに対し、1,000人以上の大企業は6.7％に過ぎない。

　単純に考えると、経営に余裕のある大企業のほうがむしろ定年制廃止や定年延長に積極的になってもよさそうなものだが、反対の結果になっているのはなぜだろうか。

　定年の引上げや定年制の廃止が増えない最大の理由は、実はこれまでの長期雇用・メンバーシップ型の人事賃金制度を、60歳定年制が裏で支えてきたためである。

　いうまでもなく、能力主義を含めた年功的な人事制度の下では、中高年層の比率が増えるほど人件費コストの負担が大きくなる。特に賃金上昇カーブが立っている大企業ほどその傾向は顕著である。

　年功賃金とは、簡単にいえば会社に先に入社した社員が後輩の賃金をみて、「経験を積んだ自分たちは、後輩よりも多く給料をもらっている」と実感できる仕組みである。

　反対に若い社員は、自分達よりも年上の先輩の賃金を想像して、「自分も経験を積めば、いつか先輩のような高い給料が貰えるのだろう」と期待させる仕組みである。

　若年・中堅層には将来の昇給を約束する一方で、高年齢者には実際の貢献度を上回る賃金（長期勤続者の過去の貢献に対する後払いであるとする説が有力である）を支給することで、幅広い世代から長期間の貢献意欲を引き出すのである（**図表3-3**（A））。

　年功賃金は、若年層に比べて中高年層の賃金が高ければ高いほど強く機能するが、ある年齢を超えたところから賃金のオーバー・コスト（払い過ぎ）が急に膨らみ、人件費全体の費用対効果が大きく減ってしまう。

(A)年功賃金と定年制

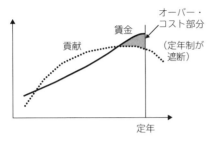

(B)定年延長を選択しない理由

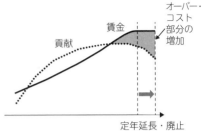

・年功賃金＝高年齢者に貢献以上の賃金を支給することで、若年・中堅層から賃金以上の貢献を長期間引き出す仕組み
・「先輩のように昇給できる」という期待感
・ある限界年齢より後はオーバー・コスト
・定年制による強制的なリタイアが必要

・既存の年功賃金制度を維持したまま定年を延長・廃止すると、オーバー・コストが増加する
・若年・中堅層の賃金抑制や人事の停滞によるモラールダウンを招きかねない
・正社員の勤務延長は、限られた人材のみ対象にできる制度

これを防ぐため、一定年齢以上は雇わない定年制という強固な一律退職ルールが不可欠になるのである。

いうまでもなく、各社の現行賃金カーブは、企業固有の人員構成と人件費支払能力や収益構造との微妙なバランスのうえに成り立っている。これまでの年功賃金カーブを維持したまま定年を延長したり、定年制を廃止したりする方法では、仮に定年延長部分の昇給をストップしたとしても、雇用を延長した年数分は人件費オーバー・コストが急増する（**図表3-3**(B)）。

また、年功賃金の会社とは、すなわち大半の従業員が定年まで勤め上げるメンバーシップ型雇用の会社である。もしメンバーシップ型の長期雇用慣行のまま定年がなく、力のある高年齢者が重要なポストを占有し続けるようなことがあれば、若手社員は昇進・昇格が遅れ、先輩の賃金になかなか追いつけなくなるであろう。

低い役職や賃金のまま勤続を重ねるしかない若年・中堅層は、能力・意欲の高い人材ほど不満を抱き、外部に流出する事態を招くに違いない。

後に残るのは、低い役職のままでも年功賃金を居心地がよいと感じる、意欲に乏しい人材である。

　60歳定年制は、年功的な人件費の増大に歯止めをかけ、高年齢者を強制的に退出させる代わりに、伸びしろのある若年層を新たな仕事の担い手に育成・登用し、組織の新陳代謝を促す人事・雇用秩序そのものである。したがって、大企業が定年を廃止したり、定年延長に踏み切ったりすることは容易ではない。

　大多数の企業が60歳定年から動こうとしないのは、このような費用対効果や人事処遇に対するシビアな経営判断があるからである。

　対照的に、定年を廃止したり、定年を61歳以上とする中小企業の多くは、年功的な賃金カーブがすでにある程度抑制されていると考えられる。実際に100人未満の中小企業では、65歳もしくはそれ以上の定年の会社が2割を超え、定年制のない会社を含めると全体の4分の1を超える(**図表3-2**)。

　中小企業は、もともと賃金カーブが大企業ほど立っておらず、実際の貢献度を大きく上回る年功賃金のオーバー・コスト分は大企業ほど多くない。したがって、中高年層が増えても大企業ほど人件費は大きく上昇せず、定年を延長したり、定年制を廃止したとしても、大企業のように人件費のオーバー・コストが急激に増えることもない。

　むしろ、大企業から高年齢者の専門職やマネジメント人材をスカウトしたり、大企業の子会社や下請け会社として定年間近のキャリア人材を受け入れたりして、技術力や取引関係を活用しようと考える中小企業も少なくないと思われる。

　具体的な数字は省略するが、**図表3-4**は、賃金構造基本統計調査から10〜99人の中小企業の役職別正社員と、フルタイム有期雇用の所定内給与を比較したグラフである。

注　10人以上の合計について作成した122ページ**図表2-13**のグラフと比較して頂きたい。)

図表3-4 役職別正社員とフルタイム有期雇用との所定内給与の比較（10〜99人）

（全産業10〜99人計、男女学歴計、常用労働者）

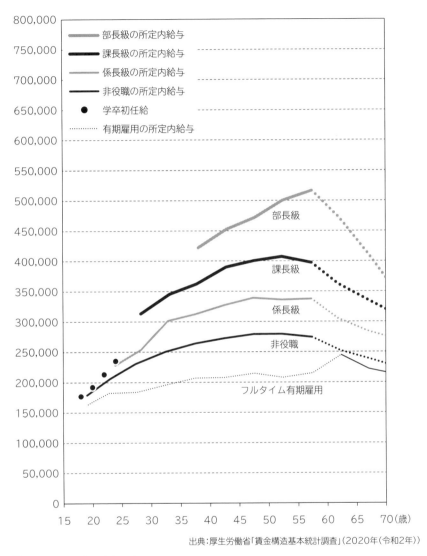

出典：厚生労働省「賃金構造基本統計調査」（2020年（令和2年））

注 通勤手当を含む金額である。

これをみると、非役職の正社員55歳～59歳の賃金（実線）は27万5,000円程度であり、同60～64歳の賃金（破線）は約25万円との差は2万5,000円程度である。前にも触れたが、この60～64歳の賃金は定年後も正社員に準じた待遇をしている勤務延長や、定年延長または定年がない企業の高年齢者の賃金とみなせる。

　一方、定年後再雇用者が多く含まれる有期雇用の60～64歳の賃金（実線）は24万5,000円程度であり、正社員の60～64歳の賃金（破線）との差は1万円にも満たない。

　実態上、60歳以降は正社員と有期雇用の賃金に大差がない状態になっており、高年齢者の高賃金を定年制によって厳しく遮断する必要性は、大企業ほど強くはない。

　むしろ、若年層の採用や人材の育成・定着が難しくなる中で、経験・熟練を積んだ高年齢層は貴重な人材となっており、高年齢者の雇用確保を重視するほうが得策と考える中小企業が増えている。ただし、能力・意欲のある若手社員の昇進・昇格の機会を奪わないためには、従来の年功的な賃金処遇から、仕事基準の能力主義・実力主義に基づく賃金処遇に転換し、年齢にかかわらない人材活用、適材適所の人事を推し進める必要がある。

　このように、人件費的な面からも人材確保の面からも、中小企業は60歳定年制に強く固執する理由はなくなっており、今後は年功的な人事処遇制度から脱皮しつつ、積極的に定年延長を行い、あるいは定年制を廃止する企業が急速に増えると思われる。

3 勤務延長制度と再雇用制度の実施状況

図表3-5の「就労条件総合調査」（平成29年（2017年））で一律定年制を定めている企業の内訳をみると、勤務延長制度・再雇用制度がある企業は全体の92.9％あり、その内訳をみると、勤務延長制度のみがある企業は9.0％、再雇用制度のみがある企業は72.2％、両制度を併用している企業は11.8％となっている。

勤務延長制度は少数にとどまり、再雇用制度の普及割合がはるかに高い。企業規模別にみると、再雇用制度は規模が大きいほど実施割合が高く、勤務延長制度は規模が小さいほど実施割合が高い。このことは、すでに触れたように規模が小さいほど定年制廃止や定年延長の実施割合が多い事情とも符合する。

勤務延長制度と再雇用制度との違いは、定年までの雇用契約を一度終了させるかどうかにある（26ページ、高年齢者雇用安定法第9条の解説参照）。

勤務延長制度とは、高年齢者が希望するときは定年に達した後も退職させず、従前の雇用契約を継続する。ただし、賃金待遇や労働日、労働

図表3-5 一律定年制を定めている企業における勤務延長制度、再雇用制度の有無別企業割合

（単位：％）

定年後の措置、企業規模・年	一律定年制を定めている企業[1]		制度がある企業	勤務延長制度のみ	再雇用制度のみ	両制度併用	制度がない企業	（再掲）制度がある	
								勤務延長制度（両制度併用を含む）	再雇用制度（両制度併用を含む）
平成29年調査計	[97.8]	100.0	92.9	9.0	72.2	11.8	7.1	20.8	83.9
1,000人以上	[91.8]	100.0	97.5	1.6	89.6	6.3	2.5	7.9	96.0
300〜999人	[94.2]	100.0	96.7	4.8	82.9	9.0	3.3	13.8	91.9
100〜299人	[97.2]	100.0	96.8	6.3	79.5	11.1	3.2	17.3	90.6
30〜99人	[98.5]	100.0	91.3	10.5	68.4	12.4	8.7	22.9	80.8

注1 [　]内の数値は、定年制を定めている企業のうち、一律定年制を定めている企業割合である。

出典：厚生労働省「就労条件総合調査」（平成29年（2017年））、全産業計

時間等の勤務条件は変更する場合がある。

　これに対して再雇用制度とは、現に雇用している高年齢者が希望するときは、定年時点でいったん退職させた後、再び雇用する制度をいう。定年に達したことにより雇用契約を終了させた後に、新たな労働条件の下で有期雇用契約を締結する。

　どちらかというと、勤務延長制度は会社の求めに応じて、必要とされる人材が定年後も働き続けるという需要と供給の構図であるのに対し、再雇用制度は、法的な継続雇用義務に対応するために、従業員をいったん退職させた上で継続雇用を希望する従業員を有期契約社員として再雇用し、1年ごとに更新するクールな雇用関係に切り替えるニュアンスがある。

　図表3-6の同調査で継続雇用制度の最高雇用年齢をみると、勤務延長制度の約8割、再雇用制度の約9割が65歳を雇用の上限としている。

　ただし、勤務延長制度では66歳以上の企業も2割前後あり、最高雇用年齢を定めない企業も4割強ある。特に企業規模が小さいほど最高雇用年齢を定めない企業が増える傾向がある。下段の雇用期間は約半数強が1年で、期間を定めない企業も約3割強ある。特に企業規模が小さいほど期間を定めない企業が増える傾向がある。

　これに対し、再雇用制度は最高雇用年齢が66歳以上の企業は1割前後で、期間を定めない企業は2割前後にとどまる。雇用期間は1年が7割以上を占め、期間を定めない企業は1割前後にとどまる。再雇用制度は勤務延長に比べてやや厳しい上限年齢や雇用期間とする傾向がある。

4　高年齢継続雇用に伴う賃金ダウンと仕事の変化

　図表3-7は、これまでみてきた日本企業の典型的な年功賃金カーブと、65歳までの雇用確保措置における平均的な高年齢者待遇の実情を図式化したものである。

　右上がりの山なりのグラフは、新卒で入社し定年まで勤めあげる標準

図表3-6　勤務延長制度、再雇用制度の最高雇用年齢、雇用期間別企業割合

(単位：%)

定年後の措置、企業規模	一律定年制で定年後の制度がある企業[1]		最高雇用年齢				
			最高雇用年齢を定めている企業[2]		最高雇用年齢階層		最高雇用年齢を定めていない企業
					65歳	66歳以上	
勤務延長制度[3]							
規模計	[20.8]	100.0	56.9	(100.0)	(80.1)	(16.9)	43.1
1,000人以上	[7.9]	100.0	82.8	(100.0)	(71.3)	(19.4)	17.2
300～999人	[13.8]	100.0	67.8	(100.0)	(68.8)	(22.7)	32.2
100～299人	[17.3]	100.0	59.8	(100.0)	(80.4)	(18.6)	40.2
30～99人	[22.9]	100.0	55.4	(100.0)	(81.0)	(16.1)	44.6
再雇用制度[3]							
規模計	[83.9]	100.0	80.8	(100.0)	(90.0)	(9.8)	19.2
1,000人以上	[96.0]	100.0	94.1	(100.0)	(94.5)	(5.3)	5.9
300～999人	[91.9]	100.0	90.8	(100.0)	(92.0)	(8.0)	9.2
100～299人	[90.6]	100.0	83.2	(100.0)	(90.8)	(9.2)	16.8
30～99人	[80.8]	100.0	78.5	(100.0)	(89.3)	(10.4)	21.5

雇用期間				
6か月未満	6か月以上1年未満	1年	1年を超える期間	期間を定めない
1.7	2.8	**51.8**	9.2	**34.5**
2.0	5.2	68.5	14.7	9.6
1.2	11.5	60.6	7.5	19.3
2.8	6.1	65.0	6.5	19.6
1.4	1.5	48.1	9.9	39.1
1.8	4.2	**74.7**	8.2	11.1
1.0	4.9	88.7	3.9	1.5
1.7	7.3	84.6	4.8	1.7
2.8	5.2	79.7	6.3	6.0
1.4	3.5	71.4	9.5	14.2

注1 [　]内の数値は、一律定年制を定めている企業のうち、勤務延長制度または再雇用制度がある(両制度併用を含む。)企業割合である。

注2 (　)内の数値は、「最高雇用年齢を定めている企業」を100とした割合である。

注3 「勤務延長制度」および「再雇用制度」には、「両制度併用」を含む。

出典：厚生労働省「就労条件総合調査」(平成29年(2017年))、全産業計

的な正社員の基本給カーブを表している。本書では「標準Bモデル」と呼
ぶ。

　繰り返しになるが、年功賃金は高年齢者に貢献以上の賃金を支給する
ことで、若年・中堅層に「自分たちも先輩に見習って仕事をすれば先輩
のように昇給できる」という期待感を持たせ、賃金以上の貢献を長期間
引き出す。

　もっとも、長期にわたる低成長・デフレ経済のもとで年功賃金カーブ
は徐々に抑制され、実態調査でも確認したとおり（**図表2-12、2-13**参照）、
図のように定年前の一定時期に昇給・昇格を抑制する企業が大半となっ
ている。

　それでも賃金カーブが寝ている中小企業は別として、ある限界年齢よ
り後はオーバー・コストになるため、60歳以降の継続雇用制度を実施
する場合は定年後の継続雇用賃金の大幅な引下げが必要となる。

　すでにみたように約4分の3の企業は継続雇用制度を導入し、定年前
の賃金処遇を5割〜8割程度に切り下げ、60歳以降は厚生年金（働きな
がら受給する在職老齢年金）や定年後の賃金ダウンを雇用保険が補てん
する高年齢雇用継続給付などの公的給付を最大限活用する手法を用いて

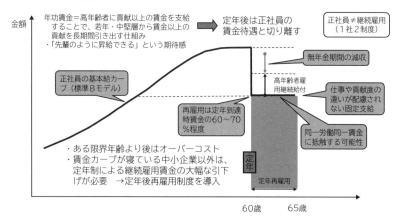

図表3-7　高年齢者雇用確保措置における賃金待遇の実情

きた。

　独立行政法人労働政策研究・研修機構の「高年齢者の雇用に関する調査（企業調査）」（令和2年（2020年）3月）によると、60代前半層（60〜64歳）のフルタイム勤務・継続雇用者の年収の平均的な内訳は、賃金・賞与が94.8％、企業年金が0.9％、在職老齢年金が3.7％、高年齢雇用継続給付が4.0％となっている（132ページの家計調査も参照）。

　筆者の推測では、正社員の身分が続く勤務延長の場合は、賃金を減額する以上は仕事の内容を限定したり、人材活用の仕組みを制約したりする話合いが行われるものと思われる。

　しかし、定年前の正社員と雇用形態が全く異なる再雇用の場合は、正社員の賃金待遇と高年齢者の賃金待遇を完全に切り離す「1社2制度」を実施する企業が大半を占める。

　その場合、たとえば定年前賃金の60％とか仕事の内容に関わらず一律25万円というような仕事や貢献度の違いが反映されない固定的な賃金待遇を実施する企業も少なくない。

　賃金待遇が切り下がる以上、再雇用者は正社員よりも職務内容を限定したり、人材活用の仕組みを制約したりするのが常識的な対応であろう。ただし、中には定年前と同じ仕事、同じ働き方をさせつつ賃金待遇が切り下がる企業もあり、その場合は同一労働同一賃金の観点からも問題を抱える（39ページ「同一労働同一賃金への配慮」の項参照）。

　図表3-8は同じく「高年齢者の雇用に関する調査（企業調査）」から、60代前半層の継続雇用者の仕事内容のうち、企業内で最も多いケースについて、定年前（60歳頃）からどのように変化したかを集計したものである。

　合計でみると、「定年前とまったく同じ仕事」が44.2％で最も多く、次いで「定年前と同じ仕事であるが、責任の重さが軽くなる」が38.4％、「定年前と一部異なる仕事」が5.6％となった。これに対し「定年前とまったく異なる仕事」は0.5％、「定年前と同じ仕事であるが、責任の重さが重くなる」は0.4％とわずかで、このような仕事の与え方は例外的である

（単位：％）

定年後の措置、企業規模	n	定年前とまったく同じ仕事	定年前と同じ仕事であるが、責任の重さが軽くなる	定年前と同じ仕事であるが、責任の重さが重くなる	定年前と一部異なる仕事	定年前とまったく異なる仕事	その他	無回答
合計	5,891	44.2	38.4	0.4	5.6	0.5	0.7	10.1
1,000人以上	167	34.1	44.3	0.0	8.4	1.8	1.8	9.6
300〜999人	694	35.9	48.1	0.4	6.9	0.6	0.6	7.5
100〜299人	2,131	43.8	41.3	0.3	5.8	0.5	0.6	7.7
100人未満	2,771	47.0	34.0	0.4	5.0	0.5	0.9	12.2

出典：独立行政法人労働政策研究・研修機構「高年齢者の雇用に関する調査（企業調査）」（令和2年（2020年））、全産業計

注　調査時点は2019年5月1日、調査対象は常用労働者50人以上を雇用している企業20,000社。ただし、農林、漁業、鉱業、複合サービス、公務は除く。

ことがわかる。

　従業員規模別にみると、小規模企業では定年前とまったく同じ仕事を行っている傾向があるのに対して、従業員規模が大きいほど、定年前と内容は同じでも責任の重さが軽くなったり、仕事内容自体が一部変化する割合も高い。

　同じ調査（**図表3-9**）で、継続雇用者を配置する際に配慮している点を尋ねた結果、「慣れている仕事に継続して配置すること」（72.2％）が最も多く、次に「本人の希望への配慮」（62.0％）であった。「技能やノウハウの継承が円滑に進むようにすること」や「肉体的に負担の少ない仕事に配置すること」を考慮しているのは回答企業全体の約4分1、他の項目に関しては1割以下と少なかった。なお、「特に配慮していることがない」と回答した企業は全体の4.4％だった。

　ただ、せっかくこのように仕事の与え方を配慮していても、一律に賃金待遇を切り下げる仕組みをとる限り、定年後再雇用者のモチベーションを維持するには限界があろう。

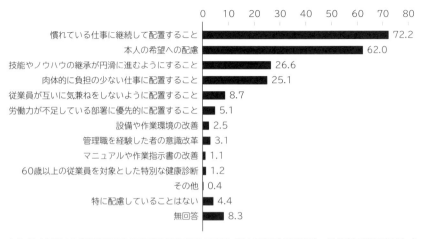

図表3-9 継続雇用者の配置における配慮（複数回答、n＝5,891、単位％）

慣れている仕事に継続して配置すること	72.2
本人の希望への配慮	62.0
技能やノウハウの継承が円滑に進むようにすること	26.6
肉体的に負担の少ない仕事に配置すること	25.1
従業員が互いに気兼ねをしないように配置すること	8.7
労働力が不足している部署に優先的に配置すること	5.1
設備や作業環境の改善	2.5
管理職を経験した者の意識改革	3.1
マニュアルや作業指示書の改善	1.1
60歳以上の従業員を対象とした特別な健康診断	1.2
その他	0.4
特に配慮していることはない	4.4
無回答	8.3

出典：独立行政法人労働政策研究・研修機構「高年齢者の雇用に関する調査（企業調査）」（令和2年（2020年））、全産業計

注　調査時点は2019年5月1日、調査対象は常用労働者50人以上を雇用している企業20,000社。ただし、農林、漁業、鉱業、複合サービス、公務は除く。

5　勤務延長制度と再雇用制度の賃金支給率

　では、勤務延長制度・再雇用制度を実施する場合、定年退職時に比べてどれだけの賃金が支給されているのだろうか。

　図表3-10は、同じ調査でフルタイム勤務の継続雇用者（60歳まで正社員として勤続し、60歳以降も雇用され続けている正社員・非正社員）の61歳時点での賃金・賞与を合計した年間賃金について、60歳直前の水準を100とした時の指数である。

　全体平均は「最も高い水準の人」が89.6、「平均的な水準の人」が78.7、「最も低い水準の人」が70.8となっており、平均的な水準の人で、収入は60歳を境に約4分の3に減少している。従業員規模別に見ると、規模の小さい企業ほど賃金カーブが寝ているため、60代前半における収入の減少幅は比較的小さいが、年収額自体は低い。

　ただし、この資料は年間賃金の支給率であり、勤務延長制度・再雇用制度が区別できない。少し古い資料になるが、厚生労働省「就労条件総

フルタイム勤務・継続雇用者の61歳時点の賃金水準の平均値（賃金・賞与合計）

（60歳直前の賃金を100とした時の指数） （単位：％）

定年後の措置、従業員規模	最も高い水準の人	平均的な水準の人	最も低い水準の人
合計	89.6	78.7	70.8
1,000人以上	91.4	70.9	59.8
300～999人	88.0	74.7	66.0
100～299人	89.4	78.2	70.0
100人未満	90.0	80.5	73.7

出典：独立行政法人労働政策研究・研修機構「高年齢者の雇用に関する調査（企業調査）」（令和2年（2020年））、全産業計

注1 調査時点は2019年5月1日、調査対象は常用労働者50人以上を雇用している企業20,000社。ただし、農林、漁業、鉱業、複合サービス、公務は除く。

注2 集計に用いたサンプルサイズ（合計）は、「最も高い水準の人」が、n＝4,224、「平均的な水準の人」が、n＝4,434、「最も低い水準の人」が、n＝4,015である。

合調査」（平成29年（2017年））の中から勤務延長制度・再雇用制度の定年退職時に対する賃金支給率を紹介する（**図表3-11**）。

　勤務延長制度の場合、規模計でみると、「定年退職時と同じ」が43.7％と最も多く、次いで定年退職時の「50％以上80％未満」が23.5％、「80％以上100％未満」が22.5％となっている。

　定年に達した後も退職させることなく引き続き雇用する勤務延長制度であっても、定年時の賃金を100％支給する企業は4割強にとどまり、定年後は減額する企業のほうが多い。

　正社員の身分が続く勤務延長制度において賃金が下がるとすれば、本人との話合いが行われているはずであり、実際には、定年前よりも仕事の地位・責任が下がったり、仕事の内容を軽減したりするケースが多いと考えられる。特に大手企業の場合は、子会社や関連会社等に出向する形もかなり含まれよう。

　参考に、筆者がこれらの比率を加重して試算した勤務延長制度の平均支給率（表の※欄）は82.1％となった。企業規模による違いはそれほど大きくない。

次に再雇用制度の賃金支給率を規模計でみると、定年退職時の「50％以上80％未満」が52.4％、「80％以上100％未満」が19.2％、「定年退職時と同じ」が15.2％の順となっている。「30％未満」や「30％以上50％未満」は合わせても10％強である。

再雇用制度の平均支給率は70.4％となった。規模別にみると、従業員1,000人以上が61.4％、100～999人が68.0％、30～99人が71.8％となっている。企業規模が大きいほど支給率は低く、この点は勤務延長制度と大きな違いがある。

ちなみに前回の2015年（平成27年）調査では、勤務延長制度は80.4％、再雇用制度は67.7％という平均支給率であった。両制度ともに支給率が2～3％増加した理由としては、年金の支給開始年齢が2016年度（平成28年度）以降62歳となり、年金空白期間が広がったことに対する一定の配慮が行われたこと、人手不足の影響から継続雇用者の待遇を改善する企業が増えたことなどが考えられる。

ところで、この調査は「期間を定めずに雇われている全常用労働者からパートタイマー（1日の所定労働時間や週の所定労働日数が一般の労働者よりも少ない者）を除いた労働者」について調べたものである。

図表3-12は、同じくフルタイムの常用労働者について調査した「賃金構造基本統計調査」（令和2年（2020年））の役職別給与実態から、55歳以上の所定内給与、賞与、年間賃金について定年前の55～59歳の賃金を100とした指数を試算したものである（元データは119ページ**図表2-12**と同じ）。

ご覧のように企業規模によって金額水準には大きな隔たりがあるが、企業規模計（10人以上）でみると、55～59歳と60～64歳の所定内給与は部長級が64万300円と55万8,100円（87.2）、課長級が49万7,000円と43万4,300円（87.4）、係長級が39万7,700円と34万800円（85.7）、非役職が31万6,300円と27万1,300円（85.8）となっている。

カッコ内は55～59歳の所定内給与に対する指数で、いずれも**図表**

定年後の措置、産業・企業規模、勤務延長制度、再雇用制度の賃金別企業割合

（単位：％）

定年後の措置、企業規模	一律定年制で定年後の制度がある企業[1]		定年退職時の30%未満	定年退職時の30%以上50%未満	定年退職時の50%以上80%未満	定年退職時の80%以上100%未満	定年退職時と同じ	定年退職時よりも多い	参考※平均支給率の試算
勤務延長制度[2]									
規模計	[20.8]	100.0	3.3	2.5	23.5	22.5	**43.7**	1.0	**82.1**
1,000人以上	[7.9]	100.0	－	2.6	37.1	31.4	25.6	－	**79.0**
300〜999人	[13.8]	100.0	0.9	2.8	29.9	21.5	42.0	－	**82.1**
100〜299人	[17.3]	100.0	1.4	3.5	29.4	21.1	40.6	0.7	**81.2**
30〜99人	[22.9]	100.0	3.9	2.2	21.6	22.8	44.7	1.1	**82.2**
再雇用制度[2]									
規模計	[83.9]	100.0	2.1	8.3	**52.4**	19.2	15.2	0.0	**70.4**
1,000人以上	[96.0]	100.0	2.6	19.7	60.7	11.3	3.2	－	**61.4**
300〜999人	[91.9]	100.0	1.0	13.2	60.7	16.5	6.8	0.2	**66.8**
100〜299人	[90.6]	100.0	2.3	9.5	53.8	18.4	12.6	－	**68.5**
30〜99人	[80.8]	100.0	2.2	6.9	50.7	20.1	17.4	－	**71.8**

出典：厚生労働省「就労条件総合調査」（平成29年（2017年））、全産業計

注1 [　]内の数値は、一律定年制を定めている企業のうち、勤務延長制度または再雇用制度がある（両制度併用を含む。）企業割合である。

注2 「勤務延長制度」、「再雇用制度」には、「両制度併用」を含む。

注3 参考※は著者が試算したものである。

55歳以上の役職別正社員の所定内給与、賞与、年間賃金と指数

役職		区分	企業規模計(10人以上、図表2-12を再掲) 所定内給与	年間賞与その他特別給与	賞与支給月数	年間賃金	1,000人以上 所定内給与	年間賞与その他特別給与	賞与支給月数	年間賃金	100~999人 所定内給与	年間賞与その他特別給与	賞与支給月数	年間賃金	10~99人 所定内給与	年間賞与その他特別給与	賞与支給月数	年間賃金
			円	円	か月	円	円	円	か月	円	円	円	か月	円	円	円	か月	円
部長級	実数	55~59歳	640,300	2,383,200	3.72	10,066,800	768,800	3,582,200	4.66	12,807,800	644,200	2,234,100	3.47	9,964,500	516,400	1,474,700	2.86	7,671,500
		60~64歳	558,100	1,558,200	2.79	8,255,400	691,100	2,612,500	3.78	10,905,700	632,500	1,688,500	2.67	9,278,500	471,800	1,138,100	2.41	6,799,700
		65~69歳	473,300	1,075,000	2.27	6,752,600	675,100	2,052,700	3.04	10,153,900	606,100	1,273,000	2.10	8,546,200	411,300	934,800	2.27	5,870,400
		70歳~	388,800	768,500	1.98	5,434,100	870,900	361,100	0.41	10,811,900	717,600	1,228,000	1.71	9,839,200	321,700	703,800	2.19	4,564,200
	指数	55~59歳	100.0	100.0		100.0	100.0	100.0		100.0	100.0	100.0		100.0	100.0	100.0		100.0
		60~64歳	87.2	65.4		82.0	89.9	72.9		85.1	98.2	75.6		93.1	91.4	77.2		88.6
		65~69歳	73.9	45.0		67.1	87.8	57.3		79.3	94.1	57.0		85.8	79.6	63.4		76.5
		70歳~	60.7	32.2		54.0	113.3	10.1		84.4	111.4	55.0		98.7	62.3	47.7		59.5
課長級	実数	55~59歳	497,000	1,987,200	4.00	7,951,200	582,300	2,713,600	4.66	9,701,200	483,600	1,878,400	3.88	7,681,600	397,200	1,128,000	2.84	5,894,400
		60~64歳	434,300	1,410,200	3.25	6,621,800	556,400	2,512,000	4.51	9,188,800	460,200	1,498,200	3.26	7,020,600	362,200	870,900	2.40	5,217,300
		65~69歳	339,700	687,600	2.02	4,764,000	361,700	930,400	2.57	5,270,800	350,100	821,100	2.35	5,022,300	333,800	614,200	1.84	4,619,800
		70歳~	330,700	767,500	2.32	4,735,900	321,900	1,010,800	3.14	4,873,600	444,200	411,800	0.93	5,742,200	304,100	835,200	2.75	4,484,400
	指数	55~59歳	100.0	100.0		100.0	100.0	100.0		100.0	100.0	100.0		100.0	100.0	100.0		100.0
		60~64歳	87.4	71.0		83.3	95.6	92.6		94.7	95.2	79.8		91.4	91.2	77.2		88.5
		65~69歳	68.4	34.6		59.9	62.1	34.3		54.3	72.4	43.7		65.4	84.0	54.5		78.4
		70歳~	66.5	38.6		59.6	55.3	37.2		50.2	91.9	21.9		74.8	76.6	74.0		76.1

係長

実数

年齢	計 月額	計 賞与	計 倍率	計 年間賃金	1,000人以上 月額	賞与	倍率	年間賃金	100～999人 月額	賞与	倍率	年間賃金	10～99人 月額	賞与	倍率	年間賃金
55～59歳	397,700	1,477,300	3.71	6,249,700	447,900	1,959,600	4.38	7,334,400	389,900	1,392,700	3.57	6,071,500	337,600	915,800	2.71	4,967,000
60～64歳	340,800	912,300	2.68	5,001,900	370,600	1,394,100	3.76	5,841,300	375,600	965,000	2.57	5,472,200	305,100	658,000	2.16	4,319,200
65～69歳	280,400	373,900	1.33	3,738,700	243,400	682,500	2.80	3,603,300	282,300	320,700	1.14	3,708,300	283,100	358,300	1.27	3,755,500
70歳～	269,500	304,000	1.13	3,538,000	244,700	7,000	0.03	2,943,400	342,400	971,400	2.84	5,080,200	268,300	294,000	1.10	3,513,600

指数

年齢	計 月額	計 賞与		計 年間賃金	1,000人以上 月額	賞与		年間賃金	100～999人 月額	賞与		年間賃金	10～99人 月額	賞与		年間賃金
55～59歳	100.0	100.0		100.0	100.0	100.0		100.0	100.0	100.0		100.0	100.0	100.0		100.0
60～64歳	85.7	61.8		80.0	82.7	71.1		79.6	96.3	69.3		90.1	90.4	71.8		87.0
65～69歳	70.5	25.3		59.8	54.3	34.8		49.1	72.4	23.0		61.1	83.9	39.1		75.6
70歳～	67.8	20.6		56.6	54.6	0.4		40.1	87.8	69.7		83.7	79.5	32.1		70.7

非役職

実数

年齢	計 月額	計 賞与	計 倍率	計 年間賃金	1,000人以上 月額	賞与	倍率	年間賃金	100～999人 月額	賞与	倍率	年間賃金	10～99人 月額	賞与	倍率	年間賃金
55～59歳	316,300	935,300	2.96	4,730,900	365,700	1,356,800	3.71	5,745,200	308,900	902,900	2.92	4,609,700	274,100	542,400	1.98	3,831,600
60～64歳	271,300	574,600	2.12	3,830,200	319,900	952,000	2.98	4,790,800	265,900	633,500	2.38	3,824,300	251,900	362,700	1.44	3,385,500
65～69歳	248,400	300,800	1.21	3,281,600	286,200	492,500	1.72	3,926,900	259,100	319,300	1.23	3,428,500	238,100	262,000	1.10	3,119,200
70歳～	230,400	240,500	1.04	3,005,300	265,100	418,100	1.58	3,599,300	245,500	196,700	0.80	3,142,700	221,300	226,200	1.02	2,881,800

指数

年齢	計 月額	計 賞与		計 年間賃金	1,000人以上 月額	賞与		年間賃金	100～999人 月額	賞与		年間賃金	10～99人 月額	賞与		年間賃金
55～59歳	100.0	100.0		100.0	100.0	100.0		100.0	100.0	100.0		100.0	100.0	100.0		100.0
60～64歳	85.8	61.4		81.0	87.5	70.2		83.4	86.1	70.2		83.0	91.9	66.9		88.4
65～69歳	78.5	32.2		69.4	78.3	36.3		68.4	83.9	35.4		74.4	86.9	48.3		81.4
70歳～	72.8	25.7		63.5	72.5	30.8		62.6	79.5	21.8		68.2	80.7	41.7		75.2

出典：厚生労働省「賃金構造基本統計調査（令和2年（2020年））」

注1 通勤手当を含む金額である。年間賃金は所定内給与の12か月分に年間賞与その他特別給与額を加えて算出した。

注2 指数は55～59歳の金額を100とした指数

3-11の勤務延長制度の平均支給率82.1%よりもやや高い結果となった。前にも触れたように、同調査の60歳以降は、定年後もそのまま元の会社にとどまり勤務延長となった正社員だけでなく、子会社や関連会社に天下りした管理職や専門職、65歳定年制の会社あるいは定年制のない会社に勤務する正社員なども含まれるため、やや高めの賃金支給率になると考えられる。以上が勤務延長者の賃金支給率の実態である。

　次に、非役職正社員が定年後再雇用によりフルタイム有期雇用となった場合の賃金支給率を考えてみる。

　図表3-13は、同調査のうち、定年後再雇用者が多数を占めると思われる60歳以上のフルタイム有期雇用の所定内給与、賞与、年間賃金について、定年前の非役職正社員の55〜59歳の賃金を100とした指数（%）である（元データは119ページ**図表2-12**と同じ）。

　ご覧のとおり、企業規模計（10人以上）の60〜64歳のフルタイム有期雇用の所定内給与は24万9,700円で、規模別にみると、1,000人以上は25万4,300円、100〜999人は24万7,000円、10〜99人24万4,800円となり、企業規模による賃金格差は大きくない。

　結果、55〜59歳の非役職正社員の所定内給与を100とした指数は賃金カーブが立っている大手企業ほど低くなり、企業規模計で78.9%、1,000人以上が69.5%、100〜999人は80.1%、10〜99人は89.3%となる。やはり**図表3-11**の再雇用制度の平均支給率（規模計で70.4%、1,000人以上が61.4%、300〜999人は66.8%、100〜299人は68.5%、30〜99人は71.8%）よりも高くなった。

　以上の支給率を企業規模計で総括すると、**図表3-14**の「賃金」のようになる。

　図表3-11の賃金支給率は、平成29年（2017年）の調査時点から約4年が経過し、現在では勤務延長制度が85%程度、再雇用制度は75%程度になっているのではないかと推定される。

図表3-13　55歳以上の非役職正社員とフルタイム有期雇用の所定内給与、賞与、年間賃金と指数

役職		区分	企業規模計(10人以上。図表2-12を再掲)				1,000人以上				100～999人				10～99人			
			所定内給与	年間賞与その他特別給与	賞与支給月数	年間賃金	所定内給与	年間賞与その他特別給与	賞与支給月数	年間賃金	所定内給与	年間賞与その他特別給与	賞与支給月数	年間賃金	所定内給与	年間賞与その他特別給与	賞与支給月数	年間賃金
			円	円	か月	円	円	円	か月	円	円	円	か月	円	円	円	か月	円
非役職職	実数	55～59歳	316,300	935,300	2.96	4,730,900	365,700	1,356,800	3.71	5,745,200	308,900	902,900	2.92	4,609,700	274,100	542,400	1.98	3,831,600
		60～64歳	271,300	574,600	2.12	3,830,200	319,900	952,000	2.98	4,790,800	265,900	633,500	2.38	3,824,300	251,900	362,700	1.44	3,385,500
		65～69歳	248,400	300,800	1.21	3,281,600	286,200	492,500	1.72	3,926,900	259,100	319,300	1.23	3,428,500	238,100	262,000	1.10	3,119,200
		70歳～	230,400	240,500	1.04	3,005,300	265,100	418,100	1.58	3,599,300	245,500	196,700	0.80	3,142,700	221,300	226,200	1.02	2,881,800
	指数	55～59歳	100.0	100.0		100.0	100.0	100.0		100.0	100.0	100.0		100.0	100.0	100.0		100.0
		60～64歳	85.8	61.4		81.0	87.5	70.2		83.4	86.1	70.2		83.0	91.9	66.9		88.4
		65～69歳	78.5	32.2		69.4	78.3	36.3		68.4	83.9	35.4		74.4	86.9	48.3		81.4
		70歳～	72.8	25.7		63.5	72.5	30.8		62.6	79.5	21.8		68.2	80.7	41.7		75.2
有期雇用	実数	60～64歳	249,700	533,100	2.13	3,529,500	254,300	639,700	2.52	3,691,300	247,400	499,800	2.02	3,468,600	244,800	368,500	1.51	3,306,100
		65～69歳	223,200	266,200	1.19	2,944,600	226,800	259,500	1.14	2,981,100	221,100	262,400	1.19	2,915,600	221,900	284,500	1.28	2,947,300
		70歳～	217,800	161,100	0.74	2,774,700	235,300	152,900	0.65	2,976,500	212,900	149,300	0.70	2,704,100	210,500	189,400	0.90	2,715,400
	指数	60～64歳	78.9	57.0		74.6	69.5	47.1		64.3	80.1	55.4		75.2	89.3	67.9		86.3
		65～69歳	70.6	28.5		62.2	62.0	19.1		51.9	71.6	29.1		63.2	81.0	52.5		76.9
		70歳～	68.9	17.2		58.7	64.3	11.3		51.8	68.9	16.5		58.7	76.8	34.9		70.9

出典：厚生労働省「賃金構造基本統計調査」(令和2年(2020年))

注1　通勤手当を含む金額である。年間賃金は所定内給与の12か月分に年間賞与その他特別給与額を加えて算出した。

注2　非役職の指数は55～59歳の金額を100とした指数。有期雇用の指数は非役職の55～59歳の金額を100とした指数。

各種調査による継続雇用制度の平均的な賃金支給率（規模計）

(単位：%)

調査	図表	調査年	継続雇用 賃金	継続雇用 賞与	継続雇用 年間賃金	勤務延長制度 賃金	勤務延長制度 賞与	勤務延長制度 年間賃金	再雇用制度 賃金	再雇用制度 賞与	再雇用制度 年間賃金
総務庁統計局「家計調査」（2人以上の世帯）	図表2-18	令和2年（2020年）	68.6	44.0 (64.1)	63.5 (92.6)						
労働政策研究・研修機構「高年齢者の雇用に関する調査（企業調査）」	図表3-10	令和2年（2020年）			最高 89.6 平均 78.7 最低 70.8						
厚生労働省「就労条件総合調査」	図表3-11	平成29年（2017年）				82.1					70.4
人事院「民間給与実態調査」	掲載省略	平成29年（2017年）							70.4	47.7 (67.8)	65.4 (92.9)
厚生労働省「賃金構造基本統計調査」	図表3-12、13	令和2年（2020年）				85.8	61.4 (71.6)	81.0 (94.4)	78.9	57.0 (72.2)	74.6 (94.5)

注 賞与の（　）内は賃金の支給率に対する賞与および年間賃金の支給率の割合である。人事院「民間給与実態調査」の場合、賃金の支給率70.4%に67.8%を掛算したものが賞与の支給率47.7%、92.9%を掛算したものが年間賃金の支給率65.4%となる。

6　勤務延長・再雇用の賞与、年間賃金の支給率

　先の**図表3-10**の資料では、賞与を含めた年間賃金の支給率は最高89.6%、平均78.7%、最低70.8%となっていた。おおざっぱにいえば約8割前後ということになる。

　図表3-12で役職別正社員（勤務延長を想定）の55 ～ 59歳に対する60 ～ 64歳の賞与と年間賃金の支給率をみると、部長級が65.4%と82.0%、課長級が71.0%と83.3%、係長級が61.8%と80.0%、非役職が61.4%と81.0%となり、いずれも賞与の支給率は所定内給与より一段と低く、年間賃金は約8割強となっている。

　図表3-13でフルタイム有期雇用（再雇用制度を想定）の55 ～ 59歳に対する60 ～ 64歳の賞与と年間賃金の支給率をみると、企業規模計で57.0%と74.6%、1,000人以上が47.1%と64.3%、100 ～ 999人は55.4%と75.2%、10 ～ 99人は67.9%と86.3%となり、やはり大手企業ほど低い支給率となっている。

　具体的な資料は割愛するが、人事院の平成29年（2017年）の民間給与実態調査では、定年前常勤従業員の給与水準を100とした場合の標準的なフルタイム再雇用者の給与水準は、月例給与70.4%、賞与47.7%、年間賃金65.4%となっている。

　以上の支給率を企業規模計で総括すると、**図表3-14**の「賞与」「年間賃金」のようになる。いずれも勤務延長よりも再雇用の支給率が低い。

　どの調査も、賞与の支給率は賃金の支給率よりも一段と低く、賃金の支給率にカッコ内の7割前後を掛け算したものが賞与の支給率となっている。

> 賃金の支給率×7割前後＝賞与の支給率

　仮に現時点の賃金の支給率が、勤務延長制度は85%程度になってい

ると仮定すると、その7掛けとした賞与の支給率は60％程度に、再雇用制度は75％程度になっていると仮定すると、賞与の支給率は53％程度になる。

　しかし、同一労働同一賃金の法理は賞与にも適用されるため、今後は賃金の支給率の7掛けという支給率の差が許容されるかどうかは、予断を許さない。

　同一労働同一賃金ガイドラインは、賞与について通常の労働者と短時間・有期雇用労働者との間で、企業業績への貢献が同一であれば同一の支給、一定の相違がある場合にはその相違に応じた支給をすることを求めている（「同一労働同一賃金ガイドライン」第3「2　賞与」）。

　この点の解釈について、水町勇一郎教授は「例えば、賞与の性質・目的が賞与算定基礎期間の就労への賃金後払いと功労報償にあり、当該期間における短時間・有期雇用労働者の就労や功労の割合が通常の労働者の6割だと判断される場合には、短時間・有期雇用労働者に通常の6割の賞与を支給することが求められる。これに対し、例えば、賞与が過去の勤務状況等にかかわらずその時点で在籍している労働者に定額または一定月数分支給されるなど、過去の功労への報償ではなく将来の勤務に対する勤労奨励的な性格をもつ場合には、その性質・目的に照らし、その時点で在籍しその後も勤務することが予定されている短時間・有期雇用労働者に対して、通常の労働者と同額または同月数分の賞与を支給することが求められる（その時点ですでに労働契約関係が終了している労働者には支給しなくてもよい）ことになろう。」と述べている（水町勇一郎「詳解労働法『第2版』」372ページ注60。東京大学出版会、2021.9）。

　今後、賃金の支給率とともに賞与の支給率も見直しが進み、賃金の支給率の8掛け程度に改善されたと仮定してみよう。

> 賃金の支給率×8割前後＝賞与の支給率

仮に現時点の賃金の支給率が、勤務延長制度は85％程度になっていると仮定すると、その8掛けとした賞与の支給率は68％程度に、再雇用制度は75％程度になっていると仮定すると、賞与の支給率は60％程度になる可能性がある。

第2節　70歳までの就業確保措置への対応

1　70歳までの就業確保措置の組合わせ方法

ここまで、65歳までの高年齢者雇用確保措置の実施状況をみてきたが、これらの実態は65歳までの雇用確保措置の義務に企業が対応してきた結果である。

では、令和3年（2021年）4月1日施行の改正法が求める70歳までの就業確保措置の努力義務について、今後、企業はどのような対応が求められるのだろうか。

図表3-15は高年齢者就業確保措置の努力義務に対する企業の実施パターンを図式化したものである。

③定年廃止はすべての従業員が対象となるため、この機会に定年廃止に踏み切れば改正法に対してパーフェクトの対応となる。ただし、定年廃止には重要な条件があり、この点は後述する。

すでに③定年を廃止した企業や①定年70歳以上の企業、②継続雇用制度を70歳以上まで実施ずみの企業は、改正法に対して何もする必要がない。強いて挙げれば、この機会に個人に対する④業務委託契約による創業支援等措置を通じて、早期退職優遇制度等の活用を含めた個人の独立や社会貢献活動等を支援する制度を新たに実施することが考えられる。

これから①定年延長を新たに選択する場合は、(1) まずは65歳定年とし、70歳までの就業確保については②継続雇用制度で対応するパターンと、(2) 一気に70歳以上に定年を延長するパターンがわかりやすい方

賃金支給率総括（高年齢者就業確保措置の実施パターン（2021年（令和3年）4月施行の高年齢者雇用安定法））

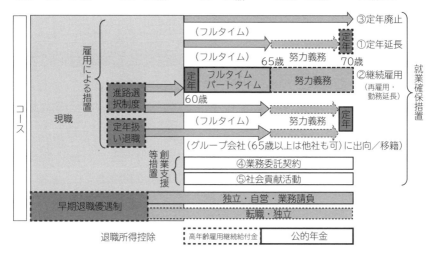

法である。

　ただし、現行定年が60歳を超えていたり、65歳未満あるいは66～69歳を新定年とする場合は、次のような組み合わせとなる。

　いずれにしても、定年延長についても重要な条件があり、後述する。

区分		新定年			
		61歳～64歳	65歳	66歳～69歳	70歳以上
現行の定年	60歳～64歳	新定年～65歳の継続雇用＋66～70歳の就業確保	66～70歳の就業確保	新定年～70歳の就業確保	完全対応
	65歳	―	―		

　60歳定年のまま②継続雇用制度だけで対応するには、（1）継続雇用制度の上限年齢を段階的に65歳から70歳までに引き上げる方法と、（2）一気に70歳以上に引き上げる方法とがある。

　繰り返しになるが、65歳以上70歳までの就業確保措置は努力義務であり、当面の間は継続雇用制度の上限年齢を、たとえば67歳から段階

的に引き上げる方法も認められる（「就業確保措置Ｑ＆Ａ①」、54ページ参照）。継続雇用制度の上限年齢が70歳未満であっても直ちに行政指導の対象になるわけではないが、上限年齢が70歳に届かない間は、就業確保措置の努力義務を満たしていない状態であることに変わりはなく、行政の方針次第では、取組み方が不十分であるとして行政指導の対象となる可能性は否定できない。

その間、65歳以上の高年齢者が70歳までの就業確保措置の実施を会社に求めた場合には、真摯に対応していかねばならないだろう。

同じく70歳までの就業確保措置は努力義務であることから、継続雇用制度の対象となる65歳以上70歳までの高年齢者を限定する基準（対象者基準）を設けることができる（59ページ「(4)対象者基準」参照）。

また、65歳以上の継続雇用制度には、事業主が「特殊関係事業主」以外の他の事業主と契約して、他の事業主に希望する高年齢者を継続雇用させることも含まれる（高年齢者雇用安定法第10条の2第3項、65ページ「(8)特殊関係事業主以外の他の事業主との契約」参照）。

2　創業支援等措置は特定の企業以外は選択されない

以上は「雇用による措置」によって70歳までの就業確保措置を実施する方法であるが、改正法は新たに④の業務委託契約または⑤の社会貢献での就業を確保する「創業支援等措置」によって70歳までの就業確保措置を実施する方法を設けた（高年齢者雇用安定法第10条の2第2項、62ページ「(7)創業支援等措置」参照）。

この方法を積極的に活用すれば、たとえば65歳までの継続雇用制度など従来の65歳までの雇用確保措置はそのまま実施した上で、70歳まで④の業務委託契約または⑤の社会貢献活動での就業を確保する方法でも改正法に対応できる。

ただし、④⑤の創業支援等措置を実施するには、過半数労働組合（それがない場合は過半数代表者）の同意を得るほか、次のような煩雑な手

続きが必要となる。

④の業務委託契約は、当該高年齢者の希望により、新事業を始める高年齢者と事業主の間で、事業主が当該高年齢者に金銭を支払う業務委託契約を締結し、実際に安定的な就業が確保できるよう業務を委託し、一定の生活が成り立つ報酬を支払っていかねばならない。この場合、そもそも高年齢者がそのような就業を希望するかどうかという問題や、業務を委託する側、就業する高年齢者が双方納得し満足できるような業務を提供できるのか、誰がその業務を管理するのかという問題を解決していかねばならない。

また雇用時の業務と、内容および働き方が従前と同様の業務を創業支援等措置と称して行わせることは、法の趣旨に反するものとして、行政指導の対象となる。

⑤の社会貢献活動は、当該高年齢者の希望によりイ事業主が自ら実施する社会貢献事業、ロ、ハ事業主が委託または事業主が必要な資金提供等の援助を行い他の団体が実施する社会貢献事業について、その事業の実施者が当該高年齢者に金銭を支払う業務委託契約を締結し、その安定的な活動を支援していかねばならない(63ページ参照)。

この場合も70歳までの就業が確保できるような社会貢献活動が継続できるのか、そのような就業を高年齢者が希望するのかという問題がある。

以上の点を踏まえると、創業支援等措置にお互いのメリットを見出すことのできる特定の企業を除いて、大部分の企業はその実施に消極的になると思われる。

3　機械的な定年延長の問題点

結論として、企業が雇用による措置の中で70歳までの就業確保措置の努力義務に対応する方法は、①の定年延長、③の定年廃止、60歳定年制または①定年延長と②の継続雇用制度との組み合わせ、のいずれか

を選択することになる。

はじめに単純な①定年延長から検討してみよう。

図表3-16は、60歳定年制の会社が年功的な賃金制度を温存したまま、単純に定年を65歳さらに70歳に延長すると、どのようなことになるかを図示したものである。

図の山なりに昇給する太い実線は、現行の60歳定年を前提とした年功賃金カーブを表しており、50代以降は昇給ゼロと仮定している。

このカーブは正社員に共通に適用される基本給部分だけを表しており、一般従業員に支給する時間外手当や、時間外手当が支給されない課長クラスや部長クラス等の管理職に支給する役付手当や管理職手当等は含まれない。また家族手当や住宅手当、地域手当等の諸手当も別途支給となる。

> **注** 実際には一人ひとりの入社時期や昇格時期の違い、昇給査定の違い、休業期間の有無などにより個々の賃金には多少のバラつきが生じ、図のような単線的な賃金カーブにはならない。それでもなお、大多数の従業員はこの標準的な賃金カーブの周辺に個別賃金が集中して分布するのが年功賃金制度の特徴である。

これに重なる上に凸型の破線は、従業員の貢献度合いを表すイメージ曲線で、個人差はあるが、平均的には40～50代をピークに頭打ちに

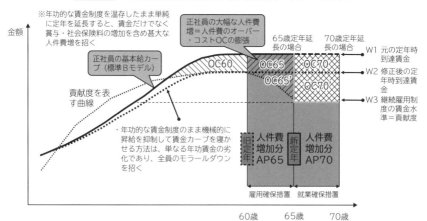

図表3-16　65歳定年延長による人件費オーバー・コスト

なり、以降は加齢とともに低下することを想定している。

　すでに触れたように、年功賃金制度は、ある限界年齢から貢献度を超える人件費のオーバー・コスト（OC）が60歳定年の手前まで発生する。

　図ではこれを斜線部分OC60で表している。オーバー・コストOC60の大きさは、元の定年時到達賃金W1の高さで決まるが、賃金カーブが立っている大手企業ほど大きく、賃金カーブが寝ている中小企業では小さい。

　今、定年時到達賃金W1のまま定年を65歳に延ばすと、長方形の網掛け部分のように5年延長分の人件費が増加する。図ではこれをAP65で表している。

　65歳まで雇用期間が延びた従業員はこの人件費で正社員として仕事をするのだが、問題は、加齢による貢献度の低下が起きるため、延長分の人件費AP65に占めるOC65の斜線部分が大きく膨張してしまうことである。

　図から直感的に理解してもらえると思うが、OC60が人件費に占める比率よりも、OC65が人件費AP65に占める比率のほうがずっと大きく、このような定年延長を行えば、会社全体の人件費の投資効率が低下することは明らかだ。

　定年を破線のように70歳まで延ばせば、さらに5年延長分の人件費が増加し、オーバー・コストOC70（格子状の部分）はOC65よりさらに大きい。したがって、大多数の企業にとって、これまでの年功的な賃金制度を温存したまま、いきなり70歳定年延長や定年廃止に踏み切るような選択肢はないと考えてよい。

　言い換えると、現時点で70歳定年延長や定年廃止を現実的な選択肢として考えることができるのは、もともと賃金カーブが寝ている中小企業や、「はじめに」で紹介したＹＫＫグループのような、すでに貢献度に見合う賃金制度を実現している企業だけということになる。

　まさにこの点が、第1項で述べた70歳定年延長や定年廃止に必要な

重要な条件という意味である。

　企業が70歳定年延長や定年廃止に消極的になるもう一つの理由は、改正法が求める70歳までの就業確保措置の努力義務のうち、継続雇用制度については対象者を限定する客観的な基準（対象者基準）を就業規則や労使協定に設けることができる点だ。65歳までは希望者全員の雇用確保義務があるが、できれば65歳以降は継続雇用の対象者を希望者全員ではなく、企業が求める人材に限定したいという企業は少なくないと思われる。

　では次に、これまで多くの企業が60歳定年制と65歳継続雇用制度との組み合わせを実施してきた方式を踏襲して、まずは(1) 65歳定年とし、70歳までの就業確保については継続雇用制度で対応するパターンを検討してみよう。

　このとき、継続雇用制度の賃金は、**図表3-16**のグレーの線のように65歳定年前の正社員の賃金カーブと切り離し、高年齢者の貢献度にほぼ等しい賃金水準とする「1社2制度」方式を考える。

　その場合、人件費増加分は65歳までの定年延長分に対応するAP65（OC65を含む）と、65 ～ 70歳の継続雇用賃金のAP70となり、65歳以降は貢献度にほぼ等しい賃金水準になるからオーバー・コスト分OC70（格子状の部分）は発生しない。

　問題は延長分の人件費AP65に含まれるオーバー・コスト分OC65である。

　この部分を少しでも軽減・解消するために、誰もが最初に考える方法は、60歳手前の正社員を含めて毎年の昇給を抑制し、あるいは賃金カーブを寝かせる賃金制度改定を行って、定年時の到達賃金をW1からW2のように下げることである。そうすれば図の人件費AP65に占めるオーバー・コストOC65はOC65'まで小さくなり、60歳手前のオーバー・コスト分OC60も急減する。

　しかしこのような対処方法は慎重を要する。なぜなら、年功的な賃金

制度を温存したまま、機械的に昇給を抑制して賃金カーブを寝かせる方法は、単なる年功賃金の劣化であり、長い間に従業員全員のモラールダウンを招く可能性が高い。

　結果として従業員の働きが悪くなれば、図の貢献度を表す曲線は下方に沈降して、新たなオーバー・コスト分OC60やOC65が再び表面化するリスクがある。

　実際、バブル崩壊後の低成長・デフレ経済のもとで、大小を問わず多くの企業がこのような年功賃金カーブの抑制を進めたが、その結果、従業員の採用・定着や働きが悪くなり組織の活力を損ねてしまった企業は少なくない。

　正しい対応方法を検討するため、改めて**図表3-17**で単純な①65歳定年延長と②65歳以降の再雇用制度を実施したときの問題点を整理してみよう。

① 65歳定年延長
　定年前の正社員について、従来の年功的な賃金待遇を温存すれば、次のような属人的な年功賃金がはらむ問題点が解消されないまま定年を5

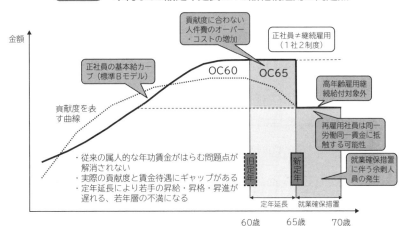

図表3-17　**単純な65歳定年延長と70歳継続雇用の問題点**

年間延長することになる。

- ・そもそも正社員の実際の貢献度と賃金待遇にギャップがあるため、賃金待遇の公正性・納得性が乏しい。
- ・若年層から中堅層にかけて貢献よりも低い賃金の時期が長く続き、中高年層は逆に貢献よりも高い賃金を受け取る。そこまで待てないと考える若くて優秀な従業員は、この点に不満を抱きやすい。
- ・市場賃金と自社の賃金に乖離が起きやすく、専門性の高い人材が他企業の賃金に惹かれて離職したり、他企業から人材を中途採用するときに賃金の不足が生じたりする。
- ・年功序列的な人事管理を温存したまま定年を延長すると、若手～中堅層の昇給・昇格・昇進が遅れ、やはり不満の原因となる。

② 65歳以降の継続雇用制度

- ・定年後再雇用により有期契約となったフルタイム再雇用者やパートタイマーに対して、職務内容の違いにかかわらず、従来の一律的な再雇用賃金の決め方を続けた場合、定年前に比べて再雇用賃金が大きく低下し、仕事の質を落とさざるを得ないケースが続発する。
- ・そのため、適材適所の配置がしにくくなり、再雇用者の仕事に対するモチベーションが大きく低下し、人材活用に支障が出る。結果として、就業確保措置を実施したために大量の不満を抱えた余剰人員が発生するリスクがある。
- ・定年前の正社員と同一あるいは近似の仕事を続ける再雇用者との間で賃金待遇の違いが問題となり、均衡待遇・均等待遇違反に問われる可能性がある。
- ・正社員の賃金待遇と切り離した定年後再雇用制度のような「1社2制度」の賃金待遇を継続する場合、上のような職務内容と賃金待遇の相違が問題となったときに、説明義務を果たせないリスクがある。

（注）同一労働同一賃金ガイドラインは、通常の労働者と短時間・有期雇用労働者との間に賃

金の決定基準・ルールの相違がある場合の取り扱いとして、賃金の決定基準・ルールの違いもパートタイム・有期雇用労働法第8条にいう「待遇の相違」にあたり、均衡待遇の原則に照らして、その待遇差の理由を客観的・具体的な実態に照らして説明する必要があると強調している（「同一労働同一賃金ガイドライン」第3「1　基本給」注1）。

・60歳以降の再雇用賃金を抑制する理由の一つとされてきた高年齢雇用継続給付は65歳以降支給されなくなるため、給付金を前提とした再雇用賃金の設定ルールは説得力を持たなくなる。

　これらの問題点を解消しない限り、これまでの60歳定年制と65歳継続雇用制度との組合わせパターンを単純に類推適用して、65歳定年延長と70歳継続雇用制度との組合わせに移行するパターンは難しいのである。

4　役割給の導入による定年再雇用制度の再設計（60歳定年）

　上記の問題点を改善する最大のポイントは、まず正社員について、**図表3-18**のように従来の属人的な年功賃金カーブを、貢献度を表す曲線（点線）にフィットする仕事基準の賃金カーブに修正することである。

　具体的には、柔軟な配置と育成を重視するメンバーシップ型の働きを期待する正社員には役割給を導入し、組織における期待役割と実際の貢献度の評価に基づくメリハリの利いた賃金待遇を実施するのが、実務的にも手堅い解決策である。

　一方、定年後再雇用者にはジョブ型有期雇用の考え方を応用して短期決済型の役割給を導入するのが効果的である。1年ごとの労働契約書により職務内容と働き方に応じた再雇用賃金を確認し、契約更改のつど実績を評価して職務内容と働き方、再雇用賃金を見直していく。こちらも多くの企業において運用実績がある実務的な手法である（後掲事例参照）。

　これにより、正社員の貢献度と賃金待遇のアンバランスが大幅に改善され、65歳以降の再雇用者についても同一の仕事基準の賃金制度を適用し、複雑な1社2制度から、シンプルな人事・賃金制度にスムーズに統合・移行する道が開ける。

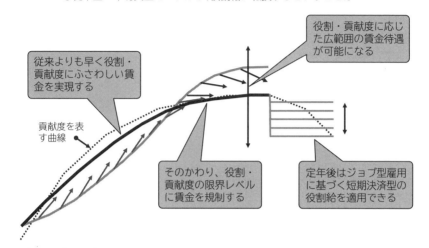

図表3-18 　年功賃金から役割給への転換

●従来型の年功賃金カーブから、役割給に転換するということは…

従来よりも早く役割・貢献度にふさわしい賃金を実現する

役割・貢献度に応じた広範囲の賃金待遇が可能になる

貢献度を表す曲線

そのかわり、役割・貢献度の限界レベルに賃金を規制する

定年後はジョブ型雇用に基づく短期決済型の役割給を適用できる

・役割給は柔軟な人事配置にフィットし、長期雇用・メンバーシップ型正社員の成長・貢献に応じた賃金待遇を実現しやすい。
・賃金の低い若年層は今までよりも大きく（早く）昇給する。
・ゾーンを超える年配層は、制度移行後は段階的に昇給停止かマイナス昇給となる。
・結果、S字カーブから、逆放物線カーブに時間をかけて移行する。
・若年層が多いと短期的には全体の昇給率は前より増えるが、将来の賃金上昇は抑制される。

　従来型の年功賃金制度がはらむ定年前の人件費のオーバー・コスト（**図表3-17**のOC60）だけでなく、正社員の65歳定年延長に伴うオーバー・コスト（同OC65）も大幅に改善され、人件費の投資効率が向上する。

　前に触れたように、年功序列的な人事管理を続けたまま定年を延長すると、人事の停滞により若手・中堅層の昇進昇格が遅れ、不満が出やすい。しかし、役割と貢献度を評価する役割給を導入すると、役職ポストに対して適性のない人材は早期に役職から離脱させ、より適性のある人材を早期に登用できるようになる。

　外部から優秀な人材を適正な賃金で採用しやすくなる。このような賃金待遇の変化は、伸びしろのある優秀な若手・中堅層の人材には大きな励みとなろう。

　本書の中心テーマである高年齢者の継続雇用だけでなく、定年前の正

社員、地域限定・職務限定・労働時間限定・在宅勤務など多様な働き方を認める限定正社員、フルタイム有期雇用やパートタイマーなど多様な雇用形態の従業員に対して、統一的な人事・賃金・評価制度を導入・運用できるようになる。

　結果、幅広い年代層にわたって賃金待遇の公正性・納得性が大幅に向上し、専門能力の高い人材、優秀・有能な人材の確保と定着、モチベーションの向上を図ることができる。

　もっとも、現行の60歳定年に固く結び付いた年功賃金制度から、一挙に正社員全員を対象に65歳定年延長を実施し、同時に役割給に全面移行するのは、大きなハードルを二つ同時に越えねばならず、さすがにためらいが強いと思われる。

　そこで、いったん現行の60歳定年制に戻り、60歳までの正社員を対象に役割給を導入し、スムーズな移行を確認した上で、その役割給に準拠したジョブ型の再雇用賃金制度を再設計する2段階の道筋を考えてみよう。

　図表3-19がそのイメージ図である。

　左の扇状の山なりに昇給する5本の太い実線は、正社員の定年までの

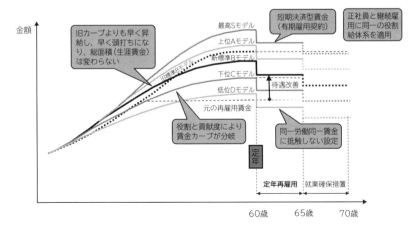

図表3-19　役割給を活用した60歳定年と60歳以降の継続雇用制度

役割給の昇給カーブをイメージしたもので、黒色の実線の新標準Bモデルを中心に、グレーの実線のように役割と貢献度の違いに応じて役割給が徐々に分岐・分散していく様子を表す。

最高Sモデルとは、早くから優秀な働きが認められ、たとえば部長または執行役員クラスなど、従業員として最高の経営管理職のポジションに登用される最優秀者の賃金カーブを想定して頂きたい。

同様に上位Aモデルは、たとえば課長クラスなど業務管理職の責任役職ポジションまで順調に昇給・昇格するモデルを表す。

新標準Bモデルは多くの平均的な従業員が勤務に精励すれば到達できる係長・職長・店長クラスである。

下位Cモデルは定年まで勤めてもそのような役職に就かないで実務の熟練者にとどまる一般従業員、低位Dモデルはそれより低い役割の定型業務担当者などをそれぞれ想定すると理解しやすい。

注1 実際にはそれぞれの役割ごとに、入社時期や昇格時期の違い、貢献度の評価の違い等により個別賃金の違いがあるので、図の賃金カーブはあくまでイメージである。

注2 いずれも正社員共通の基本給部分だけを表しており、一般従業員に支給する時間外手当や、管理職に支給する役付手当や管理職手当等は含まれない。また、家族手当や住宅手当、地域手当等の諸手当も別支給となる。

点線は**図表3-16**、**3-17**と同じ旧標準Bモデルの定年までの年功賃金カーブを表しており、50代以降は昇給ゼロと仮定している。

図の吹き出しの説明のように、新標準Bモデルは旧標準Bモデルのカーブよりも早く昇給し、早く昇給を頭打ちにすることで、**図表3-16**、**3-17**の破線で示した貢献度を表す曲線に、よりフィットする賃金待遇を実現する。

新賃金制度の総人件費は、最高Sモデルから低位Dモデルのそれぞれの人数や昇格のスピード、到達賃金の高さなどによって決まる。

役割給を導入する場合、従来の年功賃金カーブでは低く抑えられがちだった若手～中堅層の賃金を意図的に引き上げることが多いが、その分、年功的に賃金が高くなりすぎていた中高年層の賃金カーブを抑制し、新

標準Ｂモデルと旧標準Ｂモデルの定年までの総面積で表される基本給の生涯賃金は変わらないように設計する。その上で、人数の多い上位Ａモデルや下位Ｃモデルの生涯賃金の変化等を検証し、総人件費の大幅な膨張や減額を回避するのが設計の基本である。

また、新賃金制度への移行時には、できるだけ現給を維持するように新制度に軟着陸させた後、毎年の昇給・昇降格の運用を通じて、徐々に新しい賃金カーブの導入効果を実現すると、スムーズな移行を図りやすい。移行時の等級格付けや評価によって、従業員の賃金バランスを一挙に調整しようとする、いわゆる「ガラガラポン」といわれる激変措置は、無用のトラブルを招くので避けるほうが賢明である。

具体的な役割給の仕組みや運用方法は、後掲第４章の２社の事例を参照して頂きたい。

5　賃金換算表方式による継続雇用賃金の決め方（勤務延長・再雇用）

60歳以降の再雇用を含めた継続雇用の賃金は、正社員の役割給に準拠しつつ、継続雇用者一人ひとりの新たな職務内容に応じた役割等級と働き方の制約に応じて個別に決める。

一般的には①賃金換算表方式と②賃金表格付方式の２とおりのやり方があるが、ここでは比較的なじみやすいと思われる①賃金換算表方式を説明する。

これは定年前の基本給に、**図表3-20**のモデル例のような、新たな役割等級と働き方の制約に応じた賃金支給率（％）を掛算して再雇用賃金を決める方式である。たとえば、定年前Ⅳ等級の基本給が35万円で、再雇用後Ⅲ等級の賃金支給率が80％の場合は、35万円×80％＝28万円が再雇用の基本給となる。

繰り返しになるが、定年後の継続雇用賃金には、定年前の賃金との「均等・均衡待遇」の原則が適用される。同一労働同一賃金ガイドラインは、定年前と定年後に①職務の内容、②職務の内容および配置の変更の範囲

図表3-20 賃金換算表を用いた継続雇用賃金の決め方

継続雇用賃金換算表

注 勤務延長制度・定年後再雇用制度のいずれにも共通に適用できる。

① 職務内容の変化

職種転換	職務内容 （業務の内容および業務に伴う責任の程度）	↓役割等級	↓減額率 賃率→	勤務延長 （正社員） 100%	定年再雇用（③ その他の事情） 90%
A　同じ仕事を継続	ア　まったく変わらない	等級変更なし	0%	100%	90%
	イ　一部業務を軽減・免除するが基本は変わらない	等級変更なし	-5%	95%	85%
B　類似業務に転換・業務軽減	ウ　これまでの経験・知識・能力を活用できるやや軽易な業務を担当する場合	1等級降格	-10%	—	80%
C　異質な職種に転換	エ　これまでのキャリアとは無関係で職務内容も異質な軽易業務に転換する場合	2等級以上降格	-20%	—	70%

② 働き方や人材活用の制約（職務内容及び配置の変更の範囲など）

人材活用の仕組み	働き方の制約	賃率の調整
A　勤務地や職務の配置・異動の範囲を継続	ⅰ　まったく変わらない	0%
B　配置・異動の範囲を若干限定する	ⅱ　働き方や人材活用が若干限定される（勤務地は近隣で類似職務だけ）	-5%
C　勤務地限定で職務内容も変更しない	ⅲ　働き方や人材活用が大きく制約される	-10%

（人材活用の仕組み）、③その他の事情の違いがあるときは、その違いに応じたバランスのとれた賃金差が許容されることを注記した。

　その上で、長澤運輸事件（最高裁二小・平30.6.1判決）がきっかけになって、ガイドラインには、有期雇用労働者が「定年に達した後に継続雇用された者であること」は、ある程度の待遇差が許容される「その他の事情」となることを明記している。

　このような同一労働同一賃金の判断基準に沿って定年再雇用者の賃金を減額する理由を整理すると、①職務内容の軽減による減額、②働き方

や人材活用の制約（職務内容および配置の変更の範囲など）に基づく減額、③そもそも定年まで勤務し退職後に再雇用された者であるという「その他の事情」により許容される減額に分けられる。

図表3-20の継続雇用賃金換算表の①は、定年後に与える職務内容（業務の内容および業務に伴う責任の程度）を確認した上で、「与える仕事の変化」を基準ア〜エで判定し、定年前の賃金に対する賃金支給率を設定したモデル例である。

支給率は、ア同じ仕事を継続し職務内容がまったく変わらない場合の正社員に対する再雇用者の「賃率」を90％、減額率を0％とし、これを基準にイ〜エのように職務内容が変化する度合に応じて段階的に減額率を加えて下げていく（支給率＝賃率＋減額率）。

ここで同じ仕事を継続し職務内容がまったく変わらない正社員の勤務延長は支給率100％としているのに対し、定年再雇用を90％の支給率としているのは、定年まで長期にわたり正社員としての賃金待遇を受けていたという事実に加えて、定年退職金・年金や公的年金を受給していること、高年齢者雇用継続給付金を受給できることなど、定年再雇用者に固有の事情を考慮して、90％程度の「賃率」による減額は許容されるとみなした。

ただし、今後は公的年金の空白期間が65歳まで延び、また高年齢者雇用継続給付金の段階的解消が予定されているので、賃率90％は95％程度まで引き上げるべきという判断もあり得よう。このあたりは各社のご判断に委ねたい。

次にモデル例②は、定年後の働き方や人材活用の制約（職務内容および配置の変更の範囲など）に応じて、①の「賃率」をさらに調整する判断基準の表である。

勤務地や職務の配置・異動を定年前と同様に行う場合は、ⅰ定年前と働き方の制約に変化はなく、①の支給率をそのまま用いる。

勤務地は近隣で職務も類似職務だけというように配置・異動の範囲を

若干限定する場合は、ⅱ働き方や人材活用も若干限定されるため、①のマイナス5%とする。

定年後は勤務地限定で転勤させないし、職務内容も変更しないというように、ⅲ働き方や人材活用が大きく制約される場合は、①の支給率のマイナス10%とする。

参考までに、**図表3-21**に縦軸に①職務内容の変化、横軸に②働き方や人材活用の制約を組み合わせ、定年前の基本給がⅣ等級35万円の従業員Xさんに対して、再雇用の支給率を当てはめた計算例を示した。

たとえばこの元Ⅳ等級の従業員Xさんが、B類似業務に転換するかたちで業務軽減となり、ウこれまでの経験・知識・能力を活用できるやや軽易な業務を担当する場合はⅢ等級に降格となる。②働き方や人材活用の制約（職務内容および配置の変更の範囲など）が変わらないとしても80%の賃金支給率（＝賃率90%－減額率10%）となり、35万円×80%

図表3-21 再雇用の場合の賃金換算表の算定例

定年前賃金350,000円（Ⅳ等級）の場合

① 職務内容の変化				② 働き方や人材活用の制約 （職務内容および配置の変更の範囲など）		
職種転換	職務内容（業務の内容および業務に伴う責任の程度）	↓役割等級	↓減額率 賃率→	ⅰ 変わらない 0% （90%）	ⅱ 働き方や人材活用が若干限定される -5% （85%）	ⅲ 働き方や人材活用が大きく制約される -10% （80%）
A 同じ仕事を継続	ア まったく変わらない	等級変更なし	0%	90%	85%	80%
				315,000	297,500	280,000
	イ 一部業務を軽減・免除するが基本は変わらない	等級変更なし	-5%	85%	80%	75%
				297,500	280,000	262,500
B 類似業務に転換・業務軽減	ウ これまでの経験・知識・能力を活用できるやや軽易な業務を担当する場合	1等級降格	-10%	80%	75%	70%
				280,000	262,500	245,000
C 異質な職種に転換	エ これまでのキャリアとは無関係で職務内容も異質な軽易業務に転換する場合	当該等級を適用	-20%	70%	65%	60%
				245,000	227,500	210,000

＝28万円の再雇用賃金となる。

　いろいろな組み合わせがあり得るが、横軸の調整率を合わせた賃金支給率は最高90％〜最低60％となり、この例では、定年前の賃金35万円に対して最高31万5,000円〜最低21万円という再雇用賃金となる。

　すでに触れたように、一般的な継続雇用賃金の支給率は、定年時の勤務延長制度が85％程度、再雇用制度は75％程度になっているのではないかと推定した（155ページおよび**図表3-14**参照）。上記の最低60％程度に下がるケースは、「エ　これまでのキャリアとは無関係で職務内容も異質な軽易業務に転換」し、かつ「ⅲ　働き方や人材活用が大きく制約される場合」であり、役割等級が少なくとも1段階以上下がることを考えると、許容範囲内ではないかと思われる。

　再雇用者には、上記の基本給に加えて、非管理職には時間外手当を支給する。管理職には、従前どおり労働時間を限定しない勤務を求めるのであれば相当額の管理職手当を支給する必要がある。ただし管理職といっても、再雇用者の場合、定時勤務または短時間勤務を基本とする勤務形態もあり得る。その場合は通常の半額から3分の1程度の手当でもよいであろう。また、家族手当や住宅手当などの職務内容とは無関係の手当については、フルタイムの再雇用者の場合は、同一労働同一賃金の観点から全額を支給し、短時間勤務者には所定労働時間の割合に応じて減額支給するとよい。

　賞与については、正社員の支給基準に基づいて算定した金額に、新たな役割等級と働き方の制約に応じた賃率を掛算して支給する。短時間勤務者はやはり所定労働時間割合に応じて減額支給するとよい（158〜160ページおよび後掲事例236ページを参照）。

6　定年再雇用者の賃金改定と役割・働き方の見直し

　毎年の賃金改定は、正社員の役割給の賃金表や昇給基準を準用し、契約更改のつど本人の役割（たとえばⅢ等級）に対する実績評価を行って新

たな再雇用賃金を提示する。役割を変える場合は役割等級の昇格・降格も行う。

このとき、正社員の役割給の賃金表や昇給基準をそのまま用いるのではなく、再雇用者の働き方や人材活用の制約（職務内容および配置の変更の範囲など）に応じた「賃率」を用いた賃金改定を行うことが実務上重要なポイントとなる。少しわかりにくいと思われるので、**図表3-22**に正社員および定年再雇用の役割給の賃金表のモデル例を示した。

上段の太枠は、正社員Ⅳ等級の役割給の上限・下限額および5段階評価のSABCDに対応した上限額を示す範囲給型の賃金表である。

働き方や人材活用の制約がない無限定の勤務を行う正社員の賃率は100％で、その右側に定年再雇用の基準賃率90％と、働き方や人材活用の制約の度合いに応じた85％、80％の賃率の賃金表をそれぞれ示した。

その下の昇給単位は、Ⅳ等級の正社員の場合3,700円を基準に、評価に応じた昇給倍率を乗じた昇給を行うことを示している。

昇給倍率は賃金ゾーンSABCDと5段階評価SABCDとを組み合わせる「段階接近法®」という手法で運用し、たとえば基本給がDゾーンにあるときは、S評価5倍、A評価4倍、B評価3倍、C評価2倍、D評価1倍という昇給になる。賃金がBゾーンにあるときは、S評価3倍、A評価2倍、B評価1倍、C評価0倍、D評価−1倍という昇給になる（198ページ**図表4-4**参照）。

定年再雇用の場合は、正社員の昇給単位に賃金表と同じ賃率90％、85％、80％を乗じて昇給額を計算する。

同じく下段はⅢ等級の正社員および定年再雇用の役割給の賃金表と、昇給単位および昇給額である。定年後Ⅳ等級からⅢ等級に変わったXさんの場合、定年前の賃金35万円は正社員のⅣ等級Bゾーン（34万円超～37万円以下）に位置付けられていた。

定年後は支給率80％（賃率90％−減額率10％）を掛算してⅢ等級28万円の再雇用賃金となる。この金額は、Ⅲ等級の賃率90％の賃金表の

図表3-22　賃率を用いた賃金表と昇給基準の適用（モデル例）

(円)

Ⅳ等級	正社員	定年再雇用　働き方や人材活用の制約 （職務内容および配置の変更の範囲など）		
	無限定勤務	i　変わらない	ii　働き方や人材活用が若干限定される	iii　働き方や人材活用が大きく制約される
↓ゾーン　　賃率→	100%	90%	85%	80%
Sゾーン上限	430,000	387,000	365,500	344,000
A　〃	400,000	360,000	340,000	320,000
B　〃	370,000	333,000	314,500	296,000
C　〃	340,000	306,000	289,000	272,000
D　〃	310,000	279,000	263,500	248,000
Dゾーン下限	280,000	252,000	238,000	224,000
昇給単位	3,700	3,330	3,145	2,960
1倍昇給	3,700	3,330	3,145	2,960
2倍昇給	7,400	6,660	6,290	5,920
3倍昇給	11,100	9,990	9,435	8,880
4倍昇給	14,800	13,320	12,580	11,840
5倍昇給	18,500	16,650	15,725	14,800

Ⅳ等級35万円（賃率100%）　×支給率80%（賃率90%－減額率10%）→　Ⅲ等級28万円（賃率90%）

Ⅲ等級	正社員	定年再雇用　働き方や人材活用の制約 （職務内容および配置の変更の範囲など）		
	（無限定勤務）	i　変わらない	ii　働き方や人材活用が若干限定される	iii　働き方や人材活用が大きく制約される
↓ゾーン　　賃率→	100%	90%	85%	80%
Sゾーン上限	380,000	342,000	323,000	304,000
A　〃	354,000	318,600	300,900	283,200
B　〃	328,000	295,200	278,800	262,400
C　〃	302,000	271,800	256,700	241,600
D　〃	276,000	248,400	234,600	220,800
Dゾーン下限	250,000	225,000	212,500	200,000
昇給単位	2,800	2,520	2,380	2,240
1倍昇給	2,800	2,520	2,380	2,240
2倍昇給	5,600	5,040	4,760	4,480
3倍昇給	8,400	7,560	7,140	6,720
4倍昇給	11,200	10,080	9,520	8,960
5倍昇給	14,000	12,600	11,900	11,200

Bゾーン（27万1,800円超～29万5,200円以下）に位置付けられる。

　Xさんの昇給は、定年前はたとえばⅣ等級BゾーンでA評価の場合3,700円×2倍で7,400円という昇給が適用されたが、Ⅲ等級で再雇用の場合は同じBゾーンでA評価でも、昇給単位が2,800円×賃率90％＝2,520円に変わるため、2,520円×2倍で5,040円という昇給が適用される。

前年の再雇用賃金	実績評価	昇給額	更改後	役割の見直し	働き方の見直し
Ⅲ等級B （90％） 295,200円	A	5,040円	300,240円	継続またはⅣ昇格	継続または新たな賃率で再計算
	B	2,520円	297,720円	継続Ⅲ	
	C	昇給停止	295,200円	継続またはⅡ降格	

　このように賃金表にも昇給基準にも同一の賃率を適用することで、働き方や人材活用の制約の度合が ⅰ 変わらない再雇用者は正社員の90％、ⅱ 若干限定される再雇用者は85％、ⅲ 大きく制約される再雇用者は80％というように、正社員の役割給と定年再雇用賃金の均衡待遇が常に維持できるようになる。

　なお、右側で役割の見直しによりⅣ等級に昇格したり、Ⅱ等級に降格になったりしたときは、新たな等級の同じ賃率（90％）の再雇用賃金表の中で更改後のゾーンを求め、次年度以降の賃金改定を進めていく。

　通常の役割給の運用として、等級が変わっても昇格昇給や降格降給は行わず、更改後の金額のまま新たな等級の賃金表にスライドさせるのが通例であるが、昇給単位の1倍～2倍程度の昇格昇給や降格降給を行うやり方もある。

　また、契約更改後の働き方について本人の申出があったときなどは、働き方の見直しを行い、働き方や人材活用の仕方が変わったときは、対応する新たな賃率（85％、80％等）を用いて再雇用賃金を再計算する必要がある。たとえば契約更改後の金額が297,720円で賃率が90％から85％に変わったときは、297,720円÷90％×85％＝281,180円が見直し後の新たな再雇用賃金となる。

7 短期決済型の再雇用賃金の運用方法

　以上は、正社員と同じ段階的な賃金改定を行う手法（段階接近法®）を用いた例であるが、定年再雇用者の場合は、毎年の賃金更改をよりドラスチックに行いたいというニーズもあり得る。高年齢者の場合、働く人の志向性や健康状態、家庭事情などにより、能力・意欲はもとより、本人が希望する就労条件も大きく変化することが多い。

　業務の内容や責任の程度が大きく変わる可能性や、契約そのものを終了させる可能性も想定すると、契約更改のつど柔軟に再雇用賃金を見直せる短期決済型の仕組みのほうが使いやすいというクライアントの声も聞く。

　たとえば65歳までの継続雇用期間は正社員と同じ賃金改定手法（段階接近法）を用い、65歳以降の就業確保期間は短期決済型の仕組みを用いるという選択も考えられる。

　短期決済型の最もシンプルなやり方を紹介しよう。これは、正社員の役割給の評価別上限額をもとに、**図表3-23**のような5段階評価の

図表3-23 　**短期決済型の再雇用賃金（モデル例）**

（円）

Ⅳ等級35万円（賃率100%）	×支給率80%（賃率90%-減額率10%）→	Ⅲ等級28万円（賃率90%）

Ⅲ等級 ↓ゾーン 賃率→	正社員の役割給 の評価別上限額 （無限定勤務） 100%	定年再雇用の評価別役割給		
		i　変わらない 90%	ii　働き方や人材 活用が若干限定 される 85%	iii　働き方や人材 活用が大きく制 約される 80%
S評価	380,000	342,000	323,000	304,000
A 〃	354,000	318,600	300,900	283,200
B 〃	328,000	295,200	278,800	262,400
C 〃	302,000	271,800	256,700	241,600
D 〃	276,000	248,400	234,600	220,800
E 〃	250,000	225,000	212,500	200,000

SABCDに対応した再雇用賃金表を用意し、契約更改のつど職務内容に対する実績評価や次年度の新たな役割に応じた再雇用賃金を提示する方法である。

上のXさんの例でいうと、定年前の賃金35万円に支給率80％（賃率90％－減額率10％）を掛算して定年後はⅢ等級28万円という再雇用賃金がいったん計算される。

図表3-23のⅢ等級の賃率90％の賃金表でこの28万円と同額または直近上位の金額を求め、B評価に対応する上限額29万5,200円がXさんの1年目の再雇用賃金となる。

翌年の契約更改時には、次の要領で職務内容に対する実績評価を行い、評価に対応する再雇用賃金を提示する。

前年の再雇用賃金	実績評価	更改後	昇給額	役割の見直し	働き方の見直し
Ⅲ等級B（90％）295,200円	A	318,600円	23,400円	継続またはⅣ昇格	継続または新たな賃率
	B	295,200円	0円	継続Ⅲ	
	C	271,800円	−23,400円	継続またはⅡ降格	

ただし、右側で役割の見直しによりⅣ等級に昇格したり、Ⅱ等級に降格になったりしたときは、その等級の同じ賃率（90％）の再雇用賃金表の中で同額または直近上位の金額を求め、その金額が新年度の再雇用賃金となる。

さらに右側で働き方の見直しを行い、働き方や人材活用の仕方が変わったときは、対応する新たな賃率を適用し、その金額が新年度の再雇用賃金となる。

参考例として**図表3-23**をもう一度みて頂きたい。

Xさんは2年目の契約更改でC評価となり、同時に働き方の見直しにより賃率がⅱ85％になったときは、256,700円が2年目の再雇用賃金となる。同様に3年目はD評価でさらに働き方の見直しにより賃率がⅲ80％となって220,800円となり、4年目はその賃率のままB評価の

262,400円というように、再雇用賃金が推移していく。

このような「洗い変え型」の賃金管理手法を基本において、初めから各人の役割と職務内容を短期決済型の再雇用賃金表の金額にダイレクトに格付けるのが、先に触れた②賃金表格付方式である（後述の事例231ページ参照）。

8　65歳定年延長（1）シニア社員制度の活用

ここまでの説明で、60歳定年の下で正社員に役割給を導入することにより、65歳までの継続雇用を含めて、役割と貢献度の評価にフィットする弾力的な幅広い賃金待遇が可能になることがご理解頂けたと思う。

また、65歳定年延長の大きな障害となっていた、年功賃金による正社員の人件費オーバー・コストの問題も、大幅に解決できる見通しが持てたのではないだろうか。

65歳以降は対象者を限定することも可能だが、再雇用期間をさらに5年延長し、ジョブ型の仕組みを活用して毎年の役割と職務内容および働き方の見直しを行いつつ、再雇用賃金を弾力的に運用していく。これにより65歳以降の就業確保措置にも十分対応できる。

この先は、このような役割給と60歳以降の継続雇用の仕組みが導入できるという見通しを出発点として、65歳定年延長を実施する方法を2とおり解説する。

一つは「シニア社員制度」を活用する方法、もう一つは全員同一基準で65歳定年延長を実施する方法である。

図表3-24は、「シニア社員制度」を活用して65歳定年延長を実施する方法のイメージ図である。一見しておわかりのように、**図表3-19**の60歳定年と60〜65歳の再雇用制度を、60〜65歳のシニア社員制度に転用するかたちで65歳定年延長を行ったものである。

外形的な仕組みは同一類型のように見えるが、大きな違いがある。

まずシニア社員制度といえども、後者は65歳まで正社員の身分が続

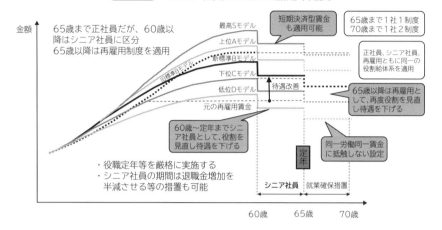

図表3-24 シニア社員による65歳定年延長

（図中テキスト）
金額
65歳まで正社員だが、60歳以降はシニア社員に区分
65歳以降は再雇用制度を適用
最高Sモデル
上位Aモデル
新標準Bモデル
旧標準Bモデル
下位Cモデル
低位Dモデル
元の再雇用賃金
短期決済型賃金も適用可能
65歳まで1社1制度 70歳まで1社2制度
正社員、シニア社員、再雇用ともに同一の役割給体系を適用
待遇改善
65歳以降は再雇用として、再雇用役割を見直し待遇を下げる
60歳〜定年までシニア社員として、役割を見直し待遇を下げる
・役職定年等を厳格に実施する
・シニア社員の期間は退職金増加を半減させる等の措置も可能
同一労働同一賃金に抵触しない設定
定年
シニア社員　就業確保措置
60歳　65歳　70歳

くことの意味は大きい。働く側からすれば、再雇用制度に比べ65歳まで安定的な雇用が保証され、正社員と対等な意識のもとで働けるのは大きなメリットである。諸手当や賞与も、60歳前と同じ基準でシニア社員に支給されれば、そのメリットは一層はっきりする。

注 退職給付については、さすがに支給対象期間を5年延長するのは企業にとって負担が大きく、延長期間については2分の1の支給率に切り下げたり、退職給付の支給対象期間を60歳で停止したりする企業が多いように思われる。

では、もう少し詳しく両者を比較してみよう。

	正社員	定年	60〜65歳（雇用確保措置）	〜70歳（就業確保）
図表3-19 65歳までの再雇用制度	役割給	60歳	・希望者全員を1年ごとの有期で再雇用 ・役職を離脱し新たな役割の下で再雇用賃金に移行	・当面は対象者を限定し再雇用 ・短期決済型の再雇用賃金を適用
図表3-24 65歳までのシニア社員制度	役割給	65歳	・正社員のまま60歳以降全員が役職を離脱しシニア社員に転換 ・新たな役割の下でシニア社員賃金に移行	・当面は対象者を限定し定年後再雇用 ・短期決済型の再雇用賃金を適用

図表3-19の65歳までの再雇用制度は、60歳定年の下で役割給を導入し、定年以降は希望者全員を1年ごとの有期で再雇用して雇用確保措置に対応する。正社員全員に役割給を実施することを除けば、現状で最

も多く実施されている、なじみのある継続雇用制度のパターンである。

再雇用期間は、すでに説明したとおり新たな役割と職務内容および働き方に基づいて再雇用賃金の賃率を定め、正社員よりも一定程度減額して個別に再雇用賃金を決める。

65歳以降も引き続き1年ごとの有期で再雇用を継続し、就業確保措置に対応するが、当面は努力義務であることから、希望者全員ではなく対象者を限定することも許容される。65歳以降は、ジョブ型雇用を活用した短期決済型の再雇用賃金が特にフィットすると思われる。

一方、**図表3-24**の65歳定年制は、60歳以降全員が役職を離脱してシニア社員となり、正社員のまま新たな役割と職務内容に転換して賃金待遇を切り下げる。

65歳以降は1年ごとの有期の定年再雇用として就業確保措置に対応する（当面は希望者全員ではなく対象者を限定）が、65歳以降の新たな役割と職務内容および働き方に基づいて再度賃金待遇を切り下げる。

前者は60歳まで正社員→①60歳で定年再雇用（雇用確保措置）→②65歳で対象者を限定した再雇用（就業確保措置）という2つの待遇見直しの節目になるが、①②ともに1年有期の再雇用契約が続く。同一労働同一賃金の観点からも、役割・職務内容や働き方が大きく変わらない限り、②の節目で大きく賃金待遇を変えることはできないだろう。

他方、後者は60歳まで正社員→①60歳でシニア社員→②65歳で定年再雇用という2つの待遇見直しの節目があるので、①②の2段階で役割・職務内容や働き方の見直しとともに賃金待遇を変え得る仕組みということができる。

この点が両者の最大の違いであり、特に中堅クラス以上の企業にとって、シニア社員制度による65歳定年延長は有力な選択肢になるだろう。なぜなら定年前の賃金カーブが大きく立っている中堅クラス以上の企業の場合、役割給を導入しても人件費のオーバー・コスト（**図表3-17**のOC60、OC65参照）を完全に解消することは難しいと感じる企業が少

なくないからである。

　その場合、いったんシニア社員制度を導入して60歳以降の人件費の
オーバー・コストを確実に減らしておき、その上で再雇用制度を導入す
れば、正社員と定年再雇用との間の賃金ギャップも少なくなり、同一労
働同一賃金にも対応しやすい。

　別の言い方をすれば、定年前の賃金カーブがさほど立っていない中小
企業の場合、このような2段階の待遇見直しは仕組みが複雑になるだけ
で、あまり意味がないように思われる。それよりも次に説明するように、
役割給の下で実力主義の人材登用を徹底し、役職を離脱した後の役割給
に基づく待遇見直しをしっかり実行するのが本筋ではなかろうか。

9　65歳定年延長（2）役割給の全面導入

　図表3-25はシニア社員制度によらず、役割給を全面導入して65歳定
年延長を実施する方式のイメージである。

　何度も指摘しているように、定年前の賃金カーブがさほど立っていな
い中小企業の場合は、いったん60歳定年制と再雇用制度の下で役割給
をきちんと導入すれば、比較的短い経路で、このパターンの65歳定年

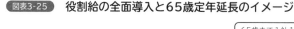

図表3-25　役割給の全面導入と65歳定年延長のイメージ

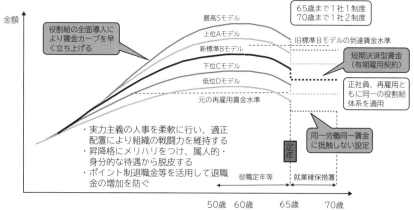

延長に移行することができる。

　図表3-23の例で説明したように、1年ごとの契約更改が当然の前提となっている定年再雇用では、定期的に役割・職務内容と働き方を見直し、弾力的な賃金待遇に結び付けるジョブ型の雇用・人事管理を実践しやすい。

　定年再雇用者だけでなく、一般のパートタイマーや契約社員の場合も同様のことが言える。

　このやり方を無期雇用のメンバーシップ型の正社員にそのまま用いることはできないが、正社員の場合も組織のニーズを踏まえた役割・職務内容の見直しと、働く人のニーズを踏まえた働き方・人材活用の見直しを的確に行い、賃金待遇の弾力的な運用を行うことが重要である点には変わりがない。

　正社員の場合は、組織における仕事のポジションに基づいて、従業員個々の役割と職務内容・成果責任を確認し、目標設定や業績評価、行動評価を通してその貢献度を客観的に評価するノウハウが多くの企業ではぼ定式化されている。

　これからは、この評価制度のノウハウを意識的に活用し、組織が必要とするポジションにふさわしい実力人材を早期に発掘・登用するとともに、適性のない人材は早めに役割と職務内容を見直し、新たに配置を組み直す弾力的な組織・人事運営を、スピード感をもって確実に行うことが非常に大事になる。

　その役割と貢献度の評価に基づいて役割給を運用すれば、結果として**図表**3-25のような65歳定年制やそれ以降の就業確保措置に対応した賃金待遇が実現できるようになる。

　賃金カーブが立っている中堅企業以上の場合は、いったんシニア社員制度を活用する形で65歳定年制を導入し、特に責任役職に対して実力主義の人事と適正配置を徹底し、機動的な人材活用と組織運営を事業の成長に結びつけることに注力すべきである。

その結果として、シニア社員制度に頼らなくとも、必要に応じて役割・職務内容の見直しや働き方の見直しを行うことが、正社員についてもいわば当たり前のように運用される組織風土が醸成されるはずである。そうなれば、おのずとシニア社員制度を続ける意味が薄まり、役割給を全面導入して65歳定年延長を検討する段階に移るのではないだろうか。

10 定年制廃止の条件

図表3-26は近い将来、役割給を全面導入して定年制を廃止する企業のイメージである。アメリカやイギリスでは年齢による雇用差別が禁止され、日本のような定年制はない。ただし定年がないといっても、役割や職務内容を十分にこなし業績が向上する限りは企業が雇い続けるという意味であって、日本で言われるように、いつまでも働きたいだけ働けるというニュアンスではない。

企業が求める役割や職務内容をこなすことができず、業績を向上させることができなければ昇進はおろか昇給もしなくなる。結果として従業員はその企業に居づらくなり、解雇に至らずとも、自分で外部に新たな活躍や収入増の機会を求め、自主的に退職を選ぶことになる。

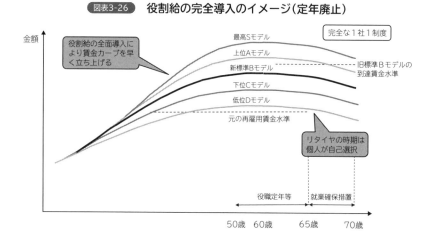

図表3-26　役割給の完全導入のイメージ（定年廃止）

企業も適性人材を確保できないときは、外部から新たな人材を積極的に採用するので、常に人材が入れ替わる中で、役割・職務内容や業績に応じた市場価値に基づく賃金待遇が当然のごとく行われ、結果として図のような賃金カーブの分布になるのである。

　日本の場合は、いきなりアメリカやイギリスのような職務給や成果給に基づく完全なジョブ型雇用になるわけではないが、人手不足がますます進行する中で、これまでのようなメンバーシップ型の雇用・人事を唯一、そして最優先とする考え方は徐々に変質せざるを得ない。

　特に専門人材を外部から採用する動きは今後一層加速するので、メンバーシップ型とジョブ型が混在した多様な雇用・人事管理へと諸制度が変化していく。たとえば勤続奨励を重視したこれまでの退職給付制度も徐々に見直されると思われる。

　結果として、定年制がさほど大きな意味を持たなくなり、いつか自然消滅する時期がやってくることもあり得よう。

　そのような時代には、組織における役割や職務内容をより一層明示的にとらえることがいま以上に重要視され、また働く人も自身の働き方を選択的にとらえる人がいま以上に増えてくるはずである。

　若手・中堅層・壮年期・高年齢者という世代や男女の性別役割分担を超えて、社会が必要とする仕事と、働く人たちとのよりよい結びつきがしやすい雇用と賃金処遇の仕組みを探求していかねばならない。

第1節　60歳定年制の下で役割給を導入し、70歳まで就業可能な継続雇用制度を整備（建設工事機材レンタルＡ社）

1　概　要

　Ａ社は関東圏を中心に建設工事用の機材レンタルを行う売上高約35億円、従業員約150名の企業グループである。2021年（令和３年）に入ってからコロナウイルスの影響で物流の停滞や人手不足が発生し、業務に一部支障は出たが、建設需要は依然旺盛であることから、業績は堅調を保っている。

　Ａ社はもともと、正社員にも客観的な賃金制度や評価の仕組みがなく、経営者の裁量的な運用で済ませてきた。

　2020年（令和２年）４月（中小企業は2021年（令和３年）４月１日）に施行されたパートタイム・有期雇用労働法の同一労働同一賃金に対応するため、2020年（令和２年）４月から賃金制度の改革に着手、役割等級制度に基づき正社員、定年再雇用者、契約社員、パートタイマーなどすべての雇用形態をカバーする新人事制度を2022年（令和４年）４月からスタートする。

　改正高年齢者雇用安定法への対応としては、当面は現行の60歳定年制のもとで役割給を導入し、60歳以降は勤務延長・再雇用を併用する継続雇用制度を整備して、70歳までの就業確保措置を実施することとした。

　2022年４月（令和４年）にスタートする新人事制度の概要は次のとおりである。

（1）　同一労働同一賃金に対応：均衡待遇・均等待遇の職務3要素すなわち、①職務の内容、②人材活用の仕組み、③その他の事情に照らして、正社員・非正社員に対する待遇の相違の理由を客観的に説明できる仕事基準の賃金制度を導入

（2）　役割等級：一般従業員は担当職・上級担当職・主任・係長の4区分、管理職は課長・部長の2区分で組織における役割の違いを明示

（3）　貢献の評価：仕事基準の評価制度を導入し、役割に対する貢献度を等級別に5段階ＳＡＢＣＤで評価

（4）　ゾーン型範囲給：役割等級ごとに貢献度ＳＡＢＣＤに見合う5つのゾーンに基本給範囲を区分

（5）　昇給ルール：（3）各人の貢献の評価と（4）基本給の高さに基づき、金額可変の昇給単位に昇給倍率を掛算して昇給額を決定

（6）　賃率：人材活用の仕組みの違いにより、正社員1.0、定年再雇用者0.9、契約社員0.9、パートタイマーの東京・神奈川0.875、同船橋0.8の賃率を用いて基本給（契約社員は日給、パートタイマーは時給）の水準を調整

（7）　正社員、定年再雇用者、契約社員、パートタイマー計150人を対象に昇給試算を行い、基本給に限れば大幅な人件費増にはならないことを確認

（8）　その他：家族手当や賞与等の非正社員への適用方法についても同一労働同一賃金を配慮し、正社員に準じた支給方法とする。

2　改定前の雇用・賃金制度の概要

　A社の新人事制度を導入する前の雇用区分と労働条件は**図表4-1**のとおりである。

　正社員のほかに、日給制の契約社員、時給制のパートタイマー、定年再雇用という4種類の雇用形態がある。正社員以外は、いずれも1年ご

○あり（正社員と同基準で適用）、△一部（制限つき適用）、×なし（対象外）

雇用区分	正社員	契約社員	パートタイマー	定年再雇用者
人数	90人	10人	45人	5人
雇用期間	無期雇用	有期雇用	有期雇用	有期雇用
定年・上限年齢	60歳定年	65歳上限	65歳上限	65歳上限
労働時間	フルタイム	フルタイム	フルタイム/パートタイム	フルタイム
就業規則	○	△	△	△
賃金支払い形態	月 給	日 給	時 給	月 給
賃金改定（昇給）	毎年4月	契約更新時	契約更新時	×
時間外手当	○	○	○	○
資格手当	○	×	×	×
移動電話手当	○	×	×	×
家族手当	○	×	×	○
住宅手当	○	×	×	×
通勤手当	○	○	○	○
賞与	○	△	寸 志	△
退職金	○	×	×	×
昇格・役職登用	○	×	×	×
社内研修	○	○	○	○
社外研修	○	△	△	△
評価制度	○	△	×	△
慶弔休暇	○	△	×	○
慶弔見舞金・祝金	○	○	△勤続3年以上	○
昼食補助等	○	○	○	○
休職制度	○	△	×	○

注　有期雇用には一部5年超の無期転換者がいる。

とに契約を更新する有期雇用である。

　定年再雇用は元正社員が60歳定年を迎えた後の雇用形態で、月給制である。

　契約社員やパートタイマーは原則として65歳が上限であるが、実際には70歳近くまで働いているパートタイマーもいる。

2019年（平成31年）4月から、雇用期間が5年を超えて無期転換した契約社員が数名、パートタイマーが10名ほどいる。

　同社では、正社員はほとんどが中途採用で、新卒採用はごくわずかである。

　中途採用を行う場合、はじめは契約社員として入社し、1、2年本人の働きぶりを見極め、その後正社員に採用するか、契約社員のまま働いてもらうかを決める。

　正社員は仕事の範囲が一番広く、年数とともに責任はどんどん重くなる。

　正社員の給与体系は、新卒・中途採用の初任給からスタートして、その後、毎年4月に昇給する。新入社員から中堅層、管理職まで、キャリアによって職務内容や責任の程度、能力や成果・業績の個人差が大きく、その違いに応じた昇給・昇格を行うことが、長期雇用のインセンティブを与えるためにも必須と考えて、昇給を続けてきた。

　毎年の昇給額は、人事考課に基づいて春闘相場や会社業績を勘案して、手当の改定を含めて最終的な昇給額を調整している。

　賃金テーブルはなく、いわゆる定期昇給とベースアップの区別もない。中小企業の賃上相場を参考にしながら、非役職の一般職・総合職という区分と、主任、係長、課長、部長などの役職者ごとに、評価ＳＡＢＣＤに対応した昇給案を決めている。

　昇給原資の制約もあるので、役職ごとに基本給の上限額も意識して、基本給が高い人は昇給を低めに調整し、近年はなるべく若年層に厚くなるように全体の昇給原資を配分してきた。

　昇給額が決まったら、実在者の賃金とバランスをとりながら、次年度の新卒初任給を決めている。2021年（令和3年）の新卒初任給は高卒17万、短大卒19万、大卒21万円という基本給である。

　基本給とは別に、主任に3,000円、係長に1万円、課長に6万円、部長に9万円の役職手当を支給する。課長以上には時間外・休日勤務手当

を支給しない分、上記の役職手当を支給してカバーしている。

　定年再雇用は正社員として培った経験を活かして仕事をしているので、それなりの責任が伴う。定年後も継続して正社員と同じ仕事をしている人が多く、賃金・賞与とも正社員の8割ほど支給しているので、待遇という意味では正社員に一番近いが、昇給はない。

　契約社員の仕事は現場のレンタル資材の配送業務が中心で、正社員のような複雑な判断業務や責任の重い仕事は任せていない。契約社員は日給制で全員フルタイムである。契約社員も長期勤続を期待して昇給するが、正社員に比べると能力・成果・業績の個人差は少なく、あるレベル以上は職務内容や責任が増すこともないので、昇給は社員の3分の1ほどで済ませてきた。これまでは、市場での賃金相場もそれで対応できたが、最近は2、3年ほどで辞めてしまう契約社員が多くなっている。

　賞与は社員の半額程度であり、いずれも簡単な人事考課で済ませている。

　パートタイマーの仕事は清掃や資材の保管・梱包などに職務内容が限定されており、原則として職務内容・配置の変更もない。契約社員よりも単純で責任の軽い仕事が大半である。パートタイマーは時給制で、労働日数や所定労働時間が少ない短時間勤務が原則である。ただ、実際はフルタイムで働いている人の方が多く、区別はややあいまいである。

　パートタイマーは最低賃金や世間相場に合わせて時給を改定するが、これまでは長期勤続を期待してこなかったため、それ以外の昇給はほとんどない。賞与は数万円の寸志を支給するだけで、人事考課もなかった。

3　新しい役割等級制度と役割給の基本的な仕組み

　A社では、これまで能力重視の賃金処遇を目指してきたが、客観的な能力評価の仕組みがあるわけではなく、実際は年功で役職者を選抜し、賃金も初任給からスタートする年功的な積上型で決めてきた。

　新人事制度は、能力等級、職務等級(ジョブ型)なども検討したが、属

人的な能力等級だと仕事の役割や目標があいまいになり、評価が主観的になって年功的な賃金待遇に流れがちであることから、どのような組織上の役割を与え、どのような成果責任を求めるのかで等級を決める役割等級制度を導入することとした。

　具体的には、これまでの役付手当の支給基準を手掛かりに、**図表4-2**のような役割等級に区分した。

　課長以上が管理職で、時間外・休日勤務手当は支給しない。なお、上の表のように旧役職手当のうち主任3,000円や係長1万円は廃止して基本給に吸収した。課長、部長の役職手当も1万円分を基本給に吸収し、課長5万円、部長8万円を新しい管理職手当とした。

　基本給については、これまでのように定期昇給を評価別に積み重ねる「昇給額管理」ではなく、新たに役割給を導入した。具体的には、役割等級ごとに貢献度の評価ＳＡＢＣＤに対応した上限額を定める。各人の賃金の高さと評価との見合いで昇給・昇給停止・マイナス昇給を行い、役

図表4-2　**A社の新しい役割等級区分と旧役付手当・新管理職手当**

等級	役職	役割	旧役付手当	新管理職手当
Ⅵ	部長 （経営管理職）	部門全体の経営管理責任者やスタッフ、専門職集団の統括責任者	9万円	8万円
Ⅴ	課長 （業務管理職）	課レベルの業務管理責任者やスタッフ、専門職集団のグループ責任者	6万円	5万円
Ⅳ	リーダー （業務推進職）	監督者・専門職としてチームをリードする計画的・課題遂行的な業務推進者	1万円	基本給に吸収
Ⅲ	主任 （指導職）	高度の訓練・専門知識や企画裁量的な判断を求める指導的な熟練者	3,000円	基本給に吸収
Ⅱ	担当職	任された範囲で自己判断の責任と応用動作を求める上級担当者	－	－
Ⅰ	一般職	指示された定常業務を忠実に実行する作業者やアシスタント担当者	－	－

注　課長であっても、組織上の責任者ではない者に身分資格的な待遇のために役職を与えているケースはⅣ等級とする。

割と貢献度に対応する賃金の高さに段階的に近づける絶対額管理を行う方式を導入した。

図表4-3が新しい役割給を運用するゾーン型の「範囲給」の仕組みである。社員を6段階の役割等級に区分し、等級ごとに役割給の上限・下限を設定している。Ⅰ等級のスタート金額はこれまでの高卒初任給に合わせた17万円とし、上限額を24万円とした。さらにバンドの中を、下からD、C、B、A、Sという5つのゾーンに分け、それぞれ上限額を表のように設定している。

各ゾーンの間隔は5,000円刻みで最低1万円～最大2万5,000円とし、ゾーンと等級が上がるほど大きい設定にした。グレーの部分の金額が、矢印のように上位等級の金額に2段階一致で対応するようにしている。

各等級とも、平均的な人材は太字のBゾーンの上限まで、優秀な人材はAゾーンの上限まで昇給することを想定して作った金額である。

毎年の昇給は、**図表4-3**下の「昇給単位」に表示したⅠ等級1,000円～Ⅵ等級4,160円のように、等級別に「昇給単位」の金額を決め、**図表4-4**の昇給倍率を掛算して毎年の具体的な昇給額を算定する。

図表4-4は、対象従業員が、①どの基本給のゾーン（縦軸のSABCD）

図表4-3 A社の役割等級別のゾーン上限額と下限額（仮）

（単位：円）

等級名→	Ⅰ	Ⅱ	Ⅲ	Ⅳ	Ⅴ	Ⅵ
（S）	240,000	270,000	300,000	340,000	385,000	435,000
（A）	225,000	255,000	285,000	320,000	360,000	410,000
（B）	**210,000**	**240,000**	**270,000**	**300,000**	**340,000**	**385,000**
（C）	195,000	225,000	255,000	285,000	320,000	360,000
（D）	180,000	210,000	240,000	270,000	300,000	340,000
E	170,000	195,000	225,000	255,000	285,000	320,000
昇給単位	1,000	1,330	1,770	2,350	3,130	4,160

にあるか、②どの貢献度の評価（横軸のＳＡＢＣＤ）になったかをみて、①②の交点の昇給倍率を使う。

図表4-5は、**図表4-3**の昇給単位と**図表4-4**の昇給倍率を組み合わせたゾーン別・評価別の昇給額をⅠ～Ⅵ等級について計算したものである。

賃金も低く、育成に時間がかかる下位等級では、昇給がある程度長く続くほうが励みになるので、昇給単位の金額を小さくしている。

他方、ある程度の賃金水準になっている上位等級では、いつまでも昇給によってやる気を引き出す方法には限界がある。むしろ役割・貢献度に見合う賃金に早めに到達するよう昇給単位を大きく設定した。評価によってメリハリがつくという納得感を持たせて、目標管理や評価のフィードバックによって組織全体の成果にコミットさせ、高次元のやる気を引き出すマネジメントをより重視した。

図表4-6は、Ａ社のゾーン別範囲給の区分と、正社員の2021年（令和3年）時点の新基本給部分（役割給）の等級別分布状況をグラフにしたものである。

各等級のゾーン区分を表すスケールのうちＳ～Ａの範囲がＳゾーン、Ａ～Ｂの範囲がＡゾーン、以下Ｂゾーン、Ｃゾーン、Ｄゾーンである。

図表4-4　**昇給倍率の基準（段階接近法®）**

	S評価	A評価	B評価	C評価	D評価
Sゾーン	1	0	-1	-2	-3
Aゾーン	2	1	0	-1	-2
Bゾーン	3	2	1	0	-1
Cゾーン	4	3	2	1	0
Dゾーン	5	4	3	2	1

注1 上限額（各ゾーンのちょうど境目の金額）では上位ゾーンの昇給倍率を適用する。
　　例：Aゾーンの上限額（A）でA評価、Bゾーンの上限額（B）でB評価はそれぞれ昇給ゼロとする。
注2 A評価はAゾーンの上限、B評価はBゾーンの上限を超えないように昇給額を調整する。
注3 段階接近法®は株式会社プライムコンサルタントの登録商標である。

Ⅰ等級　昇給単位＝1,000円　　　　　　　　　　　　　　　　　　　　（単位：円）

Ⅰ	S評価	A評価	B評価	C評価	D評価
Sゾーン	1,000	0	-1,000	-2,000	-3,000
Aゾーン	2,000	1,000	0	-1,000	-2,000
Bゾーン	3,000	2,000	1,000	0	-1,000
Cゾーン	4,000	3,000	2,000	1,000	0
Dゾーン	5,000	4,000	3,000	2,000	1,000

Ⅱ等級　昇給単位＝1,330円　　　　　　　　　　　　　　　　　　　　（単位：円）

Ⅰ	S評価	A評価	B評価	C評価	D評価
Sゾーン	1,330	0	-1,330	-2,660	-3,990
Aゾーン	2,660	1,330	0	-1,330	-2,660
Bゾーン	3,990	2,660	1,330	0	-1,330
Cゾーン	5,320	3,990	2,660	1,330	0
Dゾーン	6,650	5,320	3,990	2,660	1,330

Ⅲ等級　昇給単位＝1,770円　　　　　　　　　　　　　　　　　　　　（単位：円）

Ⅰ	S評価	A評価	B評価	C評価	D評価
Sゾーン	1,770	0	-1,770	-3,540	-5,310
Aゾーン	3,540	1,770	0	-1,770	-3,540
Bゾーン	5,310	3,540	1,770	0	-1,770
Cゾーン	7,080	5,310	3,540	1,770	0
Dゾーン	8,850	7,080	5,310	3,540	1,770

Ⅳ等級　昇給単位＝2,350円　　　　　　　　　　　　　　　　　　　　（単位：円）

Ⅰ	S評価	A評価	B評価	C評価	D評価
Sゾーン	2,350	0	-2,350	-4,700	-7,050
Aゾーン	4,700	2,350	0	-2,350	-4,700
Bゾーン	7,050	4,700	2,350	0	-2,350
Cゾーン	9,400	7,050	4,700	2,350	0
Dゾーン	11,750	9,400	7,050	4,700	2,350

V等級 昇給単位＝3,130円 (単位：円)

I	S評価	A評価	B評価	C評価	D評価
Sゾーン	3,130	0	-3,130	-6,260	-9,390
Aゾーン	6,260	3,130	0	-3,130	-6,260
Bゾーン	9,390	6,260	3,130	0	-3,130
Cゾーン	12,520	9,390	6,260	3,130	0
Dゾーン	15,650	12,520	9,390	6,260	3,130

VI等級 昇給単位＝4,160円 (単位：円)

I	S評価	A評価	B評価	C評価	D評価
Sゾーン	4,160	0	-4,160	-2,000	-3,000
Aゾーン	8,320	4,160	0	-4,160	-2,000
Bゾーン	12,480	8,320	4,160	0	-4,160
Cゾーン	16,640	12,480	8,320	4,160	0
Dゾーン	20,800	16,640	12,480	8,320	4,160

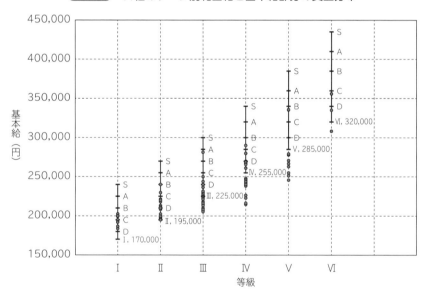

図表4-6　A社のゾーン別範囲給と基本給部分の賃金分布

グラフには表示していないが、各等級の下限を下回る部分をEゾーンとする。

　各等級とも、一部を除いてほぼBゾーンまでの範囲に収まっている。Ⅲ等級以上では下限額を下回るEゾーンの社員が大勢いるが、これに合わせて範囲給の金額を下げてしまうとAゾーンやSゾーンに入る社員がこれ以上昇給しなくなったり、マイナス昇給になったりする。

　なお、Eゾーンの昇給は、**図表4-4**のDゾーンと同じ昇給倍率にするか、Dゾーンよりもさらに昇給倍率を1つずつ増やす。

4　定年再雇用、契約社員、パートタイマーに賃率を用いた役割給の運用方法

　A社では、仮に全員を標準のB評価とみなして、**図表4-7**の要領で正社員90人の2022年（令和4年）の昇給額を試算したところ、総額で474,510円、1人平均5,272円、基本給比で2.3％の昇給になった。

　なお、**図表4-3**の範囲給は、賃率1.0の正社員の賃金実態に対応したものであり、**図表4-5**の昇給額テーブルも、そのままでは正社員よりも賃率の低い日給や時給制の非正社員には使えない。

　正社員に比べて配置・異動の範囲やキャリアコースの違いなどの働き方の制約があるときに、一定の係数を掛算して賃金を減額するのが賃率

図表4-7　**正社員の昇給試算表（90人）**

氏名	等級	旧基本給 (円)①	ゾーン	仮評価	昇給倍率②	昇給単位 (円)③	昇給額(円) ④=②×③	新基本給(円) ⑤=①+④	昇給率(%) ⑥=④÷①
1	Ⅱ	218,000	C	B	2	1,330	2,660	220,660	1.22
2	Ⅱ	194,990	E	B	3	1,330	3,990	198,980	2.05
3	Ⅰ	199,460	B	B	1	1,000	1,000	200,460	0.50
4	Ⅰ	194,990	C	B	2	1,000	2,000	196,990	1.03
…	…	…	…	…	…	…	…	…	…
合計		20,867,810					474,510	21,342,320	2.3
平均		231,865					5,272	237,137	2.3

である。

　図表4-8は、賃率による賃金減額や、短時間勤務者の減額支給を考慮した非正社員の昇給額の試算方法を示したものである。ここでは、正社員の賃率を1.0とし、定年再雇用者と契約社員は0.9、パートタイマーは0.8とした例である（賃率の基準は本節末尾の**図表4-13**参照）。

　まず、非正社員のうち日給・時給の従業員は1カ月の平均所定労働日数・労働時間数を掛算した月額換算賃金aを求める。その月額換算賃金aと賃率b、時間率cから正社員相当の賃率1.0に換算した賃金額dを逆算する。

　これを昇給前の賃金dとし、これに**図表4-5**の昇給テーブルを適用して昇給後の賃金d′を計算する。これに賃率bと時間率cをもう一度掛算し直して非正社員の支給額a′を求め、雇用形態によって日給や時給に換算する。（a）と（a′）との差額eが非正社員の昇給月額になる。

　時間率はフルタイムの所定労働時間を1として、短時間勤務者の所定労働時間の割合に応じた比率を計算する。短時間勤務者の賃金はこれを使ってフルタイマーの月額に換算し、**図表4-5**の昇給テーブルを適用して新賃金d′を計算する。

　図表4-9は、上の方法を応用して正社員、定年再雇用者、日給制の契約社員、時給制のパートタイマーなど計150人を対象に、全員B評価として基本給の昇給試算を行ったものである。

図表4-8　**非正社員の昇給額の求め方（賃率・時間率を用いた正社員換算による方法）**

雇用形態 （労働時間）	月額換算賃金(円)a （元の賃金）	賃率 b	時間 率c	正社員換算(円) d＝a÷b÷c	同昇給後(円) d′＝d＋昇給	同支給額(円) a′＝d′×b×c	昇給額(円) e＝a′－a
定年再雇用者	月給216,000	0.9	1.0	240,000	244,000	219,600	3,600
契約社員 （月20日）	月額204,000 （日給10,200）	0.9	1.0	226,667	230,667	207,600 （日給10,380）	3,600 （日給＋180）
パートタイマー （月160時間）	月額160,000 （時給1,000）	0.8	1.0	200,000	204,000	163,200 （時給1,020）	3,200 （時給＋20）
パートタイマー （月96時間）	月額96,000 （時給1,000）	0.8	0.6	200,000	204,000	97,920 （時給1,020）	1,920 （時給＋20）

注　非正社員の賃金a＝正社員の賃金d×賃率b×時間率c

150人全員の昇給額は合計で576,344円、1人平均の昇給額は3,842円、基本給比1.9％という昇給率になった。うち正社員は合計90人で474,510円、1人平均5,272円、2.3％の昇給で、これは**図表4-7**の集計と同じである。非正社員は合計60人で101,834円、1人平均1,697円、1.05％の昇給である。

　（1）の左の黒枠には、実際に支給されている基本給を集計している。月給制の正社員・定年再雇用者は個々に金額が異なるが、平均で正社員231,865円、定年再雇用者216,000円になった。

　契約社員は個々の日給に月の労働日数20日を掛け算した月額の平均で196,200円である。

　パートタイマーは東京本社と神奈川は全員一律時給1,050円である。これに全員が短時間勤務の東京は月所定の96時間で100,800円、全員がフルタイムの神奈川は160時間で168,000円、同じくフルタイムの船橋は一律時給960円の160時間で153,600円となる。

　ちなみに2021年（令和3年）10月の東京の最低賃金は1041円、神奈川は1040円、千葉県は同じく953円であるから、それぞれ10円ほど上回っている。

　下の（2）の左の黒枠は、（1）で求めた元の賃金aを賃率bと時間率cで割り戻して、フルタイム正社員の賃金額dに換算した金額の1人平均の集計である。賃率は定年再雇用者と契約社員は0.9、パートタイマーは東京・神奈川事業所を0.875、船橋を0.8とした。東京・神奈川と船橋とで賃率を変えたのは、地域による時給相場の格差を吸収してフルタイム換算月額を同額にするためである。

　（2）の右の黒枠は、**図表2-4**のゾーン別範囲給と**図表2-5**の昇給ルールを使って、全員フルタイムの正社員扱いとして昇給を行った新基本給d′の平均額である。この理論上の新基本給d′に再び賃率bと時間率cを掛け算して（1）の右の黒枠に非正社員の支給月額a′を計算し、昇給額a′－aを計算した。パートタイマーは新しい時給も表示した。

図表4-9　非正社員を含めた昇給額の求め方

(1)　実支給額による昇給試算（1人平均）

雇用区分	人数（人）	時給（円）	所定労働時間（時間）	月額換算賃金a（元の賃金）（円）	支給月額 a'＝d'×b×c（円）	時給（円）	昇給額（円）e'＝a'−a	昇給率（％）e'÷a
正社員	90	—	160	231,865	237,137	—	5,272	2.3
定年再雇用	5	—	160	216,000	218,549	—	2,549	1.2
契約社員	10	—	160	196,200	198,234	—	2,034	1.0
パート本社	10	1,050	96	100,800	101,850	1,061	1,050	1.0
パート横浜	15	1,050	160	168,000	169,750	1,061	1,750	1.0
パート船橋	20	960	160	153,600	155,200	970	1,600	1.0
平　均	150			203,399	207,241		3,842	1.9
合計				30,509,810	31,086,154		576,344	1.9

(2)　正社員換算による昇給試算（1人平均）

雇用区分	人数（人）	賃率b	時間率c	正社員換算（円）d＝a÷b÷c	正社員換算（円）d'＝d＋昇給		昇給額（円）e＝d'−d	昇給率（％）e÷d
正社員	90	1.00	1.00	231,865	237,137		5,272	2.3
定年再雇用	5	0.90	1.00	240,000	242,832		2,832	1.2
契約社員	10	0.90	1.00	218,000	220,260		2,260	1.0
パート本社	10	0.875	0.60	192,000	194,000		2,000	1.0
パート横浜	15	0.875	1.00	192,000	194,000		2,000	1.0
パート船橋	20	0.80	1.00	192,000	194,000		2,000	1.0
合　計	150	—	—	219,252	223,261		4,009	1.8

5　役割給と賃率を活用した定年再雇用者の賃金の決め方

　A社ではこれまで定年到達前の主任・係長クラスの基本給を27万円程度と見込んで、その8割に相当する一律21万6,000円を定年後の再雇用賃金としてきた。定年になる頃にはほとんどが最低主任クラスになっており、係長以上は定年で役職を離脱するので、新しい役割等級でも定年再雇用者は全員Ⅲ等級・主任クラスになる。

　定年後は、役職手当は支給しないが、家族手当・住宅手当は支給する。これまでは昇給がなく、同一内容の雇用契約を、65歳を雇用の上限として1年ごとに更新してきた。

　賞与はこの再雇用賃金に正社員の標準査定の支給月数を掛算し、結果

として定年前の8割前後の金額を支給してきた。

　A社は関東を基盤とする企業としては、中高年層の賃金がそれほど高いわけでもなく、定年後もできるだけ戦力になってもらいたいという経営者の考えで、現状の8割という支給水準になった。

　改正高年齢者雇用安定法が努力義務としている70歳雇用に対応するため、同社では2022年（令和4年）4月1日以降、定年再雇用者の雇用の上限年齢を70歳に延長する。

　すでに2021年（令和3年）4月時点で65歳に到達した再雇用者が1名いるが、同社では本人の健康状態や就労状況が良好なことから、そのまま再雇用契約を更新することとした。

　すでに触れたように、パートタイマーの場合も65歳が雇用の上限であるが、実際には70歳近くまで働いているパートタイマーがおり、再雇用者についても雇用延長は自然な流れであった。

　他方で、人によって定年後の仕事の負荷や組織的な責任の違いがあるのも事実であり、一律21万6,000円＋家族・住宅手当という再雇用賃金で、5年間昇給なし・賃金固定でよいのかという議論もあった。

　高年齢者雇用安定法の改正を受けて、今後70歳まで働いてもらおうということになれば、60歳以降の10年間を一律固定というわけにもいかない。

　同社では、定年後は仕事の内容や働き方に応じて弾力的に賃金待遇を変えられ、貢献度の評価が賃金改定に結びつくフェアな仕組みにすることが課題となった。70歳雇用の長いスパンで高齢者に活躍してもらうには、これまで以上に個々の健康や生活事情への配慮が必要になる。一度決めた賃金がずっと変わらない仕組みでは、かえって不公平なことも起きるし、高齢者のやる気をそいでしまう恐れがあった。

　そこでA社では、役割給の仕組みと非正社員に対する賃率の考え方を活用して、2022年（令和4年）4月以降、**図表4-10**の賃金換算表を用いて勤務延長・定年再雇用の賃金を決める継続雇用制度を導入した。継続

雇用の上限は70歳までとし、勤務延長は正社員と同一の昇給制度を継続する。

　定年再雇用は、65歳までの雇用確保期間は正社員の昇給制度を準用し、以降70歳までの就業確保期間は1年ごとに各人の仕事の実績と働き方の見直しを行い、再雇用賃金の見直しを行いながら契約を更新する。

　図表4-10の左側は、定年後に与える職務内容（業務の内容および業務に伴う責任の程度）を確認した上で、「与える仕事の変化」を基準ア〜エで判定する。

　職務内容が軽減される場合は役割等級も下げる。次に表右側の「人材活用の仕組みと運用（職務の内容および配置の変更の範囲）」をみて基準ⅰ〜ⅲを判定して、定年前の賃金に対する定年後の賃金の換算率（％）を決める。

　①同じ仕事を継続する場合、定年になっても退職させず、これまでの仕事・労働条件のまま働いてもらう勤務延長のケースでは、職務内容がまったく変わらないため、賃金を100％支給する均等待遇を行う。

　実際にA社では、2021年（令和3年）中に60歳になった仕入事務の課長に、定年再雇用ではなく、今の条件のまま勤務延長で働いてもらうよう話し合い、合意した。

　表の右の「人材活用の仕組みと運用（職務の内容および配置の変更の範囲）」は、勤務地や職務の配置・異動を定年前と同様に行う場合はⅰ、勤務地は近隣で職務も類似職務だけというように配置・異動の範囲を若干限定する場合はⅱ、定年後は転勤させないし職務内容も変更しないという大きな制約があればⅲを適用する。これによって5％ずつ換算率が変わる。

　結果として左で①同じ仕事を継続してもイの再雇用は90％〜80％に、②類似業務に転換・業務軽減の場合は80％〜70％に、③異質な職種に転換する場合は70〜60％という換算率を適用することになる。

図表4-10　定年再雇用者の賃金換算表

職務内容 （業務の内容および業務に伴う責任の程度）			人材活用の仕組みと運用（職務の内容および配置の変更の範囲）		
与える仕事の変化		役割等級	ⅰ　変わらない（無限定）	ⅱ　人材活用が若干限定	ⅲ　人材活用が大きく制約
①　同じ仕事を継続	ア　まったく変わらない（勤務延長）	等級変更なし	100%	―	―
	イ　一部業務を軽減・免除するが基本は変わらない（再雇用）	等級変更なし	90%	85%	80%
②　類似業務に転換・業務軽減	ウ　これまでの経験・知識・能力を活用できるやや軽易な業務を担当する場合	1等級の降格	80%	75%	70%
③　異質な職種に転換	エ　これまでのキャリアとは無関係で職務内容も異質な軽易業務に転換する場合	当該等級を適用	70%	65%	60%

📝　**図表3-21**と基本的な仕組みは同じであるが、ア、イの支給率が異なることに注意して頂きたい。

6　定年到達予定者5人の再雇用賃金と昇給シミュレーション

　A社には55歳以降の定年前の正社員が5人いる。**図表4-11**のAに5人の役職や仮等級、現基本給の個別データを整理した。

　新しい役割等級を当てはめ、①②の係長はⅣ等級、③④⑤の主任はⅢ等級とし、56歳の②は59歳まで3回、58歳③④⑤は1回、役割給のB評価で昇給したと仮定して、定年前59歳時の基本給を試算した。

　これまでのやり方だと、**図表4-11**のBのように定年になると役職を外れて全員21万6,000円という再雇用基本給になる。定年前の基本給に対する換算率は74%〜87%と人により違うが、平均は80%になる。

　一番右のWKさんは定年再雇用ではなく、2021年（令和3年）に60歳になった仕入事務の課長（Ⅴ等級）で、定年前の条件のまま勤務延長で働いている。試みに、もしこの人が定年再雇用になっていたらどうなるかを右に作った。再雇用の場合はやはり役職を外れ21万6,000円になる。

図表4-11　継続雇用時の賃金換算と昇給の試算（新旧対比）

区分	項目	①IS	②KM	③IK	④NN	⑤ST	WK（勤務延長）定年再雇用	WK（勤務延長）勤務延長
A　定年前個別データ	氏名	①IS	②KM	③IK	④NN	⑤ST	WK（勤務延長）	
	年齢	59歳	56歳	58歳	58歳	58歳	60歳	
	職種	配送クルー	経理	経理	設置クルー	経理	仕入	
	役職位	係長	係長	主任	主任	主任	課長	
	等級（仮）	IV	IV	III	III	III	V	
	現基本給	290,000円	269,860円	250,000円	281,400円	243,830円	335,350円	
	ゾーン	B	D	C	A	C	B	
	59歳時基本給	290,000円	286,310円	253,540円	281,400円	247,370円	335,350円	
B　継続雇用賃金（従来）	雇用形態			定年再雇用			定年再雇用	勤務延長
	基本給	216,000円	216,000円	216,000円	216,000円	216,000円	216,000円	335,350円
	換算率	74%	75%	85%	77%	87%	64%	100%
	昇給	なし	なし	なし	なし	なし	なし	なし
C　継続雇用賃金（新）の賃金算定	職務内容	ウ	ウ	ウ	イ（再雇用）	ア	エ	エ
	役割等級	降格III	降格III	変わらないIII	等級変更なしIII	変更なしIII	降格III	変更なしV
	人材活用の仕組み	i 変わらない（無限定）	i 変わらない（無限定）	i 変わらない（無限定）	変わらない（無限定）	i 変わらない（無限定）	変わらない（無限定）	i 変わらない（無限定）
	賃金換算率	80%	80%	90%	90%	90%	70%	100%
D　継続雇用賃金（新）	換算基本給a	232,000円	229,048円	228,186円	253,260円	222,633円	234,745円	335,350円
	賃率	90%	90%	90%	90%	90%	90%	100%
	ゾーン	B	C	C	A	C	B	B
	仮評価	B	B	B	B	B	B	B
	昇給倍率	1	2	2	0	2	1	1
	昇給単位	1,593円	1,593円	1,593円	1,593円	1,593円	1,593円	3,130円
	昇給額b	1,593円	3,186円	3,186円	0	3,186円	1,593円	3,130円
	新基本給a＋b	233,593円	232,234円	231,372円	253,260円	225,819円	236,338円	338,480円

注　職務内容のア～エは図表4-10のとおりである。

図表4-11のＣは、新しい**図表4-10**の賃金換算表を使って再雇用の賃金を試算したものである。Ａ社では、定年で役職を離脱する係長以上の役職者を除けば、定年後の仕事も働き方も定年前とほとんど変わりがない。

　係長の２人①②は、定年後は主任クラスになり、「ウ　これまでの経験・知識・能力を活用できるやや軽易な業務を担当」するので、等級はⅣからⅢに降格となる。ただし、人材活用の仕組みはほとんど正社員と「ⅰ　変わらない（無限定）」ので賃金換算率は80％とした。

　主任の３人③④⑤は、定年後も「イ　基本は変わらない（再雇用）」なのでⅢ等級のまま、人材活用の仕組みも「ⅰ　変わらない」ので、賃金換算率は90％とした。

　結果、定年再雇用の基本給は約22万～25万円となり、これまでの一律21万6,000円に比べ、それなりの待遇改善となる。

　勤務延長のＷＫさんの職務内容は定年前のまま「ア　まったく変わらない」ので等級変更なしでⅤ等級、人材活用の仕組みも「ⅰ　変わらない」ので、賃金換算率は100％である。しかし定年再雇用だと、「エ　これまでのキャリアとは無関係で職務内容も異質な軽易業務に転換」し、Ⅲ等級に降格になり、賃金換算率は70％と低くなる。

　もしＷＫ課長も定年再雇用だったとすると、ほかの定年再雇用とほとんど変わらない金額（23万4,745円）になる。職務内容と人材活用の仕組みが同じなら、同じ役割給になる仕組みであることが理解いただけよう。

　ただし、Ａ社では、もと係長は○円、元課長は◎円など、主任の再雇用賃金を下回らないように再雇用の最低保証額を設定することも検討している。

7　定年再雇用者の賃率と昇給試算

　図表4-11のＤは、人材活用の仕組みが正社員と「ⅰ　変わらない（無

限定）」定年再雇用者を、全員賃率90％として昇給を試算したものである。

ただし、**図表4-9**のように賃率90％から正社員の賃金100％に換算して昇給を計算する方法はやや煩雑なので、**図表4-12**のように賃率別の範囲給と昇給単位を設定した。太字の90％のゾーン上限額からダイレクトに換算基本給aのゾーンを読み取り、全員B評価として昇給倍率×昇給単位で昇給額bを計算する。昇給単位も元のⅢ等級の1,770円に90％を掛算した1,593円を使う。

このやり方だと、定年再雇用後も毎年の評価次第で昇給できるし、たとえば**図表4-11**の④NNさんのように高いゾーンの人は、それに見合う高い評価をとらないと昇給ゼロあるいはマイナス昇給になる。70歳まで継続雇用期間を延長しても、今までのように全員一律21万6,000円の再雇用賃金でずっと固定されるやり方と違い、励みや緊張感が続くことが期待される。

なお、すでに定年再雇用になっている人たちは、これから新たに再雇用になる人に比べて、今の21万6,000円のままだと不満が出る懸念があるため、**図表4-12**のC評価が昇給できる上限22万9,500円まで引き上げ、以降昇給を実施することとした。

ちなみに定年再雇用の賃率90％は、職務の内容および配置の変更の

図表4-12　Ⅲ等級の範囲給と昇給単位（賃率別）

ゾーン	100%	90%	85%	80%
人材活用の仕組み	正社員	ⅰ　変わらない	ⅱ　人材活用が若干限定	ⅲ　人材活用が大きく制約
Sゾーン上限	300,000円	270,000円	255,000円	240,000円
A 〃	285,000円	256,500円	242,250円	228,000円
B 〃	270,000円	243,000円	229,500円	216,000円
C 〃	255,000円	229,500円	216,750円	204,000円
D 〃	240,000円	216,000円	204,000円	192,000円
Dゾーン下限	225,000円	202,500円	191,250円	180,000円
昇給単位	1,770円	1,593円	1,505円	1,416円

範囲（人材活用の仕組み）が正社員と「 i 　変わらない（無限定）」働き方ができる場合の賃率である（第3章175 〜 176ページ参照）。

　もし、人材活用の仕組みに制約が生じる場合は、**図表4-12**の右のように、「 ii 　人材活用が若干限定」される場合は85％を、「 iii 　人材活用が大きく制約」される場合は80％を適用する。

　実際に、A社の再雇用者にも、家族介護や自身の病気などで働き方に制約が生じているケースが出ている。その場合は、現状の再雇用賃金を上記の22万9,500円まで引き上げず、今の金額に近いCゾーンの上限85％の21万6,750円や、Bゾーンの上限80％の21万6,000円等を適用することを検討している。

　図表4-13はA社の雇用形態別の賃率をまとめたもので、人材活用の制約やその他の事情を考慮した要素を整理し、賃率差の根拠を明確にした。

　基本は正社員100％に対し、定年再雇用と契約社員は90％、パートタイマー（船橋）は80％である。東京・神奈川のパートタイマーの＋7.5％は首都圏の賃金水準という特殊事情を考慮したプレミアムである（**図表4-9**参照）。

　前にも触れたが、A社の現業部門の人材は、最初は新たな役割等級のⅠ等級の契約社員として採用し、もっぱらレンタル資材の配送や引き取りに従事する。評価は配送ミスや、交通事故、マナー違反等を簡単に取り上げる程度であり、転勤はない。

　晴れて契約社員から正社員になると、Ⅱ等級の営業活動が主で配送は従という仕事になる。クレーム対応、メンテナンスのサービス手配なども行い、営業業績やサービスに対する姿勢などが評価される。人によっては配車、整備、倉庫など他業務への異動もあり、転勤もある。ちなみに正社員のⅠ等級は定型業務を担当する事務職だけである。

　契約社員はⅠ等級止まりではなく、正社員にならずに契約社員のまま勤める人は、目安として30歳前後でⅡ等級、35歳前後でⅢ等級・主任

に昇格させる。経験を積んでくると、運転・作業の安全や車両点検を仲間うちで励行したり、取引先との信頼関係や商品知識を深めて仕事の機転を利かせたり、無駄な残業につながる待機時間や交通渋滞を避けるスキルなどが身につくので、Ⅰ等級以上の役割を発揮しているという認識だ。

職務内容に違いはあっても、契約社員にもⅡ等級、Ⅲ等級・主任の役割を適用しており、「職務3要素」のうち①責任の程度は、Ⅲ等級レベルまでは正社員と同じとみなしている。ただし、契約社員には営業関係の仕事をさせていない、転勤がないという2点で②職務内容および配置の変更の範囲が正社員に比べて明確に限定されているため、賃率は0.9とした。

パートタイマーは清掃・資材・保管・梱包の定型業務にのみ従事し、全員Ⅰ等級で昇格はない。契約社員よりさらに職務の範囲が限定され、事業所ごとに採用し転勤もない。

船橋の賃率80％に対する東京・神奈川の賃率87.5％は、地域の時給相場を反映したものであるが、契約社員の賃率90％を超えないギリギ

図表4-13 A社の働き方の制約やその他の事情を考慮した雇用形態別の賃率基準

雇用形態	① 職務内容	③ その他の事情	② 人材活用の仕組みと運用（職務の内容および配置の変更の範囲）			
			無限定	勤務地限定 −5%	職務限定弱 −10%	職務限定強 −20%
正社員	現業は配送・営業をカバー（Ⅱ等級以上）	―	100%	95%	90%	80%
契約社員	配送のみ、営業はしない（Ⅰ～Ⅲ等級）	―			90%	80%
定年再雇用	役職離脱 それ以外は定年前と同じ仕事（Ⅰ～Ⅲ等級）	定年後再雇用−10%	90%	85%	80%	70%
パートタイマー	清掃・資材・保管・梱包の定型業務（Ⅰ等級）	―				80%
		東京・神奈川＋7.5%				87.5%

注 ③その他の事情の「定年後再雇用−10%」の意味は175ページ参照

リの線であろう。

以上のように、雇用形態の違いに応じてＡ社の実情にあった賃率の体系が整理できた。

なお、Ａ社では、今後はこの基準を用いて、正社員にも働き方に制約がある場合は話合いにより、いわゆる限定正社員として賃金の減額調整を実施する予定である。

第2節　役割等級・ランク型賃金表を活用した65歳定年延長と多様な雇用形態による70歳就業確保措置を実施（イベントプロデュースＫ社）

1　概　要

Ｋグループ会社は、関東圏を中心にイベント用設備・機器のプロデュースを行う売上高約55億円、従業員約170名の企業グループである。本体のＫ社（従業員80人）のほか、音響・映像・照明等に特化した機材の設置を行うＢ社（40人）、Ｃ社（30人）、レンタル機材のメンテナンス・修理を行うＤ社（20人）の4社からなる（以下Ｋ社と総称）。グループ従業員のうち正社員は約100名で、残り約70名は契約社員、定年後再雇用の嘱託、パートタイマー、アルバイト等である。労働組合はない。

Ｋ社は、2018年（平成30年）春に、役割等級とランク型賃金表®、段階接近法®、ポイント制賞与を軸とした新人事制度を正社員に導入し、次いで2019年（令和元年）に非正社員にも拡張適用し、全従業員をカバーする統合的な人事制度を構築した。

それまでは月給制の正社員、定年再雇用、日給制の契約社員、時給制のパートタイマー、アルバイト等にそれぞれ異なる賃金体系を採用していたが、明確な賃金制度といえるものは確立されておらず、雇用転換のルールもあいまいであった。

新人事制度では、雇用形態を月給制の正社員と定年再雇用、時給制の

契約社員に統合・整理し、雇用転換のルールも決めた。

2021年（令和3年）には新人事制度の定着を確認し、65歳定年延長を実施した。これに伴い定年再雇用制度の上限年齢を70歳に延長し、改正高年齢者雇用安定法が努力義務とする就業確保措置への対応を完了した。

K社の事例は、多様な雇用形態の賃金待遇制度をシンプルな役割等級とランク型賃金表を用いて統合的に運用したい会社や、年功的な総合決定給から役割等級に転換し、役割に対する貢献度を評価して、賞与の配分と基本給の決定に活用したい会社には特に参考になると思われる。

注 ランク型賃金表、段階接近法は株式会社プライムコンサルタントの登録商標である。

2 正社員・非正社員を統合的に処遇する新人事制度のねらい

K社が2018年（平成30年）に新人事制度を導入したねらいは、以下の7点であった。

① 業界に先駆けて賃金待遇基準をオープンにして社員のモチベーションを高めるため、正社員と非正社員に共通の人事制度を導入し、将来の生活設計をしやすくし、他社に負けない人材を確保・育成する。

② 管理職・非管理職の役割の違いに準拠した等級制度を導入し、従来の年功序列賃金から脱皮して、役割・貢献度に応じた弾力的な賃金決定と賞与配分を行う。

③ 新卒採用も行えるように学卒初任給の相場を配慮した賃金表を設定し、併せて若手・中堅層の賃金水準の引上げ調整を行う。

④ 管理職は組織的な目標管理と部下マネジメントを行い、非管理職は具体的な仕事の内容に即したスキルアップに取り組めるような評価制度を導入し、マネジメントの底上げと一般層の人材の育成・定着を促進する。

⑤ グループ会社間で人事異動や配置転換、転勤等がスムーズに行え

るように制度の統一を図る。

⑥　賃金を含め、正社員と非正社員のすべての待遇を見直し、中小企業は2021年（令和3年）から実施される同一労働同一賃金ガイドライン（指針）に対応できるように具体的な措置を講じる。

⑦　できるだけシンプルな制度設計を心がけ、人事・給与担当者や管理職の運用面での負担を最小限にとどめる。

　新人事制度はほぼ上記のねらいどおりとなり、全社員共通の役割等級とランク型賃金表、諸手当の基準、ポイント制賞与配分基準をベースに、正社員と非正社員のいずれについても説明力のある処遇を実現し、シンプルで使い勝手のよい仕組みが実現した。

3　65歳定年延長の内容

　同社は2021年（令和3年）4月に65歳定年延長を実施し、次のような措置を講じた。

①　これまで定着した全社員共通の役割等級とランク型賃金表®、諸手当の基準、ポイント制賞与配分基準は変えずに、定年を65歳に延長する。60歳定年の下では、定年再雇用者は90％の賃率で賃金表を適用し、賞与も90％の賃率で支給していたので、65歳定年延長により基本給、賞与とも10％相当の待遇改善となる。

②　リーダー以上の役職者はこれまでどおり60歳で役職を離脱し、所定の基準で賃金を減額した上で全員R3等級となる。もともと60歳定年の時から一部の勤務延長となる例外を除いて、大多数は60歳で役職を外れ、賃金をR3等級相当に減額した上で再雇用を行っていたので、この点に大きな違いはない（後述）。

③　65歳の定年後は70歳まで1年の有期契約でフルタイム・月給制の定年再雇用となるか、パートタイム・時給制の契約社員のいずれかを選択する。定年再雇用は短期決済型の再雇用賃金表を適用し、1年ごとに再雇用賃金表を見直す。

④　退職金制度については、従来の60歳までの支給基準による1年あたりの増加分を60歳以降は50％に減らし、65歳までの期間で計算することとした。

⑤　すでに2021年（令和3年）4月時点で定年再雇用になっている60歳以上の従業員は、短時間勤務者もいたため、本人の希望を聞いてフルタイムの正社員に戻るか、従来の再雇用契約を継続するかを個別に話し合った。結果として、7人の再雇用者のうち2名はフルタイムの正社員に戻ったが、5名は65歳までの期間が短かったり、短時間勤務の生活になじんでいたりという理由で、再雇用契約を継続する形となった。

⑥　すでに定年再雇用になっている人達は退職金を支給済みのため、65歳定年時に、65歳までの理論的な退職金額とすでに支給済みの退職金額との差額を一時金として退職時に清算支給することとした（この措置は再雇用契約を選択した者も含む。）。

　以上のような定年延長を決断できた理由として、2018年（平成30年）の制度改定により役割と貢献度に見合う賃金待遇が定着し、高年齢者のモチベーションが高まり定年延長によって一層の活躍が期待できたことが第一にあげられる。首都圏では若年・中堅層の採用が徐々に厳しくなる実感があり、できるだけ幅広い年代層のマンパワーを活用する必要に迫られていた。

　また、役割等級とランク型賃金表を導入した効果として、これまでの年功昇給がほぼ払しょくされ、役割と貢献度に基づく賃金決定が定着しており、定年延長を行っても人件費が過剰に膨らむという心配はなかった。

　退職金制度については、もともと定年退職金の水準が都内企業としてはやや低く、従来から改善の必要性が言われていた。60歳定年のまま毎年の掛金・積立額を全員分増やすことには経営としてためらいがあったが、定年延長により対象期間が5年長くなれば、掛金・積立額を増や

さなくとも退職金の増額が実感できる。当面、60歳以降は支給基準の増加分を50%とするが、将来的には100%とすることも検討する。

4　雇用形態と待遇基準の整理

　同社は多岐にわたる雇用形態を、**図表4-14**のように①月給制・フルタイムの正社員、②月給制・フルタイムの定年再雇用社員、③時給制・フルタイムまたはパートタイムの契約社員の3つの雇用形態に集約している。

①　正社員はフルタイム・無期雇用・65歳定年の正規従業員で、基本給、割増賃金、管理職手当・家族手当・公的資格手当・移動電話手当・年末年始手当・通勤手当等の諸手当、賞与、退職金、福利厚生等がフルスペックで適用される。

②　リーダー以上の役職者は60歳で役職を離れ、原則としてR3等級の役割になる。その時点で後述の基準で賃金を減額する（**図表4-19、4-20**参照）。

③　月給制の定年再雇用社員は70歳が雇用の上限である。60歳定年の下では、定年再雇用者は90%の賃率で賃金表を適用し、毎年の号俸改定は正社員と同じ昇給ルール（段階接近法®）を適用していた。65歳定年延長後は、再雇用者は同じ90%の賃率であるが、正社員の昇給ルールは使わず、1年ごとの有期契約で再雇用賃金を見直す短期決済型の再雇用賃金表を適用する。

④　再雇用者の基本給は、原則として正社員の90%で上記の再雇用賃金に載せ換える。上記のように役職者は60歳で役職を離脱し全員R3等級の役割になっており、定年到達時点では正社員と再雇用者に仕事の大きな違いはなく、転勤や職種転換がなくなることを除けば、それ以外の人事異動や時間外勤務は定年前と同じように行う。

⑤　旧制度ではパートタイムの再雇用も認めていたが、新制度では、定年再雇用社員は全員フルタイム勤務が条件となり、フルタイム勤

区 分		① 正社員	② 定年再雇用 （フルタイム）	③ 契約社員 （フルタイム／パートタイム）
雇用形態	雇用期間	無期	有期	有期・無期
	定年	65歳	70歳	・有期70歳 ・無期65歳（ただし、70歳まで有期で継続雇用）
	雇用転換	定年再雇用制度 ・基本給×0.9（フルタイム） ・パートタイムは基本給×時間割×0.9	③ 時給契約への転換あり	社員転換制度 転換時は中途採用基準で賃金設定（別紙）
労働時間	所定労働時間	フルタイム7:30	フルタイム7:30	フルタイム7:30 またはパートタイム
	超過勤務	無限定	無限定	契約時間＋残業あり（守衛は契約以外の残業なし）
	短時間勤務	なし（育児・介護はあり）	なし（育児・介護はあり）	あり
人材活用	転勤	地域限定 一部転勤あり	地域限定	地域限定
	人事異動	無限定 ただし、リーダー以上の役職は60歳で離脱	職種転換なし、人事異動あり	職務限定 （倉庫・一般事務・経理・清掃・営業・ドライバー・守衛・運行管理者、生産等）
基本賃金	賃金形態	月給制	月給制	時給制
	賃金	ランク型賃金表	同左×賃率	同左×賃率
	賃率	100%	90%	90% 扶養範囲内勤務および契約外残業のない社員は85%
	初任給	新卒初任給 中途採用初任給	定年後再雇用賃金の設定 （再雇用賃金表を同一ランク適用）	中途採用初任給の時給設定 （定年再雇用は前の号俸を使う）
	昇給方法	4月昇給	同左	同左
		段階接近法®	再雇用賃金表の賃金ランクを更改	同左
割増賃金	法内残業	100%	同左	同左
	法定外残業	125%	同左	同左
	深夜勤務	25%	同左	同左
諸手当	管理職手当	○（60歳まで）	対象外	対象外
	家族手当	○	○	○
	公的資格手当	○	○	対象外
	移動電話手当	○	○	○
	年末年始手当	○	○	○
	通勤手当	○	○	○
賞与	夏季・年末	ポイント制賞与（1点単価×等級別・評価別賞与配分点×出勤係数）	同左×賃率90%	寸志（同左×賃率60%×契約労働時間割合）
	特別賞与	個別配分	同左	同左
退職金	賃金比例方式	あり	なし	なし

評価制度	役職者の評価制度	キャリアアップシート	対象外	対象外
	非役職者の評価制度	スキルアップシート （業務スキル＋組織行動スキル）	同左	スキルアップシート （組織行動スキル＋業務スキル1項目のみ）
	評価期間	上期4月1日～9月30日 下期10月1日～3月31日	同左（雇用期間も同一とする）	同左（雇用期間も同一とする）
福利厚生	特別有給休暇	あり	あり	あり（入社1年以上）
	慶弔見舞金	あり（試用期間終了後）	あり	あり（入社1年以上対象）
	休職期間	3か月	同左	同左
	共済会・旅行積立金	加入	同左	同左

務ができない再雇用者は、時給制の契約社員を選択させる。契約社員を選択した場合は、原則として90％の時給を適用し、賞与は60％の支給となる。

⑥　再雇用社員および契約社員は、管理職手当は対象外となるが、それ以外の諸手当と福利厚生は正社員と同基準とする。

⑦　時給制の契約社員は、パートタイムは6か月、フルタイムは1年ごとの有期契約で、70歳が雇用の上限である。ただし無期転換した場合は65歳定年とし、定年後は本人の希望により70歳まで有期契約を更新する。諸手当は移動電話手当・年末年始手当・通勤手当だけが対象となる。

⑧　後述するように、正社員と契約社員は月給と時給という違いはあるが、賃金表と昇給制度、人事評価は同じ仕組みが適用される。すなわち役割等級が同じで、貢献度の評価が同じであれば、ランク型賃金表®の同じ号俸が正社員100％、契約社員が原則90％という賃率（後述）で適用される。働き方の違いに対応した賃率の違いや、時給制が適用されること以外は、雇用形態の違いを超えた同一労働同一賃金が適用される仕組みとなった。

　正社員と定年再雇用についても、通常のランク型賃金表®と短期決済型の再雇用賃金表という違いはあるが、役割等級と貢献度の評価に対応した賃金待遇を行う基本的な仕組みは共通である。

5 役割等級の区分方法と職群の明確化

このように雇用形態を整理した上で、全従業員を**図表4-15**のような役割等級と職群に区分した。

役割等級は役職の階層と非役職者のキャリア・ステップに対応させ、給与規程の「役割責任説明書」に包括的な内容を定義した。

ＲＡ～Ｌ（リーダー）が時間外手当の対象となる非管理職で、Ｍ（課長クラス）・ＥＸ（子会社社長・部長クラス）が管理職である。ちなみに、ＥＸはエグゼクティブ、Ｍはマネジャー、Ｌはリーダーの頭文字で、Ｒ３・Ｒ２・Ｒ１はレップ（Rep、担当者の意味）、ＲＡのＡはアシスタントの略である。

図表4-15　役割等級と対応役職一覧

等級	名称	正社員	定年後再雇用	契約社員	役職等	基本的な役割	職種系統（職群）の分類		
ＥＸ	経営管理職	○			子会社社長 本社部長	会社の経営方針・事業計画の立案に参画し、本社長を補佐しながら担当部門の業務執行を統括する経営管理者	（管理職）　マネジメント職群 経営目標を設定し、目標を達成するための業務を執行する。人と仕事の組織化を進め、コミュニケーションによる動機づけと人事評価を行い、人材を開発する。		
Ｍ	部門管理職	○			課長	グループ（課）レベルの業務管理責任者や経営管理スタッフ、専門職集団の責任者、高度専門職			
Ｌ	業務推進職	○			リーダー	主要業務プロセスの監督者 専門分野のエキスパート	（監督職）管理職を補佐し、他部門と連携しながら担当実務領域における業務推進、技術指導を行う。		
Ｒ３	指導職	○	○	○		業務プロセスの主任担当者または指導的な業務担当者	1　営業・サービス職群 競争力のある商品・サービスを企画・開発し、効果的なマーケティング・受発注・営業・在庫・配送・現場の保守管理活動を行う。	2　サポート職群 会社の主活動を支えるサポート活動を行う。組織のインフラを整備し、低コスト・スピーディな業務支援と経理・人事労務を行う。	3　メンテナンス職群 製作技術を駆使し、顧客の要求仕様を満たすべく、高品質・低コスト・短納期で製作・修理し、品質保証を行う。
Ｒ２	担当職	○	○	○	新規大学卒・実務経験者の中途入社	担当者として自己判断の責任を持つ計画的・応用的な業務担当者			
Ｒ１	一般職	○	○	○	新規高校・専門校卒、未経験者の中途入社	職務を限定した定型業務担当者			
ＲＡ	定型職			○	学生アルバイト	比較的軽易な定型業務または補助業務担当者			

ＲＡは軽易な定型業務で、パートタイマーとアルバイトだけが対象である。

　Ｒ１～Ｒ３は正社員、定年後再雇用、パートタイマーを含む契約社員などのすべての雇用形態が対象であるが、役職者であるＬ～ＥＸは正社員だけが対象である。

　職群は、実務階層ＲＡ～Ｒ３のキャリア・ステップをわかりやすくするため、会社の職種系統を営業・サービス、サポート、メンテナンスの3つに分けている。

6　ランク型賃金表に基づく役割給の仕組み

　同社が導入したランク型賃金表®は、**図表4-16**の(1)のように、すべての等級をカバーする号俸表を用意し、全社員の基本給を「○号俸＝○円、○ランク」というように決めていく(一部を省略しているが、実際は1号から162号まで、全体が一本につながった賃金表である。)。ここでは正社員の基本給月額(100％)と、時給制の契約社員に適用する賃率90％および85％の時給額を一部抜粋して表示した。

　号俸表を各ランク9号俸ずつ、全体で18のランクに分け、**図表4-16**の(2)の標準適用ランクのようにＲＡ～ＥＸ等級の賃金適用範囲を決める(ここではＲＡ～Ｌに対応する14ランクまでを表示した。)。

　役割に対する貢献度を毎年ＳＡＢＣＤの5段階で評価して、(3)の号俸改定基準を用いて各人の号俸を改定し、各人の等級と評価に対応するランクの上限(～Ｔと表示する号俸)に基本給を段階的に近づけていく。

注　Ｓ～Ｄの評価は半期ごとに行いポイント制賞与配分に連動させ、2回の総合評価で号俸改定を行う(**図表4-26**参照)。新卒採用の最初の号俸改定は原則Ｂ評価扱いとし、2回目はＡＢＣ評価を、3回目以降Ｓ～Ｄの5段階評価を適用する。

① 　新規学卒初任給

　　正社員のアンダーラインの金額は新卒の初任給で、上から20号・

図表4-16　A社のランク型賃金表®と号俸改定基準（非管理職のRA～Lの部分を抜粋）

（1）ランク型賃金表

注 基本給は正社員（100%）に適用
　　時給は契約社員（賃率90%、85%）に適用

号俸	賃金ランク	号差	基本給 100%	時給 90%	時給 85%
1	1	1,200	**160,070**	**901**	**851**
2	1		161,270	908	858
3	1		162,470	915	864
4	1		163,670	922	871
5	1		164,870	928	877
6	1		166,070	935	883
7	1		167,270	942	890
8	1		168,470	949	896
9	1T		169,670	955	902
10	2	1,290	170,870	962	909
11	2		172,160	970	916
12	2		173,450	977	923
13	2		174,740	984	929
14	2		176,030	991	936
15	2		177,320	999	943
16	2		178,610	1,006	950
17	2		179,900	1,013	957
18	2T		181,190	1,020	964
19	3	1,390	182,480	1,028	971
20	3		183,870	1,035	978
21	3		185,260	1,043	985
22	3		186,650	1,051	993
23	3		188,040	1,059	1,000
24	3		189,430	1,067	1,007
25	3		190,820	1,075	1,015
26	3		192,210	1,082	1,022
27	3T		193,600	1,090	1,030
28	4	1,490	194,990	1,098	1,037
29	4		196,480	1,106	1,045
30	4		197,970	1,115	1,053
31	4		199,460	1,123	1,061
32	4		200,950	1,132	1,069
33	4		202,440	1,140	1,077
34	4		203,930	1,148	1,085
35	4		205,420	1,157	1,092
36	4T		206,910	1,165	1,100
37	5	1,600	208,400	1,173	1,108
38	5		**210,000**	1,182	1,117
39	5		211,600	1,191	1,125
40	5		213,200	1,200	1,134
41	5		214,800	1,210	1,142
42	5		216,400	1,219	1,151
43	5		218,000	1,228	1,159
44	5		219,600	1,237	1,168
45	5T		221,200	1,246	1,176

（2）標準適用ランク

適用ランク欄：RA / R1 / R2 / R3 / L / M / EX

- 号俸1～9：RA
- 号俸10～18：D
- 号俸19～27：C
- 号俸28～36：B
- 号俸37～45：A

標準適用ランクの区切り：RA、R1（号俸27付近）、R2（号俸45）

（3）等級別評価レートと号俸改定基準

賃金ランク＼評価レート	RA (1)	2	3	4	5	6	7	8	9	10	11	12	13	14
		R1 (D/C/B/A/S)			R2 (D/C/B/A/S)			R3 (D/C/B/A/S)						
1	+1	+2	+3	+4	+5	+6	+7	+8	+9	+10	+11	+12	+13	+14
1T	0	+1	+2	+3	+4	+5	+6	+7	+8	+9	+10	+11	+12	+13
2	−1	0	+1	+2	+3	+4	+5	+6	+7	+8	+9	+10	+11	+12
2T	−1	0	+1	+2	+3	+4	+5	+6	+7	+8	+9	+10	+11	+12
3	−2	−1	0	+1	+2	+3	+4	+5	+6	+7	+8	+9	+10	+11
3T	−2	−1	0	+1	+2	+3	+4	+5	+6	+7	+8	+9	+10	+11
4	−3	−2	−1	0	+1	+2	+3	+4	+5	+6	+7	+8	+9	+10
4T	−3	−2	−1	0	+1	+2	+3	+4	+5	+6	+7	+8	+9	+10
5	−4	−3	−2	−1	0	+1	+2	+3	+4	+5	+6	+7	+8	+9
5T	−4	−3	−2	−1	0	+1	+2	+3	+4	+5	+6	+7	+8	+9

号	ランク	賃金	①	②	等級1	等級2	等級3	区分	等級	\+9	\+8	\+7	\+6	\+5	\+4	\+3	\+2	\+1	\-1	\-2	\-3	\-4	\-5
46	1,720	222,800	1,255	1,185	S	B	D		6	+9	+8	+7	+6	+5	+4	+3	+2	+1	-1	-2	-3	-4	-5
47		224,520	1,264	1,194	S	B	D		6	+9	+8	+7	+6	+5	+4	+3	+2	+1	-1	-2	-3	-4	-5
48		226,240	1,274	1,203	S	B	D		6	+9	+8	+7	+6	+5	+4	+3	+2	+1	-1	-2	-3	-4	-5
49		227,960	1,284	1,212	S	B	D		6	+9	+8	+7	+6	+5	+4	+3	+2	+1	-1	-2	-3	-4	-5
50		229,680	1,293	1,221	S	B	D		6	+9	+8	+7	+6	+5	+4	+3	+2	+1	-1	-2	-3	-4	-5
51		231,400	1,303	1,231	S	B	D		6	+9	+8	+7	+6	+5	+4	+3	+2	+1	-1	-2	-3	-4	-5
52		233,120	1,313	1,240	S	B	D		6	+9	+8	+7	+6	+5	+4	+3	+2	+1	-1	-2	-3	-4	-5
53		234,840	1,322	1,249	S	B	D		6	+9	+8	+7	+6	+5	+4	+3	+2	+1	-1	-2	-3	-4	-5
54		236,560	1,332	1,258	S	B	D		6T	+8	+7	+6	+5	+4	+3	+2	+1	0	-1	-2	-3	-4	-5
55	1,850	238,280	1,342	1,267	S	A	C		7	+8	+7	+6	+5	+4	+3	+2	+1	-1	-2	-3	-4	-5	-6
56		240,130	1,352	1,277	S	A	C		7	+8	+7	+6	+5	+4	+3	+2	+1	-1	-2	-3	-4	-5	-6
57		241,980	1,362	1,287	S	A	C		7	+8	+7	+6	+5	+4	+3	+2	+1	-1	-2	-3	-4	-5	-6
58		243,830	1,373	1,297	S	A	C		7	+8	+7	+6	+5	+4	+3	+2	+1	-1	-2	-3	-4	-5	-6
59		245,680	1,383	1,306	S	A	C		7	+8	+7	+6	+5	+4	+3	+2	+1	-1	-2	-3	-4	-5	-6
60		247,530	1,394	1,316	S	A	C		7	+8	+7	+6	+5	+4	+3	+2	+1	-1	-2	-3	-4	-5	-6
61		249,380	1,404	1,326	S	A	C		7	+8	+7	+6	+5	+4	+3	+2	+1	-1	-2	-3	-4	-5	-6
62		251,230	1,415	1,336	S	A	C		7	+8	+7	+6	+5	+4	+3	+2	+1	-1	-2	-3	-4	-5	-6
63		253,080	1,425	1,346	S	A	C	R3	7T	+7	+6	+5	+4	+3	+2	+1	0	-1	-2	-3	-4	-5	-6
64	1,990	254,930	1,435	1,356	S	A	B		8	+7	+6	+5	+4	+3	+2	+1	-1	-2	-3	-4	-5	-6	-7
65		256,920	1,447	1,366	S	A	B		8	+7	+6	+5	+4	+3	+2	+1	-1	-2	-3	-4	-5	-6	-7
66		258,910	1,458	1,377	S	A	B		8	+7	+6	+5	+4	+3	+2	+1	-1	-2	-3	-4	-5	-6	-7
67		260,900	1,469	1,387	S	A	B		8	+7	+6	+5	+4	+3	+2	+1	-1	-2	-3	-4	-5	-6	-7
68		262,890	1,480	1,398	S	A	B		8	+7	+6	+5	+4	+3	+2	+1	-1	-2	-3	-4	-5	-6	-7
69		264,880	1,491	1,409	S	A	B		8	+7	+6	+5	+4	+3	+2	+1	-1	-2	-3	-4	-5	-6	-7
70		266,870	1,503	1,419	S	A	B		8	+7	+6	+5	+4	+3	+2	+1	-1	-2	-3	-4	-5	-6	-7
71		268,860	1,514	1,430	S	A	B		8	+7	+6	+5	+4	+3	+2	+1	-1	-2	-3	-4	-5	-6	-7
72		270,850	1,525	1,440	S	A	B		8T	+6	+5	+4	+3	+2	+1	0	-1	-2	-3	-4	-5	-6	-7
73	2,140	272,840	1,536	1,451	S	S	A	L	9	+6	+5	+4	+3	+2	+1	-1	-2	-3	-4	-5	-6	-7	-8
74		274,980	1,548	1,462	S	S	A	L	9	+6	+5	+4	+3	+2	+1	-1	-2	-3	-4	-5	-6	-7	-8
75		277,120	1,560	1,474	S	S	A	L	9	+6	+5	+4	+3	+2	+1	-1	-2	-3	-4	-5	-6	-7	-8
76		279,260	1,572	1,485	S	S	A	L	9	+6	+5	+4	+3	+2	+1	-1	-2	-3	-4	-5	-6	-7	-8
77		281,400	1,584	1,496	S	S	A	L	9	+6	+5	+4	+3	+2	+1	-1	-2	-3	-4	-5	-6	-7	-8
78		283,540	1,596	1,508	S	S	A	L	9	+6	+5	+4	+3	+2	+1	-1	-2	-3	-4	-5	-6	-7	-8
79		285,680	1,608	1,519	S	S	A	L	9	+6	+5	+4	+3	+2	+1	-1	-2	-3	-4	-5	-6	-7	-8
80		287,820	1,620	1,530	S	S	A	L	9	+6	+5	+4	+3	+2	+1	-1	-2	-3	-4	-5	-6	-7	-8
81		289,960	1,633	1,542	S	S	A	L	9T	+5	+4	+3	+2	+1	0	-1	-2	-3	-4	-5	-6	-7	-8
82	2,300	292,100	1,645	1,553	S	S	A		10	+5	+4	+3	+2	+1	-1	-2	-3	-4	-5	-6	-7	-8	-9
83		294,400	1,658	1,565	S	S	A		10	+5	+4	+3	+2	+1	-1	-2	-3	-4	-5	-6	-7	-8	-9
84		296,700	1,670	1,578	S	S	A		10	+5	+4	+3	+2	+1	-1	-2	-3	-4	-5	-6	-7	-8	-9
85		299,000	1,683	1,590	S	S	A		10	+5	+4	+3	+2	+1	-1	-2	-3	-4	-5	-6	-7	-8	-9
86		301,300	1,696	1,602	S	S	A		10	+5	+4	+3	+2	+1	-1	-2	-3	-4	-5	-6	-7	-8	-9
87		303,600	1,709	1,614	S	S	A		10	+5	+4	+3	+2	+1	-1	-2	-3	-4	-5	-6	-7	-8	-9
88		305,900	1,722	1,627	S	S	A		10	+5	+4	+3	+2	+1	-1	-2	-3	-4	-5	-6	-7	-8	-9
89		308,200	1,735	1,639	S	S	A		10	+5	+4	+3	+2	+1	-1	-2	-3	-4	-5	-6	-7	-8	-9
90		310,500	1,748	1,651	S	S	A		10T	+4	+3	+2	+1	0	-1	-2	-3	-4	-5	-6	-7	-8	-9
91	2,470	312,800	1,761	1,663	S	A	A	M	11	+4	+3	+2	+1	-1	-2	-3	-4	-5	-6	-7	-8	-9	-10
92		315,270	1,775	1,676	S	A	A	M	11	+4	+3	+2	+1	-1	-2	-3	-4	-5	-6	-7	-8	-9	-10
93		317,740	1,789	1,690	S	A	A	M	11	+4	+3	+2	+1	-1	-2	-3	-4	-5	-6	-7	-8	-9	-10
94		320,210	1,803	1,703	S	A	A	M	11	+4	+3	+2	+1	-1	-2	-3	-4	-5	-6	-7	-8	-9	-10
95		322,680	1,817	1,716	S	A	A	M	11	+4	+3	+2	+1	-1	-2	-3	-4	-5	-6	-7	-8	-9	-10
96		325,150	1,831	1,729	S	A	A	M	11	+4	+3	+2	+1	-1	-2	-3	-4	-5	-6	-7	-8	-9	-10
97		327,620	1,845	1,742	S	A	A	M	11	+4	+3	+2	+1	-1	-2	-3	-4	-5	-6	-7	-8	-9	-10
98		330,090	1,858	1,755	S	A	A	M	11	+4	+3	+2	+1	-1	-2	-3	-4	-5	-6	-7	-8	-9	-10
99		332,560	1,872	1,768	S	A	A	M	11T	+3	+2	+1	0	-1	-2	-3	-4	-5	-6	-7	-8	-9	-10

（以下略）

18万3,870円が高校卒（R１採用）、30号・19万7,970円が短大・専門校卒（R１採用）、38号・21万円が大学卒（R２採用）の各初任給である。

　詳しい説明は省くが、これらの初任給は、下位学歴者が最初はB評価、以降A評価を取り続けて最短でR２等級に昇格すると、上位の学歴者に基本給が追いつくように号数を設定している。

② 等級別の適用ランク

　図表4-16の（2）標準適用ランクは、原則としてＲＡ等級は２〜６ランク、Ｒ１等級は４〜８ランク、Ｒ２等級は６〜10ランク……と決め、それぞれ５つのランクをＳ〜Ｄの５段階評価に対応させている。

　各等級の間は、等級が１つ上がる都度２ランクずつ適用ランクが上がるようになっており、下位等級のA評価が上位等級のC評価に対応する「２段階一致」のランク設定になっている。

　ここでは掲載を省略したが、M（課長クラス）とＥＸ（子会社社長・部長クラス）の管理職は、適用ランクを高く設定するだけでなく、１日につき30分の法内残業プラス２時間の残業手当に相当する基本給×40％の管理職手当を別途支給している。

　L等級のリーダー以下は、全員実労働時間による時間外手当の対象者である。

注 同社の１日所定労働時間は7時間30分なので、1日につき30分の法内残業プラス2時間の残業手当に相当する割増賃金の支給率は、(0.5時間＋2時間×1.25)÷7.5時間＝40％という計算になる。

③ ランク型賃金表の昇給ルール

　図表4-16の（3）の号俸改定基準は、縦軸の賃金ランクと横軸の「評価レート」とを組み合わせた毎年の昇給ルール（号俸のプラス・マイナス）の早見表である。評価レートは、役割等級と貢献度の評価Ｓ〜Ｄ

の組合わせを絶対評価の高さを示す点数（レート）で表したもので、最終的な賃金ランクの上限（〜Ｔの号俸）と対応している。

たとえば今、賃金が5ランクのＲ1等級の社員がいたとする。

ア　横軸の評価レートがＲ1等級のＢ評価・6点のときは＋2号昇給するが、昇給前の賃金がたまたま5Ｔの号俸（22万1,200円）のときは＋1号の昇給だけとなる。

イ　評価レートがＣ評価5点のときは＋1号昇給するが、昇給前の賃金がたまたま5ランクの上限5Ｔの号俸（22万1,200円）のときは昇給ゼロとなる。

ウ　評価レートがＤ評価4点のときは－1号の減額となる。

このルールは、各人の賃金のランクと同じか、それより高い評価レートをとれば、賃金はその差プラス1号分の昇給となる（ただし、賃金が〜Ｔの号俸のときプラス1号はない）。結果、仮に毎年同じ評価レート（たとえば6点）をとり続けた従業員は、最終的には同じ数のランク（たとえば6ランク）の賃金の上限まで昇給し、その号俸（たとえば54号俸）に到達した以降は昇給停止となる。

しかし、各人の賃金のランクよりも低い評価レートをとったときは、その差の号数のマイナス昇給となる。結果、ある賃金ランクに到達した従業員は、そのランクよりも低い評価レートにならないように貢献度を発揮しなければならない。こうして、各人が自分の賃金ランクよりも高い評価レートになるように社員を意識づける。

注 マイナス号俸については、表よりも一段階緩やかな基準を適用したり、実施しない場合もある。

同社では、新賃金制度を導入した翌年の2019年（令和元年）度からこのルールで号俸改定を行っているが、2019、2020年度（令和元年、2年度）の2回は、新卒初任給の引上げに伴う既存社員の賃金逆転現象を解消するため、「倍速昇給」を行った。

2019年（令和元年）度は社員一人平均1万3,000円、6%弱の昇給と

なったが、2021年度は一般的な2.3％程度の昇給率に収まっている。

④　評価レートの加点による転勤者の昇給優遇措置と非正社員の賃率
　　の設定

　図表4-17は、**図表4-16**の(3)の横軸の「評価レート」を等級別・評価別のマトリクス表に作り変えたものである。一目でわかるように、評価レートも2段階一致の形になっている。

　K社の従業員は大半が転勤のない地域限定勤務であるが、一部の社員は関東から関西、関西から関東というように転勤させる場合がある。転勤させる社員に対しては、3年間は**図表4-17**の評価レートに1点をプラスし、昇給を1号分増やす優遇措置を適用する。

　たとえばR2等級のB評価は通常8点(賃金の上限は8T・27万850円)となるが、転勤した年から3回目の昇給までは1点加点して9点となる。もしその社員が途切れることなく毎年転勤扱いで号俸改定を続けると、たとえば毎年B評価であっても、賃金としてはA評価に相当する9ランクの賃金(上限は9T・28万9,960円)を適用することとなる。

　なお、通常の契約社員の時給の賃率は90％であるが、扶養範囲内に収めるため短時間勤務を希望する場合や、契約外残業のない契約社員には85％の賃率を適用する(ただし、最低賃金を下回る運用はしな

図表4-17　等級別の評価レート

		役割等級						
		RA	R1	R2	R3	L	M	EX
評価	S	6	8	10	12	14	16	18
	A	5	7	9	11	13	15	17
	B	4	6	8	10	12	14	16
	C	3	5	7	9	11	13	15
	D	2	4	6	8	10	12	14

い。)。

　この方式により、通常の社員と転勤社員の人材活用(働き方)の違い
は評価レートの差別化により、また、正社員に対して人材活用(働き方)
に若干の制約がある契約社員は賃率の差別化により、均衡のとれた適
正な賃金処遇差を保ちながら、役割と実力にふさわしい基本給やパー
トタイム時給がシンプルに実現できる。これらの賃金表と号俸改定の
ルールは、すべて給与規程に掲載し、社員に開示している。

⑤　昇格・降格の取扱い

　役割等級における昇格は、①現状より上位の等級の役割の仕事をす
ることになった時、または、②現在行っている業務の役割が上位の等
級の役割に相当すると判断された時に行う。

　前者は**図表4-15**のリーダー以上の役職に登用されたときに行う昇
格である。後者は、R1からR2、R2からR3など、役職者以外の
昇格を行うときの考え方である。いずれにせよ、役割責任が上がるこ
となしに年功序列あるいは身分資格的に等級だけが昇格することはな
い。

　図表4-18はK社の昇格基準を簡潔な表にまとめたものである。

　昇格するには、最低限の資格要件として、①原則として現等級でC
ゾーン以上の賃金ランクに達し、かつ②一定以上の評価が続いている

図表4-18　昇格基準

役割責任	① 賃金ランク	② 評価実績	③ 判定手続
RA→R1に昇格	3ランク以上	B評価以上	上司推薦、経営会議による判断
R1→R2に昇格	5ランク以上	BB評価またはA評価以上	
R2→R3に昇格	7ランク以上	BA評価以上	
R3→Lに昇格	9ランク以上	BA評価以上	
L→Mに昇格	11ランク以上	AA評価またはS評価以上	部長以上の推薦、面談、経営会議による判断
M→EXに昇格	13ランク以上	AA評価またはS評価以上	

必要がある。最後に、③経営の立場から、本人が新しい役割・仕事に能力面、意欲面での適性があるかどうかを見極めて最終的に昇格の可否を判定する手続きとなる。

たとえばR1からR2に昇格するには、①最低R1のCゾーンに対応する5ランク以上になり、また②直近の昇給において2年連続B評価以上（BB）であるか、またはA評価以上であることが要件となる。このような昇格候補者の中から③上司推薦、経営会議による判断で昇格の可否を決める。

昇格した場合は、原則として昇格昇給は行わないが、昇格した翌年の昇給から上位等級の評価レートが適用されるので、昇格者にはそれなりに有利な昇給が行われる。

なお、次のようなケースの場合は、役割・職位を解いて下位等級に降格させる。

　　ア　組織の統廃合や人材の入替えなどで役職位が下がったとき。

　　イ　2年連続D評価もしくは3年連続C評価となり役割を下げる必
　　　　要があるとき。

　　ウ　家庭事情などの個人的理由等で本人の希望により役割を下げる
　　　　必要があるとき。

　　エ　その役職にふさわしくない行為があったとき。

上記アは降格になっても賃金を据え置くが、イ、ウ、エの理由で降格する場合は号差金額2号分の降給を伴う。降格になると下位等級の評価レートが適用され、次回から昇給が抑制されることになる。

7　役職離脱時の賃金ランク変更と減額率

リーダー以上の役職者は、旧定年の満60歳に達した翌年度の4月に役職を離れ、原則としてR3等級の役割になる。その時点で**図表4-19**の基準で賃金ランクと号数を下げる。

たとえば60歳になった翌年度の4月の昇給後の新基本給が123号14

元の役職	離脱後の役割等級		号数の変更	賃金ランクの変更
L	R3	1等級下位を適用	-18	-2
M	R3	2等級下位を適用	-36	-4
EX	R3	3等級下位を適用	-54	-6

注　役職離脱前の賃金ランクと号数に対し、右の基準で賃金ランクと号数を下げる。

ランク400,060円のM等級の管理職Xさんがいたとする。

　M等級からR3等級になる場合は表から36号・4ランクの減額になるので、役職を離脱した4月のR3等級としての新基本給は87号10ランク303,600円となる。元の基本給に対し、76%の切下げとなる。

　以降は実際にR3等級の職務に就くので、その貢献度が評価された号俸改定により、翌年度以降の基本給が決まっていく。

　図表4-20はEX／M／L等級から60歳で役職離脱して、R3等級の該当ランクの④の金額(太字)に、それぞれ減額になった場合の管理職手当等を含む賃金の減額率を、各ランクの上限値をもとに計算したものである(減額率の上段の「60歳役職離脱」を参照)。

　EXとMは、役職離脱後は管理職ではなくなるので、R3では管理職手当(基本給×40%)の対象から外れ、時間外手当の対象者となる。

注　管理職手当の支給率40%は、1日につき30分の法内残業プラス2時間の時間外手当に相当する割増賃金の支給率を根拠にしたもので、ここではLもR3も同程度の時間外勤務を行うと仮定して時間外手当を計算した。

　EX→R3(④÷①)は66%、M→R3(④÷②)は76%、L→R3(④÷③)は87%とそれぞれ同じ減額率となった。

注　元の賃金ランクの違いにかかわらず同じ減額率になるのは、ランク型賃金表®が等比級数的な金額設定になっているからである。

　さらに、減額率の下段の「65歳定年再雇用」は、役職離脱後の賃金が5年間変わらなかったと仮定し、65歳でR3等級90%の再雇用賃金の⑤の金額(太字)になった場合の、もとの管理職手当等を含む賃金からの減額率を計算したものである。

役職者の役職離脱時、定年再雇用による基本給の減額率

役割等級			元のゾーン				
			S	A	B	C	D
EX		ランク	18	17	16	15	14
		上限額(100%・円)	541,170	504,550	470,440	438,740	409,270
		管理職手当40%を含む額①(円)	757,638	706,370	658,616	614,236	572,978
	減額率	60歳役職離脱④÷①	66%	66%	66%	66%	66%
		65歳定年再雇用⑤÷①	59%	59%	59%	59%	60%
M		ランク	16	15	14	13	12
		上限額(100%・円)	470,440	438,740	409,270	381,850	356,310
		管理職手当40%を含む額②(円)	658,616	614,236	572,978	534,590	498,834
	減額率	60歳役職離脱④÷②	76%	76%	76%	76%	76%
		65歳定年再雇用⑤÷②	68%	68%	68%	68%	68%
L		ランク	14	13	12	11	10
		上限額(100%・円)	409,270	381,850	356,310	332,560	310,500
		時間外手当40%を含む額③(円)	572,978	534,590	498,834	465,584	434,700
	減額率	60歳役職離脱④÷③	87%	87%	87%	87%	87%
		65歳定年再雇用⑤÷③	78%	78%	78%	78%	79%
R3		ランク	12	11	10	9	8
		上限額(100%・円)	356,310	332,560	310,500	289,960	270,850
		時間外手当40%を含む額④	**498,834**	**465,584**	**434,700**	**405,944**	**379,190**
	減額率	65歳定年再雇用⑤÷④	90%	90%	90%	90%	90%
		再雇用賃金(90%・円)	320,679	299,304	279,450	260,964	243,765
		時間外手当40%を含む額⑤(円)	**448,951**	**419,026**	**391,230**	**365,350**	**341,271**

注 管理職手当、時間外手当とも、1日につき30分の法内残業プラス2時間の残業手当に相当する割増賃金の支給率40%を用いて計算した。

注 実際には、役職離脱後の5年間は貢献度の評価による号俸改定があり、基本給が変わる。

　ご覧のとおりEX→R3（⑤÷①）は59〜60％、M→R3（⑤÷②）は68％、L→R3（④÷③）は78〜79％とそれぞれほぼ同じ減額率となった。元EXだった場合、最終的には約60％、Mの場合は68％に賃金が下がるが、一度にその賃金になるわけではなく。いったん60歳の役職離脱時にEXは約66％、Mは76％の賃金となり、5年後の65歳定年でさらに90％の再雇用賃金となる。

もともと60歳定年のときも、役職を離脱して90％のＲ３等級の再雇用賃金を適用していたのを、5年間の定年延長期間は100％のＲ３等級の賃金を適用することになるので、実質的には10％の待遇改善になっている。

8　65歳定年後の再雇用賃金の決め方と貢献度の評価

図表4-21は、Ｋ社のランク型賃金表®に準拠した短期決済型の「再雇用賃金表」である。65歳以降はこの賃金表1枚で定年再雇用の賃金を運用する。パート勤務の継続雇用者は時給制の契約社員となるので、対象

図表4-21　再雇用賃金表（短期決済型）

(単位:円)

ランク	号俸	100%	90%	85%	80%	RA	R1	R2	R3	L	M	EX
1T	9	169,670	152,703	144,220	135,736							
2T	18	181,190	163,071	154,012	144,952	D						
3T	27	193,600	174,240	164,560	154,880	C						
4T	36	206,910	186,219	175,874	165,528	B	D					
5T	45	221,200	199,080	188,020	176,960	A	C					
6T	54	236,560	212,904	201,076	189,248	S	B	D				
7T	63	253,080	227,772	215,118	202,464		A	C				
8T	72	270,850	243,765	230,223	216,680		S	B	D			
9T	81	289,960	260,964	246,466	231,968			A	C			
10T	90	310,500	279,450	263,925	248,400			S	B	D		
11T	99	332,560	299,304	282,676	266,048				A	C		
12T	108	356,310	320,679	302,864	285,048				S	B	D	
13T	117	381,850	343,665	324,573	305,480					A	C	
14T	126	409,270	368,343	347,880	327,416					S	B	D
15T	135	438,740	394,866	372,929	350,992						A	C
16T	144	470,440	423,396	399,874	376,352						S	B
17T	153	504,550	454,095	428,868	403,640							A
18T	162	541,170	487,053	459,995	432,936							S

（注）右側のＳＡＢＣＤは役割等級ごとの標準的な貢献度評価との対応関係を示す。
元の賃金表は、**図表4-16**参照

外である。

　これは**図表4-16**のランク型賃金表®の１ランク〜18ランクの上限額（〜Ｔの金額）を賃率100％の金額として書き出し、それに90％、85％、80％の賃率を掛け算した金額を計算したものである。

　65歳で定年に達した再雇用者は、その時点の賃金ランクで原則として90％の賃率で再雇用賃金を決める。すでに触れたように、Ｒ１〜Ｒ３等級の再雇用の場合は、基本的に同じ仕事を適用するので、賃金ランクは変わらない。賃率は転勤や職種転換がなくなることも考慮し原則として90％を適用するが、個別の事情でさらに働き方に制約がある場合は85％ないし80％も適用可能である。

　たとえば228ページのＸさんが65歳時点で92号・11ランク315,270円の基本給になっていたとする。新たな再雇用賃金は11Ｔ・90％の299,304円となる。

> **注** 再雇用賃金は該当する賃金ランクの上限額を適用するので、実際には90％以上の賃金減額率となる。

　原則として１年ごとの有期雇用でこのランク別金額を「基準ランク」の基本給として適用し、貢献度の評価に応じて毎年ランクの見直しを行う（手当等は後述）。

　毎年の契約更改（給与改定）のときは、各人の基準ランクに対する実績評価ｓ　ａ　ｂ　ｃ　ｄ（小文字を用いることに注意）を行い、再雇用賃金の基準ランクに対しランク調整を行う。

　今Ｙさんが、再雇用初年度に９Ｔランク（90％ 26万964円）という基準ランクでスタートしたとする。

　実績評価は、再雇用賃金の最初の基準ランクをｂ評価基準とし、**図表4-22**のような簡易な尺度法でランクを調整する。

　翌年ｂ評価の場合は元の９Ｔランク26万964円のままであるが、たとえばａ評価で契約更改したときは１ランクをプラスした10Ｔランク（90％ 27万9,450円）を適用し、１万8,486円、7.1％の増額となる。

評価	貢献度評価	ランク調整
ｓ評価	期待水準を大きく超え、上位等級並みにランクを上げる必要がある。	＋2
ａ評価	期待水準を上回り、ランクを上げる必要がある。	＋1
ｂ評価	標準・期待通りであり、現行ランクを維持する。	±0
ｃ評価	期待水準を下回り、ランクを下げる必要がある。	-1
ｄ評価	期待水準を大きく下回り、下位等級並みにランクを下げる必要がある。	-2

注1　ｓ評価～ｄ評価はランク型賃金表®および再雇用賃金表のゾーンＳＡＢＣＤとは無関係である。

注2　ｓ、ａ評価で賃金ランクを上げたり、ｃ、ｄ評価でランクを下げたりしても、基準ランクは変わらない。
　　ａ評価で1ランク上がったとしても、翌年ｂ評価となった場合は元の基準ランクの賃金に戻る。

　ｃ評価なら1ランクをマイナスした8Ｔランク24万3,765円を適用し、1万7,199円、6.6％の減額となる。

　ｓ評価とｄ評価は、さらに大きな増減となることは言うまでもない。

　念のため付け加えると、ｓ、ａ評価で賃金ランクを上げたり、ｃ、ｄ評価でランクを下げたりしても、次項で説明する見直しを行わない限り、基準ランクは変わらない。Ｙさんがある年ａ評価で1ランク上がったとしても、翌年ｂ評価になれば、元の基準ランクの賃金9Ｔランク26万964円に戻る。

注　基準ランクに対する実績評価ｓａｂｃｄは、あくまで基準ランクをｂ評価とした場合の再雇用賃金の改定方法を決めたもので、図表4-16のランク型賃金表®、図表4-21の再雇用賃金表のゾーンＳＡＢＣＤとは別物なので注意して頂きたい。

　この実績評価ｓａｂｃｄで再雇用賃金表を運用すると、基準ランクの金額に対して、ｂ評価（100％）を中心にａｂｃ評価でプラス・マイナス7％前後、ｓ～ｄ評価でプラス・マイナス14％前後というかなりドラスチックな賃金改定が行われる。

　ランクのアップ・ダウンによる増減幅が大きすぎると思われるかもしれないが、65歳以降の再雇用者の場合、雇用期間が65歳～69歳の5

年間に限られており、働く人の志向性や体調、家庭事情などにより、能力・意欲はもとより、就労の自由度も大きく変化する。業務の内容や責任の程度が大きく変わる可能性や、契約そのものを終了させる可能性も想定して、このような弾力的な短期決済型の賃金処遇が行える仕組みとしている。

9　職務内容や働き方の変更に伴う再雇用賃金の見直し方法

　以上の貢献度の評価とは別に、職務内容や働き方じたいを変える必要があるときは、**図表4-23**の基準を用いて再雇用賃金表の基準ランクと賃率の見直しを行う。

　基本的な使い方は、はじめに表の上段の「①　職務内容の変化」をみる基準ア～エを使って、前年の再雇用賃金のランクに対し、職務内容（業務の内容および業務に伴う責任の程度）が変化したかどうか、仕事の与え方を変えるのかどうかを考えて、基準ランクの調整（0～－6）を判定する。

　次に、表の下段の「②　働き方や人材活用の制約（職務内容および配置の変更の範囲など）」をみる基準ⅰ～ⅲを使って、賃率を90％から変更するかどうかを判定する。

　「ア　職務内容がまったく変わらない」場合は、役割等級は当然そのままで、前年の基準ランクを継続する。

　職務内容が変わらなくても、たとえば家族介護のため原則超過勤務をしないようにする場合などは賃率を85％、自身が病気のため週に3日は治療に通院しなければならない場合などは賃率を80％とするなど、働き方や人材活用の制約の程度に応じて新たな賃率を適用する。

　次の「イ　職務内容の範囲が若干限定」される場合は、基準ランクが1つ下がる。これまでどおりの仕事を続けつつ、仕事の一部を後任者に移管したり、後任者の教育に軸足を移すなど、職務内容を若干軽減するケースなどが考えられる。

職務内容、働き方の変化に伴う賃金ランクおよび賃率の見直し基準

① 職務内容の変化			
職種転換	職務内容（業務の内容および業務に伴う責任の程度）	役割等級	賃金ランクの変更
A 同じ仕事を継続	ア 変わらない	等級変更なし	±0
	イ 職務内容の範囲が若干限定		-1
B 類似業務に転換・業務軽減	ウ これまでの経験・知識・能力を活用できるやや軽易な業務を担当する場合	1等級下位を適用	-2
C 異質な職種に転換	エ これまでのキャリアとは無関係で職務内容も異質な軽易業務に転換する場合	当該等級を適用	-4～-6

② 働き方や人材活用の制約 （職務内容および配置の変更の範囲など）		
i 変わらない	ii 働き方や人材活用が若干限定される	iii 働き方や人材活用が大きく制約される
賃率の適用		
90%	85%	80%
90%	85%	80%
90%	85%	80%
90%	85%	80%

注1 契約更改のつど①職務内容の変化に応じて賃金ランクを見直し、②働き方や人材活用の制約の変化に応じて賃率を見直し、**図表4-17**の再雇用賃金の金額を更改する。

注2 賃率は定年再雇用賃金を決める賃金換算率ではないので、注意して頂きたい。

　このように、契約更改時に賃金を切り下げるときは、職務内容に基づいて基準ランクを調整し、働き方や人材活用の制約に基づいて賃率を調整することを本人に丁寧に説明・確認することが大事な手続きとなる。

　以上はフルタイム勤務を前提に解説したが、週4日・3日勤務や1日6時間勤務などの短時間勤務に切り替える場合は、時給制の契約社員に転換することとなる。

　K社では、ランク型賃金表®と連動した再雇用賃金表を導入して、個々の再雇用者の職務内容や人材活用の状況、そして実際の貢献度に応じた

弾力的な賃金処遇が行えるようになり、正社員の賃金制度との関連も含めて、賃金決定の仕組みや個々の決定理由を具体的に説明できるようになった。定年前社員の賃金との関係や、再雇用同士の賃金バランスも明確になり、各人別の賃金実態も把握しやすくなった。

働く人の役割が明確になり、昇給・降給の基準もはっきりするので、70歳まで雇用期間が延びても再雇用者の高い就労意欲を引き出し、勤務の規律を保つことが期待できる。

10　ポイント制賞与配分

K社では、賞与の個人配分額は、シンプルなポイント制賞与を用いている。賞与の予算に基づいて設定する1点単価に、等級別・評価別の賞与配分点と賃率、契約労働時間割合（パートタイマーの場合）を掛算して各人の基準支給額を算定する。

注 賞与に適用する賃率は正社員100%、定年再雇用社員90%、契約社員60%としている。制度スタート当初、契約社員は40%であったが、同一労働同一賃金ガイドライン（指針）の発効を踏まえ、2020年度は50%、2021年度は60%に引き上げた。

この基準支給額に、個人別の出勤係数（各人の欠勤や遅刻早退の回数を比率として反映するもの）を掛算して、実際の支給額を確定する。

図表4-24は等級別・評価別の評価レートと賞与の配分点数表を表示したものである。

図表4-24　等級別・評価別の評価レートと賞与配分点数表

EX												D	C	B	A	S	
M									D	C	B	A	S				
L								D	C	B	A	S					
R3						D	C	B	A	S							
R2					D	C	B	A	S								
R1			D	C	B	A	S										
RA	D	C	B	A	S												
評価レート	2	3	4	5	6	7	8	9	10	11	12	13	14	15	16	17	18
配分点数	55	64	74	86	100	116	135	156	181	210	244	283	328	380	441	512	594

注 評価レートは、**図表4-16**の(3)および**図表4-17**と同じ。

　賞与配分点数表は一番下の行に記載されている。縦軸の等級と横軸の評価(Ｓ〜Ｄ)が交差する列の一番下に書かれている点数が、各人の賞与配分点数である(例：Ｒ２等級でＢ評価8点の場合135点)。

　1点単価は、毎回の賞与ごとにグループ会社全体の業績(売上高、利益)を考慮して賞与の総原資を決め、これを全員の賞与配分点数の合計で割り算して求める。

注 会社別の業績差は今のところ賞与には反映させていない。

　1点単価＝①賞与の総原資÷②全員の賞与配分点数の合計

　上の②全員の賞与配分点数の合計は、次のアイウを合計して求める。

　ア　正社員：配分点数表に基づく各人配分点の合計

　イ　定年再雇用社員：同各人配分点×賃率90％の合計

　ウ　契約社員：同各人配分点×賃率60％×契約労働時間割合の合計

注 契約労働時間割合＝契約社員の契約労働時間÷正社員の所定労働時間。たとえば6時間勤務の契約社員の契約労働時間割合は6÷7.5＝0.8となるが、フルタイマーの場合は1.0となる。

　ちなみに、Ｋ社の夏季・年末賞与の1点単価は、2019年度(令和元年度)までは2,500円〜2,600円程度であったが、2020〜2021年(令和2〜3年)はコロナ禍の影響で2,000円程度となっている。

　各人別の賞与基準額は、上の共通1点単価を用いて次のように計算する。

　ア　正社員：1点単価×配分点数表に基づく各人配分点

　イ　定年再雇用社員：1点単価×同各人配分点×賃率90％

　ウ　契約社員：1点単価×同各人配分点×賃率60％×契約労働時間割合

　このようにして求めた各人別の賞与基準額に出勤係数を掛算して、実際の各人支給額が決まる。

注 出勤係数＝(賞与算定期間中の所定労働日数－有給休暇を除く欠勤日数)÷賞与算定期間中の所定労働日数。有給休暇を除く欠勤がゼロの時、出勤係数は1.0となる。なお、Ｋ社

では、遅刻・早退・私用外出は3回につき1日欠勤扱いとする。

11　非管理職のスキルアップシートの仕組み

　K社では、正社員のL等級(リーダー)、M等級(課長クラス)、EX等級(子会社社長・本社部長クラス)には、目標管理に基づく業績評価とコンピテンシーに基づく行動評価を運用する「キャリアアップシート」を半期ごとに作成し、目標設定面談や振返り面談を行っている。

　非管理職のR1～R3等級の正社員、定年再雇用社員、契約社員には、**図表**4-25のような「スキルアップシート」を作成し、期初の目標設定面談と期末の振り返り面談を行い、評価結果のフィードバックも行っている。

　評価項目は、職種別(各人別)に設定する上段の「①　業務スキル」と、全職種・全等級共通に設定する下段の「②　組織行動スキル」に分かれている。

　業務スキルの評価項目は部署別に一覧表を作成し、あらかじめ次のような難易度を評価項目ごとに判定しておく。

（業務スキルの難易度の目安）　　　　　　（基礎点）

RA　社員RAクラスに準じる簡易スキル　　1点

R1　社員R1クラスに準じる基礎的スキル　3点

R2　社員R2クラスに準じる中級スキル　　5点

R3　社員R3クラスに準じる上級スキル　　7点

L　　社員Lクラスに準じる高度スキル　　　9点

　評価者は、半期の初めに部下各人の仕事の割り当てやスキルの習得状況を確認しながら評価項目を指定する。各人別の評価は、次の習熟度基準による1点～5点の尺度法を用いて行い、これに上記の評価項目ごとの基礎点をプラスしたものが評価レートとなる。

図表4-25　個人面談用スキルアップシートの例

2022年度 スキルアップシート

部門：音響営業（Nチーム）　氏名：A I

評価項目		スキル評価基準（上司）	具体的な目標（本人記入）	上半期事前確認 等級	上半期事前確認 基礎点	振り返り（本人記入）	振返面談での気づき（本人記入）
				R2	5.9	面談日：	提出日：
① 業務スキル	1 ルーティン営業	一人で顧客訪問し、一般商品の基本的なレンタル営業ができる。		R2	5		
	2 クロージング営業	得意先から必要情報を収集し、受注確保ができる。		R2	5		
	3 問題解決・提案	お得意様の要望をヒヤリングし、その要望に対しての的確な提案ができる。		R3	7		
	4 受注予測	主要な得意先の動向を把握し、受注予測ができる。		R3	7		
	5 見積もり作成・追跡	原価を把握し、適正価格で見積もりが作成でき、また、見積もり案件のクロージングまでの追跡ができる。		R3	7		
	6 スケジュール管理	顧客の状況に合わせた効率のよい営業活動ができ、スケジュールの問題が生じた場合はそのつど交渉することができる。		R3	7		
	7 新取引先アプローチ	新規取引先に対して積極的にアプローチ活動ができる。		L	9		
	8 新取引先クロージング	新規訪問後の提案ビジョンと目標を考え、具体的な受注獲得ができる。		L	9		
② 組織行動スキル	1 全体最適（受容性・柔軟性）	自分の立場だけにとらわれたり、仕事のえり好みをせず全体最適を留意した対応ができる。		R2	5		
	2 完遂・ミス防止	同じミスやロスを繰り返さないための具体的な改善策を講じて仕事を進めることができる。		R2	5		
	3 優先順位付け（業務効率化）	仕事の目的・重要度、方法、時間の制約などを正確に理解して仕事を行う。		R2	5		
	4 挨拶とビジネスマナー	ビジネスマナーを理解し、かつ礼儀を重んじる。		R2	5		
	5 報告・連絡・相談	仕事の報告・連絡、相談が行える。		R2	5		
	6 コミュニケーション	コミュニケーション円滑化のための気配り・目配り・心配りでき、相手の立場も考えた物事の進め方ができる。		R2	5		
	7 4S活動	よい製品は綺麗な職場からの感覚で、日頃から問題意識を持ち、積極的に活動ができている。4S活動を積極的に行うことができる。		R2	5		
	8 変化への対応	環境の変化に対応すべく、日頃から問題意識を持ち、積極的に活動ができている。		R2	5		
	9 チャレンジ	現状に甘んじることなく自ら高めることに努め、目標を立てて取り組むことができる。		R2	5		

上半期末面談／上半期の上司アドバイス：
今期優れていた点：
来期改善すべき点：

注1 被評価者は半年ごとに「振返り」を記入して、上司と振り返り面談を行ってください。

注2 面談での気づきを追加記入し、再度上司に提出してください。

（業務スキルの評価の目安）

1点　具体的に指示すればできる（初任：具体的指示・点検・修正等が必要）。

2点　教えれば一人でできる（育成中：何らかの指導が必要）。

3点　ほぼ問題なくできる（多少の応用問題を含めて独力でできる。）。

4点　一人前（完全に任せられる、人に教えられる。）

5点　熟練段階（体系的に指導できる。）

　組織行動スキルの評価項目は全社員共通で、非管理職に求める一般的な仕事の姿勢や基本的な行動特性を列挙し、非管理職の意欲・能力を評価する内容となっている。評価は次の貢献度基準による1点～5点の尺度法を用いる。これに各人の役割等級に基づく基礎点（ＲＡ＝1点、Ｒ1＝3点、Ｒ2＝5点、Ｒ3＝7点）をプラスしたものが評価レートとなる。

（組織行動スキルの評価の目安）

1点　明らかに不十分

2点　不十分な点がある。

3点　標準・期待どおり

4点　十分満足できる。

5点　抜群

　なお、契約社員については、管理職の運用負荷を配慮して、職種別の「①　業務スキル」の評価は当面実施せず、「②　組織行動スキル」の中に10番目の評価項目として、

　「10　業務スキル　現在の仕事をこなすために必要な業務知識・技術・技能を持ち、仕事に活かしている。」

という評価項目を用いている。

　将来的にはＲＡ等級を含めた契約社員にも業務スキル評価の運用を広

げる予定である。

　同社では、このようなスキルアップシートを活用した人材育成の面談を開始してから、上司・部下のコミュニケーションの質が一気に高まり、職場の人間関係が大幅に改善された。上司も本人も業務スキル・組織行動スキルのレベルアップに気を遣うようになり、仕事の広がりや昇格を意識したキャリア意識が定着しつつある。

12　評価結果と賃金処遇（同一労働同一賃金）とのつながり

　評価結果は半期ごとの賞与の配分に用いるほか、年2回の評価結果から基本給の賃金改定を行う。

　毎年、上半期と下半期の年2回評価を実施し、各人別に全評価項目の評価レートの平均点を四捨五入したものを、**図表4-17**の評価レートの基準にあてはめて役割等級における評価ＳＡＢＣＤを決める。

　たとえば、Ｒ3で10点の場合は「Ｂ」となり、Ｌで10点の場合は「Ｄ」となる。評価結果は**図表4-24**の賞与配分点数表を用いて各人の賞与に連動する。

　その年2回の賞与の評価を、年1回の昇給に連動させる。

　図表4-26は年2回の評価を昇給の評価判定に用いる考え方を示したものである。

　まず、①②のように上半期と下半期の評価レートが同じ場合は、昇給の総合評価もその評価レートを適用する。これから1年間もそれと同一の貢献度を発揮するだろうと推定できるからである。

图表4-26 **賞与評価と昇給評価との連動**

Ｒ2の例	上半期（賞与）	下半期（賞与）	年間総合評価（昇給）
①	Ａ9点	Ａ9点	Ａ9点
②	Ｂ8点	Ｂ8点	Ｂ8点
③	Ａ9点	Ｂ8点	Ａ9点またはＢ8点 （期待度を判定）
④	Ｂ8点	Ａ9点	

次に③④のように上半期と下半期の評価レートが違った場合は、上司の意見等により、これから1年間の期待度を判定して、そのいずれかの評価レートを適用する。

昇給の評価と賃金の連動について再度説明すると、ランク型賃金表®は、「段階接近法®」を用いた昇給ルールにより、同一の評価レートが続くと、一定の経験年数のうちに同一ランクの賃金の上限額に到達する。

図表4-25のようなスキル評価を契約社員、定年再雇用、正社員それぞれに適用し、**図表**4-17の等級別評価レートを使って号俸改定を進めることにより、各人の基本給(パートタイム社員の場合は時給)は役割等級と評価ＳＡＢＣＤに対応するランクの上限号俸(**図表**4-16の～Ｔの号俸)に段階的に近づいていき、最終的には同一の号俸が適用される。

これはつまり、役割等級が同じであり、同じ習熟度または貢献度の評価が続いた場合は、「賃率」(既述)の違いはあっても、非正社員と正社員との違いを超えた「同一労働同一賃金」の原則が適用されることを意味する。

13　雇用区分と雇用転換ルール

最後に**図表**4-27にＫ社の雇用区分と雇用転換ルールの概要をまとめた。同社の雇用・賃金待遇の仕組みを再確認してもらいたい。

① 雇用区分

繰り返すと、Ｋ社の基本的な雇用形態は正社員(月給制、Ｒ１～ＥＸ等級)、定年再雇用社員(月給制、Ｒ１～Ｒ３等級)、契約社員(時給制、ＲＡ～Ｒ３等級)の3区分である。

新入社員は正社員として採用する者と、契約社員として採用する者とに分かれる。正社員として採用した者がパートタイム勤務を希望する場合は、本人との合意により契約社員に転換することができる。

正社員の管理職は、60歳で役職を離脱し原則としてＲ３等級となる。

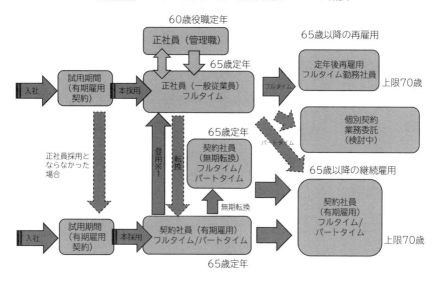

図表4-27 K社の雇用区分と雇用転換ルールの概要

② 非正社員から正社員に転換(登用)するルール(図表の※1)

　担当業務に対して責任をもって長期間働ける人を対象に、毎年10月と4月の年2回実施する。契約社員の評価がB以上でかつ担当リーダーとMの推薦が必要条件で、EXとの面接の後、社長承認により正社員登用となる。

　社員登用時の初任賃金は、転換前の時給とは別に、転換後の等級と職歴の評価による中途採用者の基準を用いて正社員の賃金を決定する。

③ 定年再雇用のルール

　正社員の定年は65歳で、定年後フルタイム勤務での継続雇用を希望する場合は定年後再雇用、パートタイム勤務を希望する場合は契約社員をそれぞれ選択する。

　　i　フルタイムの定年再雇用の基本給は、原則として正社員の基本給の賃率90%とし、ランク別の再雇用賃金表を適用する。なお、職務内容が変化した場合は、本人の合意のもとに基準賃金ランク

を下げることがある。また、働き方の制約が強まったときは、賃率を90％よりもさらに低くすることがある。

ⅱ　時給契約となる再雇用者の時給は、原則として賃率90％の同一号俸の時給とする。なお、職務内容と等級、賃率、契約労働時間等はⅰと同様に見直しを行う。

④　契約社員の定年

　契約社員も定年は65歳であるが、定年後も本人が希望すれば引き続き契約社員として雇用を継続する。時給や労働時間は、仕事が大きく変わらなければ継続雇用後も変わらない。

⑤　無期転換ルール

　契約社員が65歳定年前に5年を超えて契約を更新し、本人が希望する場合は、無期雇用に転換する。その業務内容・労働時間・賃金は原則として従前を継続する。無期転換の定年は65歳であるが、定年後も継続雇用を希望する場合は有期雇用（1年）の契約社員として雇用を継続する。

⑥　雇用の上限年齢

　定年再雇用、契約社員（無期転換を含む。）ともに、原則として70歳が雇用の上限年齢となる。ただし、すでに70歳を超えている者は、個別契約により、70歳以降も雇用を継続する場合がある。

⑦　定年再雇用およびフルタイムの契約社員の福利厚生等

　定年後再雇用およびフルタイムの契約社員の慶弔見舞金と慶弔休暇は正社員と同基準である。パートタイム勤務者の慶弔見舞金は、フルタイム勤務者の年間所定労働時間に対する契約所定労働時間の割合で減額した金額を支給する。

パートタイム勤務者の慶弔休暇は、フルタイムの契約社員に準じて、契約労働時間分の休暇を付与する。

⑧　個別契約による業務委託（検討中）

　同社では改正高年齢者雇用安定法の就業確保措置のうち、70歳まで業務委託契約を締結する制度の実施も検討している。対象者はイベントプロデューサーや運送・機器設置担当のドライバーなど、仕事の内容の独立色が強く、本人の自己裁量・自己責任で業務を委託しても十分やっていけそうな人材を選抜する予定である。

　ただし、どのような業務委託の料金体系にするか、業務の発注システムや顧客に対する品質保証責任、作業場の安全管理義務をどうするかなど、吟味すべき点が多い。現状はまだ検討プロジェクトの発足を考えている段階であるが、将来的には有力な就労形態になり得るという可能性を認識している。

14　まとめ

　K社では、一般的な能力基準の人事制度ではなく、役割等級により仕事基準の人事制度を導入したことで、人事制度全体がシンプルに再編され、人事担当者の運用が大幅に負担軽減できた。

　ランク型賃金表®やポイント制賞与配分の導入により、正社員と非正社員の賃金・待遇のルールが個人別に客観的に説明可能なレベルにまで明確になった。社員は組織における自分の役割や将来の生活設計、キャリアの目標がずっとイメージしやすくなり、長い目で組織への貢献意欲を持ちやすい仕組みが整った。

　役職者のキャリアアップシートと非役職者のスキルアップシートの運用を通して、管理職のマネジメント能力を向上させる環境が整い、一般従業員も具体的な仕事に前向きな目標意識を持ちやすくなった。

　K社では、新人事制度の導入をテコに正社員・非正社員の処遇や評価

制度の仕組みをさらに改善し、管理職の人材マネジメント能力を高めて新人の採用と既存社員の定着と育成に力を入れ、業界をリードできる組織力につなげていく考えである。

著者プロフィール

株式会社プライムコンサルタント
代表　**菊谷　寛之**(きくや　ひろゆき)

早大卒。労務行政研究所、賃金管理研究所を経て1999年(平成11年)に株式
会社プライムコンサルタントを創業。成果人事研究会主宰。厚生労働省中小
企業賃金制度モデル等作成委員会委員、独立行政法人高齢・障害・求職者雇
用支援機構『月刊エルダー』編集アドバイザー、第一法規『事例解説　賃金・退
職金制度』(加除式書籍)編集委員等を歴任。最新著書に『2020年4月スター
ト！同一労働同一賃金ガイドラインに沿った待遇と賃金制度の作り方』(第一
法規)、『役割貢献の評価と賃金・賞与の決め方 改訂版』(労働調査会)など著書
多数

サービス・インフォメーション
――――――――――――――――――――― 通話無料 ―――

① 商品に関するご照会・お申込みのご依頼
　　　　　TEL 0120 (203) 694／FAX 0120 (302) 640
② ご住所・ご名義等各種変更のご連絡
　　　　　TEL 0120 (203) 696／FAX 0120 (202) 974
③ 請求・お支払いに関するご照会・ご要望
　　　　　TEL 0120 (203) 695／FAX 0120 (202) 973

● フリーダイヤル（TEL）の受付時間は、土・日・祝日を除く
　9：00～17：30です。
● FAXは24時間受け付けておりますので、あわせてご利用ください。

シニア人財を戦力化する人事・賃金・
報酬制度の作り方―ジョブ型人事制度を
見据えた70歳雇用延長への対応―

2022年3月20日　初版発行

著　者　　菊　谷　寛　之

発行者　　田　中　英　弥

発行所　　第一法規株式会社
　　　　　〒107-8560　東京都港区南青山2-11-17
　　　　　ホームページ　https://www.daiichihoki.co.jp/

シニア人財賃金　ISBN978-4-474-07724-9　C2034 (8)